ANTHROPOLOGIE

DU POINT DE VUE PRAGMATIQUE

BIBLIOTHÈQUE DES TEXTES PHILOSOPHIQUES

Fondateur : Henri GOUHIER   Directeur : Jean-François COURTINE

Emmanuel KANT

ANTHROPOLOGIE

DU POINT DE VUE PRAGMATIQUE

Traduction
Michel FOUCAULT

PARIS
LIBRAIRIE PHILOSOPHIQUE J. VRIN
6, Place de la Sorbonne, V e
2011

En application du Code de la Propriété Intellectuelle et notamment de ses articles L. 122-4, L. 122-5 et L. 335-2, toute représentation ou reproduction intégrale ou partielle faite sans le consentement de l'auteur ou de ses ayants droit ou ayants cause est illicite. Une telle représentation ou reproduction constituerait un délit de contrefaçon, puni de deux ans d'emprisonnement et de 150 000 euros d'amende.

Ne sont autorisées que les copies ou reproductions strictement réservées à l'usage privé du copiste et non destinées à une utilisation collective, ainsi que les analyses et courtes citations, sous réserve que soient indiqués clairement le nom de l'auteur et la source.

© *Librairie Philosophique J. VRIN*, 1964
© 1991 *pour l'édition de poche*
Imprimé en France
ISSN 0249-7972
ISBN 978-2-7116-0415-9

www.vrin.fr

NOTICE HISTORIQUE

Une note de l'*Anthropologie*[1] indique qu'avant d'être rédigé, le texte avait fait l'objet d'un cours pendant « quelque trente ans » ; les leçons du semestre d'hiver lui étaient consacrées, celles de l'été devant être réservées à la géographie physique. En fait ce chiffre n'est pas exact ; Kant avait commencé son enseignement de géographie dès 1756 ; les cours d'Anthropologie en revanche n'ont été inaugurés probablement que pendant l'hiver 1772-1773[2].

L'édition du texte que nous connaissons coïncide avec la fin des cours, et avec la retraite définitive de Kant comme professeur. Le *Neues Teutsche Merkur* de 1797 fait mention de la nouvelle qui lui est transmise de Königsberg : « Kant publie cette année son *Anthropologie*. Il l'avait jusqu'à présent gardée par devers lui parce que, de ses conférences, les étudiants ne fréquentaient guère plus que celle-ci. Maintenant, il ne donne plus de cours, et n'a plus de scrupule à présenter ce texte au public »[3]. Sans doute, Kant laisse-t-il son programme figurer encore au catalogue de l'Université, pour le semestre d'été 1797, mais il avait en public, sinon d'une manière

1. *Anthropologie*, Préface, p. 13.
2. Cf. E. Arnoldt, *Kritische Exkursen*, 1894, p. 269 *sq.*
3. T. II, p. 82, cité par O. Kulpe, *Kants Werke* (éd. de l'Académie, VII, p. 354).

officielle, déclaré qu'«à raison de son grand âge, il ne voulait plus faire de conférences à l'Université»[1]. Le cours définitivement interrompu, Kant s'est décidé à en faire imprimer le texte.

De ses divers états, avant cette rédaction dernière, nous ne connaissons rien ou presque. A deux reprises Starke a publié, après la mort de Kant, des notes qui auraient été prises par des auditeurs[2]. Aucun de ces ouvrages cependant ne mérite une absolue confiance; il est difficile de faire crédit à des notes publiées 35 ans après la mort de Kant. Cependant le second recueil comprend un élément important qui ne figure pas dans le texte publié par Kant: un chapitre «Von der intellectuellen Lust und Unlust». Selon Starke le manuscrit de ce chapitre aurait été perdu lorsque Kant l'a envoyé de Königsberg à Iéna pour le faire imprimer. En fait, rien dans le manuscrit de l'*Anthropologie*, tel qu'il existe à la Bibliothèque de Rostock, ne permet de supposer qu'un fragment en ait été perdu. Il est plus vraisemblable que Kant n'a pas voulu faire place, dans l'ouvrage imprimé, à un texte qui avait fait partie, jadis, de son enseignement oral. Quant au premier recueil de Starke, s'il faut s'y arrêter, c'est qu'il comporte une précision de date; les notes qui le constituent auraient été prises au cours du semestre d'hiver 1790-1791: sur un point touchant à la conception et à la structure même de l'Anthropologie, elles indiquent qu'un changement a dû se produire entre cette date et la rédaction définitive du manuscrit. Vers 1791 encore, le cours se divisait en une *Elementarlehre* et une *Methodenlehre*. Il est probable au demeurant que ce n'était pas là l'organisation primitive, mais qu'elle fut, à un moment donné,

1. Cité par Külpe (*ibid*). Cf. E. Arnoldt, *Beiträge zu dem Material der Geschichte von Kants Leben*.

2. *Kants Anweisung zur Menschen und Welterkenntniss* (1831). *Kants Menschenkunde oder philosophische Anthropologie* (1831).

empruntée aux Critiques. Dans l'*Anthropologie* telle qu'elle a été publiée, les deux parties portent le titre de *Didactique* et de *Caractéristique*, sans que le contenu ait été pour autant modifié. Peut-être étaient-ce les titres originaires, que Kant aurait abandonnés pour un temps afin d'établir une symétrie avec les trois critiques.

Au volume XV de l'édition de l'Académie on trouve des *Collegentwürfe* répartis en deux sections : l'une réunissant les années 1770-1780, l'autre les années 80-90. Il y a beaucoup de points communs entre ces esquisses et le texte publié, pourtant on peut noter des glissements majeurs dans la signification même de l'*Anthropologie* et dans la définition du point de vue pragmatique (importance plus grande apportée par les *Collegentwürfe* aux thèmes de l'histoire, de la citoyenneté, du cosmopolitisme).

Enfin l'édition de l'Académie a regroupé des *Reflexionen* se rapportant à l'*Anthropologie*, en essayant de leur donner une date. Mais à ce niveau, seules des modifications de détail peuvent devenir déchiffrables (le classement de ces fragments selon le plan de 1798 est le fait des éditeurs).

*

Un certain nombre d'indices permettent de situer avec assez d'exactitude le moment où fut rédigé le texte de l'*Anthropologie*, parue chez Nicolovius en octobre 1798.

1. Dans une lettre à Christoph Wilhelm Hufeland qui date de la seconde quinzaine du mois de mars 1797, Kant remercie son correspondant de l'envoi qu'il lui a fait. – Il s'agit de la *Makrobiotik oder die Kunst das menschliche Leben zu verlängern* (Iéna, 1796); il promet de lire le livre, mais en mesurant son plaisir, «à la fois pour conserver la vivacité de son appétit et pour saisir clairement les idées hardies et exaltantes pour l'âme, qui concernent la force de la disposition

morale, animatrice de l'homme physique, et dont il compte bien se servir pour l'*Anthropologie* »[1].

2. Le 20 septembre 1797, le texte est assez avancé pour que le cercle des amis et des correspondants s'attende à une prochaine parution. « C'est avec une grande joie », écrit Biester, « que les lecteurs vont accueillir votre *Anthropologie* »; et pensant probablement que la rédaction en est désormais achevée, il ajoute : « il est excellent que vous donniez ce texte à l'imprimeur cette année encore, car il y a bien longtemps qu'on désire le lire »[2].

3. Le 5 novembre de la même année, Tieftrunk demande des nouvelles de l'ouvrage, s'étonnant un peu qu'il ne soit pas encore paru : « Le public attend de vous une *Anthropologie* : va-t-elle bientôt paraître ? »[3].

4. En fait, il est difficile de savoir si la rédaction est ou non achevée à cette date. Autant Kant s'est occupé avec obstination et minutie de la publication du *Conflit des Facultés*[4], autant il est avare, dans sa correspondance, de renseignements sur l'*Anthropologie*. Lorsque dans une lettre du 13 octobre 1797, il évoque la possibilité de sa mort prochaine, il recommande à Tieftrunk, deux « mémoires » dont le Professeur Gensichen se chargera. L'un est entièrement rédigé, – depuis deux ans déjà –, l'autre est presque achevé[5]. Il est infiniment peu probable que le manuscrit de l'*Anthropologie* soit par là concerné ; le terme d'« Abhandlung » ne convient pas à un texte aussi long ; il s'agit bien plutôt de deux sections du *Conflit des Facultés*. Dès lors faut-il admettre que la véritable

---

1. *Kants Werke*, éd. Cassirer, t. X, p. 299.
2. *Ibid.*
3. *Ibid.*
4. *Ibid.*
5. *Ibid.*, p. 329.

rédaction de l'*Anthropologie* n'est pas encore entreprise ou au contraire tout à fait terminée et déjà acheminée à l'éditeur?

5. Schöndörffer fait valoir que le manuscrit de l'*Anthropologie* ne désigne pas nommément le Dr Less à propos d'Albrecht Haller : il est question seulement d'un « théologien connu, ancien collègue (de Haller) à l'Université ». Or le texte imprimé porte le nom du Dr Less[1]. Celui-ci étant mort en 1797, on peut supposer que Kant n'a pas voulu, de son vivant, le citer expressément; la nouvelle du décès serait donc intervenue, une fois le manuscrit achevé et, sans doute, remis à l'imprimeur.

6. Plus important et plus convaincant, le fait que certains passages qui figurent dans le manuscrit ont passé, à peu près tels quels, dans le texte *Von der Macht des Gemüts durch den blossen Vorsatz seiner krankhaften Gefühle meister zu sein*. Ce texte constitue la troisième partie du *Conflit des Facultés*. Kant, dans une lettre du 17 avril 1797, donne ce thème de l'ouvrage comme une idée qui lui est venue tout récemment. Il vient d'entrer dans sa soixante-quatorzième année et s'est trouvé heureusement préservé jusque-là de toute maladie; cette expérience le fonde à parler d'un « psychologisches Arzneimittel »[2]. C'est un fait que dans sa lettre précédente à Hufeland (fin du mois de mars), il n'en est pas encore question. La lecture de la *Makrobiotik* l'a déterminé, comme le laisse entendre la « Réponse à Hufeland » qui ouvre *Von der Macht des Gemüts*. Or ce texte a paru dans le *Journal der praktischen Arzneikunde und Wundarzneikunst* (4te stuck, V Band. 1798) avec des textes prélevés sur le texte de l'*Anthropologie*[3]. On peut donc supposer que celui-ci était achevé, ou

---

1. *Anthropologie*, p. 22.
2. *Kants Werke*, Cassirer, X, p. 300.
3. Il s'agit essentiellement d'un passage qui figurait dans le manuscrit au paragraphe 26; le sommeil y est défini comme détente musculaire, le réveil

presque, lorsque fut rédigé l'article destiné à la revue de Hufeland.

7. Une note du texte imprimé renvoie à *Von der Macht des Gemüts*[1]. Or cette note ne figure pas dans le manuscrit de Rostock, ce qui laisse supposer qu'à l'époque où il le rédigea, Kant n'avait pas achevé et peut-être même pas encore entamé la composition de l'article qu'il destinait à Hufeland.

8. On a fait remarquer qu'une note marginale du manuscrit renvoie à l'ouvrage de Hearne, dont deux traductions allemandes avaient paru en 1797. Kant les aurait donc lues dans la seconde moitié de cette année-là, une fois le manuscrit rédigé. Mais encore faut-il remarquer que Hearne était déjà cité dans *La Religion à l'intérieur des limites de la simple raison*[2]. Il pourrait donc s'agir d'une réminiscence et d'une addition.

Tous ces renseignements indiquent une date assez précise ; le manuscrit de l'*Anthropologie* a dû être mis au point, pour l'essentiel, dans la première moitié de l'année 1797 – peut-être dans les trois ou quatre premiers mois. La brusque inspiration qui a fait naître *Von der Macht* n'a pas eu sans doute à interrompre une rédaction à peu près achevée ; mais elle en a repoussé vraisemblablement l'impression et la mise au point définitive.

C'est une fois *Von der Macht* achevé et peut-être envoyé déjà à Hufeland que les dernières modifications ont été apportées à l'*Anthropologie* (suppression des passages qui

---

comme une tension. La preuve en est qu'un homme tiré brusquement de son sommeil et aussitôt mesuré « est plus grand d'un demi zoll » que le même homme si on le mesure après un repos à la suite de son sommeil.

1. *Anthropologie*, p. 144.
2. Cf. *Kants Werke*, Akad., p. 354, note 1.

faisaient double emploi, addition de références) et adressées alors directement à l'imprimeur ou portées sur les épreuves[1].

Le texte traduit est celui de la seconde édition, parue du vivant de Kant en 1800 et qui par rapport à la première ne comporte guère que des améliorations de style.

*

On trouvera en notes à la fin du volume les principales variantes du manuscrit publiées dans l'édition de l'Académie.

En bas de page, les notes appelées par un chiffre ont été rédigées par Kant; les autres marquées d'une astérisque sont du traducteur.

*

La courte notice historique qui introduit ici la traduction faite par Michel Foucault du texte de Kant, *Anthropologie du point de vue pragmatique* ne propose qu'un extrait fort réduit de ce qui avait constitué l'élément principal de la thèse complémentaire soutenue en Sorbonne en 1961, dans le cadre d'un ensemble intitulé *Genèse et structure de l'anthropologie de Kant*.

Car sur les conseils des membres de jury, Michel Foucault allait, dès l'automne 1963, en faire le matériau central de son livre à venir.

En 2008, Vrin a publié l'édition intégrale du texte de Michel Foucault, c'est-à-dire l'Introduction complète, *Genèse et structure de l'anthropologie de Kant*, d'un intérêt considérable, en accompagnement de la traduction du texte de Kant, ce qui permet ainsi au lecteur d'entrer dans l'atelier d'un penseur dont l'œuvre entier aura été nourri par un débat critique avec Kant: qu'est-ce que l'homme?

---

1. Les rapports de la pensée critique et de la réflexion anthropologique seront étudiés dans un ouvrage ultérieur.

NB. Les références AK sont indiquées en marge.

|PRÉFACE (a)

Tous les progrès dans la culture, par lesquels l'homme fait son éducation, ont pour but d'appliquer connaissances et aptitudes ainsi acquises à l'usage du monde ; mais en ce monde, l'objet le plus important auquel il puisse en faire l'application, c'est l'*homme* : car il est à lui-même sa fin dernière. Le connaître, conformément à son espèce, comme être terrestre doué de raison, voilà donc qui mérite tout particulièrement d'être appelé *connaissance du monde*, bien que l'homme ne constitue qu'une partie des créatures terrestres.

Une doctrine de la connaissance de l'homme, systématiquement traitée (Anthropologie), peut l'être du point de vue physiologique, ou du point de vue pragmatique. La connaissance physiologique de l'homme tend à l'exploration de ce que la *nature* fait de l'homme ; la connaissance pragmatique de ce que l'homme, en tant qu'être de libre activité, fait ou peut et doit faire de lui-même. Quand on scrute les causes naturelles, par exemple le soubassement de la mémoire, on peut spéculer à l'aveugle (comme l'a fait Descartes) sur ce qui persiste dans le cerveau des traces qu'y laissent les sensations éprouvées ; mais il faut avouer qu'à ce jeu on est seulement le spectateur de ses représentations ; on doit laisser faire la nature puisqu'on ne connaît pas les nerfs et les fibres du cerveau, et

qu'on n'est pas capable de les utiliser pour le but qu'on se
propose : toute spéculation théorique sur ce sujet sera donc en
pure perte. Mais observons les obstacles ou les stimulants de
la mémoire, si on utilise ces découvertes pour l'amplifier ou
l'assouplir, et qu'on ait besoin pour cela de connaître
l'homme, elles constituent une partie de l'Anthropologie du
point de vue *pragmatique*; et c'est de cela justement que nous
nous occupons ici.

120 | Une telle Anthropologie, comme *connaissance du
monde*, devant faire suite à l'*école*, doit recevoir précisément
l'appellation de *pragmatique*, non pas lorsqu'elle comporte
une connaissance étendue des *choses* qu'on trouve dans le
monde – par exemple, animaux, plantes et minéraux, dans les
différents pays et climats, – mais lorsqu'elle comporte une
connaissance de l'homme comme *citoyen du monde*. Par
conséquent, la connaissance des races humaines, comme
résultat du jeu de la nature, ne comptera pas pour la connaissance pragmatique du monde mais seulement pour sa
connaissance théorique.

   Encore ces deux expressions : *connaître* le monde et *avoir
l'usage* du monde sont-elles, dans leur signification, passablement éloignées l'une de l'autre : puisque, dans un cas, on ne
fait que *comprendre* le monde dont on a été le spectateur,
tandis que dans l'autre on est *entré dans le jeu*. Mais pour
juger ce qu'on appelle le *grand* monde, la condition des gens
de qualité, le point de vue de l'anthropologue est défavorable,
car ces gens, s'ils sont proches les uns des autres, sont trop
éloignés du reste des hommes.

   Parmi les moyens d'élargir le champ de l'Anthropologie,
il y a les *voyages*, ou du moins la lecture des récits de voyage.
Pourtant, il faut au préalable, et chez soi, en fréquentant ses

concitoyens et ses compatriotes[1], avoir acquis une connaissance de l'homme, si l'on veut savoir à quel pays étranger on
doit s'adresser pour agrandir le champ de ses connaissances.
En l'absence d'un tel plan (qui présuppose déjà la connaissance de l'homme), le citoyen du monde demeure, sous le
rapport de son anthropologie, enfermé toujours dans de très
étroites limites. La *connaissance générale* doit précéder
toujours la *connaissance locale*, s'il faut que la philosophie
l'ordonne et la dirige : sans elle, toute connaissance acquise ne
peut former qu'un tâtonnement fragmentaire, et non pas une
science.

*

A tout effort pour parvenir jusqu'aux fondements de cette
science, s'opposent d'importantes difficultés qui tiennent à la
nature humaine elle-même.

| 1. L'homme, s'il remarque qu'on l'observe et qu'on   121
cherche à l'examiner, se montrera embarrassé (gêné), et il ne
peut pas se montrer tel qu'il est ; ou bien il se *dissimule*, et il ne
veut pas être connu tel qu'il est.

2. Veut-il s'examiner lui-même ? Sa situation devient
critique, surtout pour ses émotions, qui, d'ordinaire, ne
permettent pas la *dissimulation* : si les mobiles sont en jeu, il
ne s'observe pas ; s'il observe, les mobiles sont hors d'action.

---

1. Une grande ville, au centre d'un état qui réunit les assemblées du
gouvernement, une Université (pour la culture des sciences) et une situation
favorable du trafic maritime, permettant un commerce par voie fluviale entre
l'intérieur du pays et des contrées limitrophes ou éloignées (a), avec des
mœurs et des langues différentes, – telle est, | à l'exemple de *Königsberg* sur
le Pregel, la ville qu'on peut considérer comme adaptée au développement de
la connaissance des hommes et du monde, et où, sans voyage, cette
connaissance peut être acquise.

3. Les circonstances de temps et de lieu, si elles sont durables, produisent des *habitudes* dont on dit qu'elles sont une seconde nature; elles rendent difficile un jugement sur soi-même, sur l'opinion qu'on doit avoir de soi, mais plus encore sur l'idée qu'on doit se faire d'un homme avec qui on est en rapport; car le changement de situation que son destin impose à l'homme, ou que l'homme, dans ses aventures, s'impose à lui-même, rend fort difficile à l'Anthropologie de s'élever au rang de science formelle.

Il n'y a pas à la vérité de sources pour l'Anthropologie, mais seulement des moyens de secours : l'Histoire, les biographies, même le théâtre et les romans. Sans doute, ces deux derniers documents ne sont-ils pas fondés sur l'expérience et la vérité, mais sur la fiction; sans doute y est-il permis d'exagérer, comme dans les images du rêve, les caractères et les situations où l'homme se trouve placé, si bien qu'ils semblent ne rien apporter à la connaissance de l'homme; cependant ces caractères, tels que Richardson ou Molière les ont esquissés, ont dû être empruntés, dans leurs *traits fondamentaux*, à l'observation de l'homme, de ce qu'en réalité il fait ou tolère : c'est que malgré une exagération quantitative, ils doivent, pour la qualité, correspondre à la nature humaine.

Une Anthropologie, systématiquement projetée, et cependant traitée, du point de vue pragmatique, sur le mode populaire (par référence à des exemples que chaque lecteur peut découvrir), a pour le public un avantage : grâce au caractère complet des titres sous lesquels on peut ranger l'observation de telle ou telle propriété humaine ressortissant à la pratique, | on offre au lecteur la possibilité et l'occasion de faire de chacune un thème de remarques renouvelées, qui puissent se placer dans la section qui convient; ainsi les travaux dans ce domaine se partageront d'eux-mêmes entre les amateurs de

122

cette étude, et seront peu à peu réunis en un tout par l'unité du plan ; ainsi le développement de cette science d'intérêt général sera favorisé et accéléré [1].

---

1. Quand d'abord librement, puis par obligation professorale, je me suis occupé de *philosophie pure*, j'ai fait, pendant quelque trente ans, deux cours, qui se donnaient pour but la *connaissance du monde* : l'*Anthropologie* (pendant le semestre d'hiver) et (pendant celui d'été) la *Géographie physique* ; en tant qu'elles étaient des conférences populaires, des gens d'autres milieux ont jugé utile d'y assister. Voici maintenant le manuel des premières ; mais pour les secondes, donner un manuel à partir du manuscrit que j'ai utilisé comme texte serait aujourd'hui, à mon âge, une tâche à peu près impossible.

Première partie

DIDACTIQUE ANTHROPOLOGIQUE
*De la manière de connaître l'homme intérieur
aussi bien que l'homme extérieur*

DE LA FACULTÉ DE CONNAÎTRE

De la connaissance de soi

§ 1. Posséder le Je dans sa représentation : ce pouvoir élève l'homme infiniment au-dessus de tous les autres êtres vivants sur la terre. Par là, il est une personne ; et grâce à l'unité de la conscience dans tous les changements qui peuvent lui survenir, il est une seule et même personne, c'est-à-dire un être entièrement différent, par le rang et la dignité, de *choses* comme le sont les animaux sans raison, dont on peut disposer à sa guise ; et ceci, même lorsqu'il ne peut pas dire Je, car il l'a dans sa pensée ; ainsi toutes les langues, lorsqu'elles parlent à la première personne, doivent penser ce Je, même si elles ne l'expriment pas par un mot particulier. Car cette faculté (de penser) est l'entendement.

Il faut remarquer que l'enfant, qui sait déjà parler assez correctement ne commence qu'assez tard (peut-être un an après) à dire *Je* ; avant, il parle de soi à la troisième personne (Charles veut manger, marcher, etc.) ; et il semble que pour lui une lumière vienne de se lever quand il commence à dire *Je* ; à partir de ce jour, il ne revient jamais à l'autre manière de parler. Auparavant il ne faisait que se *sentir*; maintenant il se *pense*. – L'explication de ce phénomène serait assez difficile pour l'anthropologue. Remarquons qu'un enfant, dans les trois premiers mois de sa vie, n'extériorise ni pleurs ni rires; ce qui paraît dépendre aussi du développement de certaines représentations d'offense et d'injustice (a) qui se réfèrent à la raison. – Il se met, dans cette période, à suivre des yeux les

128   objets brillants qui lui sont présentés; | c'est là le fruste commencement du progrès des perceptions (appréhension de la représentation sensible); elles se développeront jusqu'à une reconnaissance des objets des sens, c'est-à-dire jusqu'à l'expérience.

Lorsque, cherchant à parler, il écorche les mots, il attendrit sa mère et sa nourrice: elles le cajolent, l'embrassent sans cesse, le gâtent en exécutant ses moindres volontés, jusqu'à en faire un petit tyran; cette amabilité de l'être humain pendant le temps où il se développe et devient homme doit être mise au compte de son innocence et de la franchise de toutes ses expressions encore fautives où il n'y a ni secret ni méchanceté; il faut aussi rappeler le penchant des nourrices à choyer une créature qui dans la câlinerie s'abandonne entièrement à la volonté d'autrui; on lui fait alors la faveur d'un moment de jeu, moment heureux entre tous où l'éducateur se délecte de tant de charme, en se faisant lui-même, pour ainsi dire, enfant.

Cependant le *souvenir* des années d'enfance ne remonte pas jusqu'à ce moment-là: ce n'était point le temps des expériences, mais celui des perceptions dispersées, non encore réunies sous le concept de l'objet.

DE L'ÉGOÏSME

§ 2. Du jour où l'homme commence à dire *Je*, il fait apparaître partout où il le peut son moi bien-aimé; et l'égoïsme progresse irrésistiblement d'une manière sinon manifeste (car l'égoïsme des autres s'oppose à lui), du moins enveloppée : par un renoncement apparent et une prétendue modestie, il cherche à se ménager d'autant plus sûrement, dans le jugement des autres, une prééminente valeur.

L'égoïsme peut comporter trois formes de présomption : celle de l'entendement, celle du goût, celle de l'intérêt pratique, c'est-à-dire qu'il peut être logique, esthétique ou pratique.

L'*égoïste logique* ne tient pas pour nécessaire de vérifier son jugement d'après l'entendement d'autrui, comme s'il n'avait aucun besoin de cette pierre de touche (*criterium veritatis externum*). Il est cependant si certain que ce moyen nous est indispensable pour nous assurer de la vérité de notre jugement que c'est là, peut-être, la raison majeure de l'insistance à réclamer, dans le public cultivé, la liberté de la presse ; si cette liberté | nous est refusée, on nous retire en même temps 129 un moyen important d'éprouver l'exactitude de nos propres jugements, et nous sommes à la merci de l'erreur. Qu'on ne dise pas que la mathématique du moins a le privilège de se prononcer à partir de sa propre souveraineté : si dans le jugement de l'arpenteur, il n'y avait pas eu au préalable perception d'une coïncidence générale avec le jugement de ceux qui se consacraient à cette tâche avec talent et application, la mathématique n'aurait pas échappé à la crainte de tomber, ici ou là, dans l'erreur. Il y a également des cas où nous ne faisons pas même confiance au jugement de nos propres sens : par exemple, un tintement s'est-il produit dans nos seules oreilles, ou avons-nous entendu une cloche qu'on a réellement tirée ? Nous trouvons nécessaire d'interroger les autres pour savoir s'ils ne sont pas du même avis. Et bien que dans la Philosophie, nous n'ayons pas à faire appel au jugement d'autrui pour confirmer le nôtre, comme les juristes en appellent au jugement des experts, tout écrivain cependant qui ne rencontre pas d'adhésion, qui maintient seul une opinion ouvertement affirmée et sur un sujet important, se trouvera, du fait même, soupçonné par le public de se tromper.

C'est donc un coup d'audace de risquer devant le public une affirmation qui contredit l'opinion générale, surtout celle des gens intelligents. Cette manifestation d'égoïsme s'appelle le *goût du paradoxe*. Il y a du courage à avancer quelque chose non pas lorsqu'il y a risque que ce ne soit pas vrai, mais lorsqu'il y a danger de ne trouver accès qu'auprès d'un petit nombre de personnes. La prédilection pour le paradoxe est l'*excentricité logique*; on veut ne pas imiter les autres, mais passer pour un homme *d'exception*; en fait, on ne manifeste par là que sa *singularité*. Pourtant, chacun devant posséder et affirmer son sentiment *propre* (*si omnes patres sic, at ego non sic*, Abelard), le goût pour le paradoxe, s'il n'est pas fondé sur le vain désir de se distinguer, ne doit pas être pris en mauvaise part. Au paradoxe s'oppose la *banalité* qui a pour elle l'opinion générale. Mais elle comporte aussi peu de sécurité, sinon moins encore, parce qu'elle assoupit; alors le paradoxe éveille dans l'esprit l'attention et la recherche, conduisant souvent à des découvertes.

L'égoïste *esthétique* est celui qui se contente de son propre *goût*: les autres peuvent bien trouver mauvais ses vers, ses peintures, sa musique, et les mépriser ou en rire. Il se dérobe à 130 tout perfectionnement, s'isolant dans son jugement, | s'applaudissant lui-même et ne cherchant qu'en soi le critère de la beauté artistique.

L'égoïste *moral*, enfin, est celui qui ramène toutes les fins à soi, qui ne voit d'utilité qu'en ce qui lui est utile, et qui, par eudémonisme, ne fonde la destination suprême de son vouloir que sur son utilité, sur son bonheur personnel, et non sur la représentation du devoir. Car chaque homme se fait une idée différente de ce qui compte pour son bonheur; et cet égoïsme conduit à n'avoir aucun critère pour l'exact concept du devoir en tant qu'il doit être un principe universellement valable. – Tous les eudémonistes sont donc des égoïstes pratiques.

A l'égoïsme, on ne peut opposer que le *pluralisme* : cette manière de penser consiste à ne pas se considérer ni se comporter comme si on enfermait en soi le tout du monde, mais comme un simple citoyen du monde. Voilà tout ce qui relève de l'Anthropologie; cette même différence selon les concepts métaphysiques tombe entièrement en dehors du domaine de la science que nous traitons ici. Si en effet on posait la question de savoir si, comme être pensant, je suis fondé à accepter en dehors de la mienne l'existence d'un tout des autres êtres formant avec moi une communauté (appelée le monde), ce serait là une question non pas anthropologique, mais purement métaphysique.

REMARQUE.
DU CÉRÉMONIAL DANS LE LANGAGE DE L'ÉGOÏSME

De nos jours, le langage du chef de l'état à son peuple est d'ordinaire pluraliste (Nous, par la grâce de Dieu, etc.). On se demande s'il n'a pas ici un sens égoïste, indiquant une souveraineté personnelle, et s'il ne doit pas avoir la même signification que pour le roi d'Espagne son *Io, el Rey* (moi, le Roi). Cependant, il semble que le cérémonial de l'autorité suprême ait dû signifier à l'origine la condescendance du roi (Nous, le Roi et son conseil, ou ses états). Comment s'est-il fait que le langage du dialogue, qui s'exprimait dans la vieille langue classique par le tutoiement, c'est-à-dire sur le mode singulier, ait pris chez différents peuples, et d'abord chez tous les peuples germaniques, la forme pluraliste du *Vous*? De plus les Allemands ont trouvé deux expressions | pour marquer 131 plus encore la distinction de la personne à qui on parle : c'est le *Il*, singulier et pluriel (comme si le langage ne s'adressait à personne, mais faisait un récit sur l'absent, ou les absents); enfin, portant à leur comble ces absurdités, pour feindre de s'humilier devant l'interlocuteur, et de l'exalter bien au-dessus de soi, on en est venu à se servir, au lieu du mode personnel, de la qualité abstraite de son état (Sa Grâce, Sa Grandeur, Son Éminence, Son Altesse). Tout ceci a sans doute sa cause dans la structure féodale : là, depuis la dignité royale, à travers toute la hiérarchie, jusqu'au point où cessent les dignités humaines et où il ne reste plus que l'homme, c'est-à-dire jusqu'à l'état de servage, – le serf est le seul que peut tutoyer son supérieur – ou jusqu'à l'état d'enfance – il n'est pas permis à l'enfant d'avoir de volonté propre –, on prenait soin que la *gradation* du respect dû aux personnes d'un rang plus élevé ne fût jamais en défaut.

DE LA LIBRE CONSCIENCE DE SES REPRÉSENTATIONS

§ 3. L'effort pour devenir conscient de ses représentations consiste ou bien à *porter attention* (*attentio*) ou bien à *détourner le regard* d'une représentation dont je suis conscient (*abstractio*). Et dans ce dernier cas, l'attention n'est pas simplement omise ou négligée (ce serait de la *distraction, distractio*); c'est un acte réel du pouvoir de connaître qui consiste à maintenir dans *une* conscience une représentation hors de toute liaison avec les autres. On ne veut pas dire ici abstraire (isoler) *quelque chose*, mais faire abstraction de *quelque chose*, c'est-à-dire d'une détermination de l'objet de ma représentation; et par là cette représentation, acquérant la généralité d'un concept, est accueillie dans l'entendement.

La capacité de faire abstraction d'une représentation, même si elle s'impose à l'homme par les sens, est un bien plus grand pouvoir que celle d'être attentif, car elle prouve une liberté de la faculté de penser et une autonomie de l'esprit qui

permettent *d'avoir sous son contrôle l'état de ses représentations (animus sui compos)*. – De ce point de vue, la faculté
d'abstraction est beaucoup plus difficile mais beaucoup plus
importante que celle d'attention, quand elle concerne les
représentations des sens.

Beaucoup sont malheureux de ne savoir abstraire. Un
prétendant pourrait faire un beau mariage, s'il pouvait détour-
ner ses regards d'une verrue | sur le visage de sa maîtresse, ou   132
d'une dent qui lui manque. C'est une singulière inconvenance
de notre faculté d'attention, de s'attacher, même involontairement, à ce qui est fautif chez les autres : on dirige les yeux
vers un bouton qui fait défaut à un habit, sur une dent qui
manque, ou sur une faute coutumière d'élocution ; par là, on
déconcerte l'autre, mais on gâte aussi ses propres chances dans
les rapports avec autrui. Quand un homme est fondamen-
talement bon, c'est agir avec équité, mais intelligence aussi,
que de passer sur les mauvais côtés, et pour notre propre
bonheur ; mais cette faculté d'abstraire est une force de l'esprit
qui ne peut être acquise que par l'habitude.

DE L'OBSERVATION DE SOI-MÊME

§ 4. *Remarquer (animadvertere)* n'est pas encore *s'observer* soi-même *(observare)*. Cette observation de soi est une
réunion méthodique des perceptions faites sur nous-mêmes,
ce qui fournit à celui qui s'observe la matière d'un journal
intime et conduit facilement à l'exaltation et au délire.

L'attention (attentio) à soi-même est nécessaire si on a
affaire à autrui ; mais elle ne doit pas être visible dans l'entourage car elle entraîne la *gêne* (l'embarras) ou *l'affectation* (la
raideur). Son contraire est *l'aisance* (l'air dégagé)* : on ne s'en
remet qu'à soi pour se conduire sans être mal jugé par les

---

* En français dans le texte.

autres. En se tenant comme si on voulait apprécier dans un miroir l'allure qu'on a, et en parlant comme si on s'écoutait (et non pas seulement comme si on avait un auditeur), on joue une sorte de comédie. On veut se donner en *représentation* et créer artificieusement une apparence de sa propre personne ; mais quand cet effort est perçu, on baisse dans le jugement des autres, car on est soupçonné de vouloir tromper. La franchise dans la matière de s'extérioriser, qui ne donne pas prise à un tel soupçon, c'est le *naturel* dans la conduite (qui n'exclut pas cependant tout ce qui est art et culture du goût) : il plaît par la simple *véracité* des expressions. Mais on parle de naïveté quand le langage laisse apparaître l'ingénuité d'un esprit simple, issue d'un défaut dans cet art de dissimuler dont on a fait maintenant une règle.

133 | Quand une jeune fille à l'âge d'adolescence ou un campagnard ignorant des manières de la ville s'expriment en toute franchise, leur innocence et leur simplicité (leur ignorance dans l'art de paraître) font rire de bon cœur ceux qui sont déjà exercés et avertis. Non pas un rire moqueur et méprisant (car au fond du cœur, on vénère la pureté et la sincérité), mais un rire bienveillant et affectueux devant l'inexpérience en cet *art de paraître*, qui est mauvais bien qu'il soit fondé sur notre nature humaine et corrompue ; on devrait en soupirer plutôt qu'en rire, quand on compare celle-ci à l'idée d'une nature non encore pervertie[1]. C'est une joie d'un instant ; on dirait un ciel nuageux, qui s'ouvre en un point pour laisser passer un rayon de soleil, mais se referme aussitôt afin d'épargner l'amour-propre et son regard débile de taupe.

Le but de ce paragraphe, c'est de donner l'avertissement indiqué plus haut : ne pas se consacrer à surveiller et comme à

---

1. On pourrait à ce propos parodier le vers bien connu de Perse : « Naturam videant, ingemiscantque relicta ». * Perse, III, 38 : « Virtutem videant, intabescantque relicta ».

rédiger méticuleusement l'histoire intérieure de ses pensées et de ses sentiments dans leur cours *involontaire* ; c'est là précisément la route qui, dans le désordre d'esprit des soi-disant inspirations d'en-haut et des forces qui agissent sur nous, hors de notre consentement et venant on ne sait d'où, conduit à la folie des illuminations et aux visions d'épouvante. Car, sans le savoir, nous découvrons ce que nous avons nous-mêmes introduit en nous : ainsi une Bourignon avec ses représentations consolantes, ou un Pascal avec ses représentations d'épouvante et d'angoisse ; c'est là qu'en est venu un esprit, du reste remarquable, *Albert Haller* ; longtemps, mais avec des interruptions, il a tenu un journal de ses états d'âme qui l'a conduit finalement à interroger un théologien connu, le Dr Less, son ancien collègue à l'université, pour savoir s'il ne pourrait pas trouver dans le vaste trésor de sa science théologique une consolation pour son âme angoissée.

L'observation en moi-même des différents actes du pouvoir de représentation lorsque je fais appel à eux, mérite bien qu'on y réfléchisse ; elle est nécessaire et utile pour la Logique et la Métaphysique. Mais chercher à se surveiller, comme si ces actes venaient à l'esprit d'eux mêmes, *sans être appelés* (ce qui se produit | dans le jeu de l'imagination 134 lorsqu'elle invente spontanément), c'est pervertir l'ordre naturel de la faculté de connaître ; au lieu de précéder comme ils le devraient, les principes de la pensée viennent à la traîne ; c'est déjà une maladie de l'esprit (jeu des fantasmes) ou du moins y conduit et met sur le chemin de la maison des fous. Quand on multiplie les récits d'expériences intérieures (de grâce, de tentations), on ne peut jamais, au terme de ce voyage d'exploration en soi-même arriver ailleurs qu'à Anicyre. Car pour les expériences internes, il n'en est pas comme pour les expériences externes où les objets dans l'espace sont donnés les uns à côté des autres et maintenus dans la permanence. Le sens interne ne voit les rapports de ses déterminations que dans le temps qui n'accorde pas de caractère durable à l'observation que requiert l'expérience [1].

135 | DES REPRÉSENTATIONS
         QUE NOUS AVONS SANS EN ÊTRE CONSCIENTS

§ 5. Avoir des représentations, et pourtant n'en être pas conscient, constitue, semble-t-il, une contradiction. Comment en effet pourrions-nous savoir que nous les avons si nous n'en sommes pas conscients ? Cette objection, Locke la faisait déjà, qui refusait l'existence même d'une pareille forme de représentation. Cependant nous pouvons être médiatement

---

1. Si nous représentons l'action intérieure (spontanéité) par laquelle un *concept* (une pensée) est possible, c'est-à-dire la *réflexion*, et l'impressionabilité (réceptivité) par laquelle une *perception*, une *intuition* empirique, est possible, c'est-à-dire l'*appréhension*, mais si ces deux actes nous les représentons accompagnés de conscience, alors la conscience de soi peut être divisée en conscience de la réflexion et conscience de l'appréhension. La première est une conscience de l'entendement, la seconde du sens interne ; celle-là, c'est l'aperception *pure* : celle-ci l'aperception *empirique* ; c'est donc à tort qu'on appellera la première *sens interne*. Dans la Psychologie nous nous examinons selon nos représentations du sens interne ; mais dans la Logique, selon ce que la conscience intellectuelle nous offre. Ici, le Je semble être double (ce qui serait contradictoire) : 1) Le Je comme *sujet de la pensée* (dans la Logique), qui signifie l'aperception pure (le Je purement réfléchissant), et dont on ne peut absolument rien dire sauf qu'il est une représentation absolument simple. 2) Le Je comme *objet* de la perception, donc du sens intérieur, qui contient une multiplicité de déterminations, rendant possible une expérience intérieure.

Dans les diverses modifications intérieures de son esprit (de sa mémoire ou des principes qu'il admet) peut-on dire que l'homme, s'il est conscient de ces modifications, est toujours le même, en ce qui concerne son âme ? Question absurde, car il ne peut être conscient de ces changements que parce qu'il se représente dans ses différents états comme un seul et même sujet, et si en l'homme, le Je est double selon la forme (le mode de représentation), il ne l'est pas dans sa substance (le contenu).

conscients d'avoir une représentation quand bien même nous n'en sommes pas immédiatement conscients. – De pareilles représentations sont dites *obscures*, les autres sont *claires*; et si cette clarté s'étend en elles jusqu'aux représentations partielles d'un tout et à leur liaison, ce sont des *représentations* distinctes, – qu'elles appartiennent à la pensée ou à l'intuition.

Si je suis conscient de voir au loin un homme dans une prairie, sans être conscient de voir ses yeux, son nez, sa bouche, etc., je ne fais à dire vrai que tirer une conclusion : cette chose est un homme; si, parce que je ne suis pas conscient de percevoir telle partie de sa figure (non plus que les autres détails de son physique), je voulais affirmer que je n'ai absolument pas, dans mon intuition, la représentation de cet homme, alors je ne pourrais même pas dire que je vois un homme : car c'est à partir de ces représentations partielles que l'on compose le tout (de la tête ou de l'homme).

Le champ des intuitions sensibles et des sensations dont nous ne sommes pas conscients tout en pouvant conclure que nous les avons, c'est-à-dire le champ des représentations obscures, est immense chez l'homme (et aussi chez les animaux); les représentations claires au contraire ne constituent que des points infiniment peu nombreux ouverts à la conscience; il n'y a, pour ainsi dire, sur la carte immense de notre esprit, que quelques régions *illuminées* : voilà bien qui peut nous émerveiller sur notre nature; une plus haute puissance n'aurait qu'à dire : que la lumière soit! alors, sans que nous intervenions (prenons, par exemple, un lettré avec tout ce qu'il a dans la mémoire), c'est pour ainsi dire une moitié du monde qui s'offre à nos yeux. Tout ce que découvre un œil au télescope (dans la lune) ou au microscope (pour les infusoires) est vu par nos simples yeux; car ces moyens optiques ne multiplient pas les rayons lumineux ni les images

136 qu'ils constituent | en les amenant jusqu'à l'œil, par rapport à ceux qui se seraient peints sur la rétine sans ces instruments artificiels; ils ne font que les diffuser pour que nous en devenions conscients. – Ceci vaut aussi pour les sensations auditives; quand le musicien, avec ses dix doigts et ses deux pieds joue une fantaisie sur l'orgue et bavarde en outre avec un voisin, quantité de représentations sont éveillées dans son âme en très peu de temps; pour faire le choix, il serait besoin d'un jugement particulier sur la convenance de chacune puisqu'un seul mouvement du doigt non ajusté à l'harmonie serait perdu comme une dissonnance; pourtant l'ensemble prend si bien tournure que le musicien développant librement sa fantaisie aimerait noter dans une transcription bien des morceaux heureusement improvisés et peut-être n'a-t-il pas l'espoir d'arriver à un aussi bon résultat, même en y mettant toute son application.

Ainsi, en l'homme, le champ des représentations *obscures* est le plus étendu. Mais puisque ce champ ne permet de percevoir l'homme que dans sa partie passive, en tant qu'il est le jouet des sensations, la théorie de ce champ n'appartient qu'à l'Anthropologie physiologique, non à l'Anthropologie pragmatique dont il est question ici.

Nous jouons souvent avec les représentations obscures et nous avons intérêt à effacer de notre imagination des objets que nous aimons ou que nous n'aimons pas; mais plus souvent encore, nous sommes le jouet de représentations obscures, et notre entendement ne parvient pas à se protéger des absurdités dans lesquelles leur influence le fait tomber, quand bien même il les reconnaît comme illusions.

Il en est ainsi de l'amour sexuel dans la mesure où il ne se propose pas d'assurer le bien de son objet, mais plutôt d'en tirer une délectation. Combien d'esprit n'a-t-on pas dépensé pour jeter un voile léger sur ce qui, pour être bien aimé, n'en laisse pas moins voir entre l'homme et l'espèce animale, comme une parenté assez proche pour exiger la pudeur ? Dans la bonne société, ce qu'on en exprime n'est pas dit sans quelque déguisement, même si c'est assez transparent pour porter à sourire. Ici, l'imagination aime à marcher dans l'obscurité, et ce n'est point d'un art commun, si, pour éviter le *cynisme*, on veut éviter le péril de tomber dans un *purisme* ridicule.

D'un autre côté, nous sommes souvent le jouet de représentations obscures qui ne consentent pas à disparaître, même si *l'entendement* les | éclaire. Aménager sa tombe dans un 137 jardin ou à l'ombre d'un arbre, au milieu des champs ou dans un terrain sec, c'est souvent pour un mourant une affaire d'importance et pourtant, dans le premier cas il n'a pas de raison d'espérer une belle vue ; et dans l'autre, il n'a pas de raison de se soucier d'une humidité qui lui ferait prendre froid.

Le vêtement fait l'homme : même les bons esprits l'admettent dans une certaine mesure. Le proverbe russe a beau dire : « on reçoit son hôte d'après son costume ; on le reconduit selon son esprit » ; l'entendement ne peut pas empêcher qu'une personne bien habillée n'imprime des représentations d'un certain poids ; il ne peut se donner pour but que de corriger par la suite le jugement provisoire qu'on en tire.

De même, on réussit souvent, par une obscurité étudiée, à donner l'illusion de la profondeur et du fondamental : un peu comme les objets vus dans le crépuscule ou à travers un nuage paraissent toujours plus grands qu'ils ne sont[1]. Les ténèbres

1. Au contraire, à la lumière du jour, ce qui est plus clair que les objets environnants semble également plus grand ; les bas blancs, par exemple, font paraître le mollet plus plein que les noirs. Un feu, la nuit, sur une montagne élevée paraît plus grand que ses dimensions réelles. – Peut-être de cette manière est-il possible d'expliquer que les dimensions de la lune, et la distance respective des étoiles soient apparamment plus grandes quand elles sont près de l'horizon. Car dans les deux cas nous apparaissent des objets

(rends-toi obscur) forment le mot d'ordre de tous les mystiques, pour séduire par une obscurité concertée ceux qui sont en quête du trésor de la sagesse. Mais en général le lecteur d'un texte ne trouve pas mal venu un certain degré d'ésotérisme, qui lui rend sensible sa propre ingéniosité à résoudre l'obscur en concepts clairs.

DE LA DISTINCTION ET DE L'INDISTINCTION
DANS LA CONSCIENCE QU'ON A DE SES REPRÉSENTATIONS

§ 6. La conscience des représentations qui suffit pour *différencier* un objet d'un autre, c'est la *clarté*. Mais celle qui rend claire la *composition* des représentations, c'est la

138   *distinction*. | C'est elle seulement qui fait d'une somme de représentations une *connaissance*; comme toute composition accompagnée de conscience présuppose l'unité de celle-ci et par conséquent une règle pour cette composition, un ordre se trouve pensé dans cette multiplicité. A la perception distincte, on ne peut pas opposer la perception *confuse* (*perceptio confusa*) mais seulement la perception *indistincte* (*perceptio clara*). Ce qui est confus doit être composé; car dans le simple, il n'y a ni ordre ni *confusion*; cette dernière est donc la cause de l'indistinction, mais n'en est pas la *définition*. Dans chaque représentation complexe (*perceptio complexa*), comme l'est toute connaissance (puisqu'intuition et concept s'y trouvent toujours requis), la distinction repose sur l'ordre selon lequel sont composées les représentations partielles; celles-ci autorisent un partage formel en représentations supérieures et

brillants, qui, près de l'horizon, sont vus à travers une couche d'air bien plus assombrissante que s'ils sont haut dans le ciel ; et ce qui est obscur paraît aussi plus petit à cause de la lumière environnante. Au tir, un disque blanc au milieu d'une cible noire est plus facile à atteindre que la configuration inverse.

subordonnées (*perceptio primaria et secundaria*), ou bien un partage réel en représentations principales et connexes (*perceptio principalis et adhaerens*); c'est cet ordre qui rend la connaissance distincte. On voit bien que si la faculté de connaître doit être appelée par excellence *entendement* (au sens le plus général du mot), celui-ci doit contenir la *faculté de saisir* (*attentio*) les représentations données pour reproduire *l'intuition* de l'objet, la *faculté d'isoler* (*abstractio*) ce qui est commun à plusieurs représentations pour produire le concept de cet objet, et la *faculté de réfléchir* (*reflexio*) pour en produire *la connaissance*.

De celui qui possède ces facultés à un degré supérieur, on dit que c'est une *tête*; de celui à qui elles ont été mesurées, on dit que c'est un *âne* (parce qu'il faut quelqu'un pour le conduire); mais si l'usage qu'on en fait est marqué d'originalité (ce qui permet de tirer de soi-même ce qu'autrement il faut apprendre sous la férule des autres), on est un *génie*.

N'avoir rien appris de ce qui requiert instruction, c'est être *ignorant*, si du moins il s'agit de jouer à l'homme cultivé; sans cette prétention on peut être un grand génie. D'un homme qui peut apprendre beaucoup, mais sans *penser lui-même*, on dit que c'est un *esprit limité* (borné). On peut être un homme d'une *vaste* érudition (machine à donner l'enseignement tel qu'on l'a reçu soi-même), et pourtant être très *borné* | dans 139 l'utilisation raisonnée de son savoir historique. Si, en publiant ce qu'on a appris, on trahit la contrainte de l'école (donc le manque de liberté dans la pensée autonome), on est un *pédant*, qu'on soit du reste savant, soldat ou courtisan. C'est encore le pédant érudit qui est le plus supportable, car il peut enseigner quelque chose; chez les autres la méticulosité purement formelle (pédanterie) n'est pas simplement inutile; l'orgueil inévitable chez le pédant lui donne un tour ridicule, puisque c'est un orgueil d'*ignorant*.

Cependant l'art ou plutôt l'adresse à parler sur un ton mondain et, en général, à suivre à la mode, – ce qu'on a tort, surtout pour la science, d'appeler *popularité*, alors qu'il s'agit d'une coquetterie futile –, manifeste la grande indigence d'une tête bornée. Seuls les enfants s'y laissent prendre : « ton tambour » dit le Quaker d'Addisson à l'officier qui bavarde à côté de lui dans la voiture, « est le symbole de ce que tu es : il sonne, parce qu'il est vide ».

Quand on veut juger les hommes selon leur faculté de connaître (l'entendement en général), on distingue ceux à qui on doit reconnaître le *sens commun* (*sensus communis*), qui à vrai dire n'est pas *commun* (*sensus vulgaris*), et les gens de *science*. Les premiers sont habiles quand il s'agit d'appliquer les règles (*in concreto*); les autres le sont, pour eux-mêmes et avant toute application des règles (*in abstracto*). L'entendement qui relève de la faculté de connaître dans son premier type est appelé entendement *sain* (bon sens[*]); celui qui relève du second, *esprit lucide* (*ingenium perspicax*). A noter cette première forme d'entendement, considérée d'ordinaire au seul titre de faculté de connaissance pratique, on ne se la représente pas seulement comme susceptible de se passer de culture, mais telle aussi que la culture lui est néfaste, si elle n'est pas poussée assez loin; on la chante jusqu'à l'exaltation; on la représente comme une mine de trésors cachés dans la profondeur de l'âme; parfois même, on attribue à ses sentences une valeur d'oracle (le génie de Socrate), plus digne de confiance que tout ce que peut avancer une science approfondie. – Une chose au moins est certaine : si la solution d'une question repose sur les règles générales et innées de l'entendement (dont la possession s'appelle le bon sens 140 populaire), recourir aux principes étudiés et concertés | (esprit

---

[*] En français dans le texte.

de l'écolier) et en tirer conclusion présente moins de sécurité que de s'en remettre pour la décision aux principes de détermination du jugement, qui se cachent dans l'obscurité de l'esprit; c'est ce qu'on pourrait appeler le *tact* logique : la réflexion se représente l'objet de divers côtés et parvient à un résultat exact, sans avoir conscience des actes qui se produisent alors à l'intérieur de l'esprit.

L'entendement sain ne peut montrer sa supériorité que par rapport à un objet de l'expérience; supériorité non seulement à accroître sa connaissance par l'expérience, mais encore à élargir celle-ci d'un point de vue non spéculatif, mais empirique et pratique. Car le point de vue spéculatif requiert des principes scientifiques *a priori*; pour l'autre, des expériences, c'est-à-dire des jugements, peuvent être continuellement confirmés par l'essai et le succès.

DE LA SENSIBILITÉ PAR OPPOSITION À L'ENTENDEMENT

§ 7. Par rapport à l'état de ses représentations, mon esprit est *actif* et manifeste une *faculté* (*facultas*); ou bien il est *passif* et consiste en une *réceptivité* (*receptivitas*). Une connaissance comporte leur association; et sa possibilité doit son nom de faculté de connaître à son élément le plus éminent : l'activité de l'esprit liant les représentations et les séparant les unes des autres.

Les représentations à l'égard desquelles l'esprit se comporte passivement et par lesquelles le sujet est donc *affecté* (celui-ci peut s'affecter lui-même ou être affecté par un objet) appartiennent à la faculté *sensible* de connaître; celles qui comportent une pure action (la pensée) appartiennent à la faculté *intellectuelle* de connaître. La première est également appelée faculté *inférieure* de connaître; l'autre faculté

supérieure[1]. La première a le caractère de passivité du sens
interne des sensations ; le second la spontanéité de l'aperception, c'est-à-dire de la pure conscience de l'action qui constitue la pensée, et relève de la *logique* (un système des règles de
l'entendement), tout comme le premier relève de la *psychologie* (le concept qui enveloppe toutes les perceptions internes
sous les lois de la nature) et fonde l'expérience interne.

   Remarque (a). L'objet de la représentation qui ne
comporte que la manière dont je suis affecté par lui ne peut être
connu de moi que comme il m'apparaît, et toute expérience
(connaissance empirique) – l'expérience interne non moins
que l'externe – n'est que la connaissance des objets tels qu'ils
nous apparaissent et non pas tels qu'ils *sont* (considérés
seulement pour eux-mêmes). Car ce n'est pas seulement le
caractère propre de l'objet de la représentation, mais aussi le
caractère propre du sujet et de la réceptivité qui détermine de
quel mode sera l'intuition sensible à laquelle fait suite la
141 pensée de cet objet (le concept de l'objet). | Le caractère
formel de cette réceptivité ne peut pas être emprunté à son tour
aux sens, mais doit être donné *a priori* (comme intuition) ;

---

1. Placer la *sensibilité* dans la pure indistinction des représentations,
l'intellectualité au contraire dans leur distinction et établir par là une
différence de conscience purement formelle (logique), au lieu de la différence
réelle (psychologique) qui ne concerne pas simplement la forme mais le
contenu de la pensée, c'était là une grave faute de l'école de Leibniz et de
Wolff. C'était placer la sensibilité dans un pur *manque* (manque de clarté des
représentations partielles) par conséquent dans l'indistinction, et placer le
caractère propre de la représentation de l'entendement dans la distinction ;
alors que la sensibilité est quelque chose de très positif et une addition nécessaire à la représentation de l'entendement pour produire une connaissance.
Mais c'est *Leibniz* à vrai dire qui en est responsable. Se rattachant à l'école
platonicienne, il admet de pures intuitions innées de l'entendement appelées
idées ; on les trouverait dans l'âme humaine, pour le moment assombries
seulement ; leur analyse et leur mise en lumière par l'attention nous permet-
traient la connaissance des objets tels qu'ils sont en soi.

c'est-à-dire qu'il doit y avoir une intuition sensible qui demeure quand bien même tout ce qui est empirique (comportant *l'impression sensible*) a disparu, et cet élément formel de l'intuition, c'est, dans l'expérience interne, le temps.

L'expérience est une connaissance empirique, mais la connaissance (puisqu'elle repose sur des jugements) requiert la réflexion (*reflexio*), par conséquent la conscience de l'activité qui compose la multiplicité de la représentation selon la règle de son unité, c'est-à-dire le concept et la pensée en général (différente de l'intuition) : dans ces conditions, la conscience sera divisée en conscience *discursive* (qui doit précéder à titre de conscience logique, puisqu'elle donne la règle) et en conscience *intuitive* : la première (la pure aperception de l'activité de l'esprit) est simple. Le Je de la réflexion ne comporte aucune multiplicité ; et dans tous les jugements, il est toujours un seul et le même, car il ne comporte que cet élément formel de la conscience, alors que l'*expérience interne* contient l'élément matériel de cette même conscience et le multiple | de l'intuition empirique interne, le Je de l'*appréhension* (par suite une aperception empirique). 142

Je suis, en tant qu'être pensant, un seul sujet, et le même que moi en tant qu'être sensible ; mais en tant qu'objet de l'intuition empirique interne, c'est-à-dire dans la mesure où je suis affecté intérieurement par des sensations dans le temps, qu'elles soient simultanées ou successives, je me connais seulement comme je m'apparais à moi-même, non pas comme chose en soi. La raison en est dans cette condition du temps qui n'est pas un concept de l'entendement (par conséquent n'est pas une simple spontanéité), donc dans une condition à l'égard de laquelle mon pouvoir de représentation est passif (et appartient à la réceptivité). Partant, je ne me connais jamais par l'expérience interne que comme je m'*apparais* à moi-même ; souvent on détourne cette proposition par malveillance pour lui faire dire : il me *semble* seulement (*mihi videri*) que j'ai certaines représentations, et d'une façon générale, que j'existe. L'apparence fonde un jugement erroné sur des motifs subjectifs, pris à tort pour objectifs ; le phénomène n'est pas un jugement, mais une intuition simplement empirique qui, par la réflexion, et le concept de l'entendement qui en est issu, devient expérience interne et par là vérité.

Les mots du *sens interne* et d'*aperception* sont tenus par les investigateurs de l'âme pour synonymes, sans égard au fait que le premier doit désigner une conscience psychologique (appliquée) mais le second seulement une conscience logique (pure) : telle est la cause de ces erreurs. Si par le sens interne, nous ne pouvons nous connaître que tels que nous nous *apparaissons à nous-mêmes*, c'est que la saisie (*apprehensio*) des impressions du sens interne présuppose une condition formelle de l'intuition interne du sujet, le temps ; ce n'est pas un concept de l'entendement et il vaut par conséquent comme pure condition subjective de la manière dont les intuitions internes nous sont données, selon le caractère propre de l'âme humaine ; l'appréhension, par conséquent, ne nous donne pas à connaître ce qu'est l'objet en soi.

Cette remarque ne relève pas exactement de l'Anthropologie. Dans celle-ci, les phénomènes unifiés selon les lois de l'entendement sont des expériences et on ne met pas en question, d'après la forme de représentation des choses, ce qu'elles sont si on ne prend pas en considération le rapport aux 143 sens, | partant ce qu'elles sont en soi ; car cette recherche est du domaine de la métaphysique, qui a affaire à la possibilité de la connaissance *a priori*. Il était nécessaire cependant de remonter aussi loin en arrière pour écarter sur cette question les méprises des esprits spéculatifs. Au demeurant, la connaissance de l'homme par l'expérience interne, puisque c'est par là, en grande partie, qu'on juge les autres, est d'une grande importance, mais en même temps, sans doute, d'une plus grande difficulté que l'appréciation exacte des autres; car, dans l'investigation du monde intérieur, au lieu d'observer simplement, on introduit bien des choses dans la conscience; il est donc opportun, et même nécessaire de commencer en soi-même par les *phénomènes* observés, et de progresser jusqu'à l'affirmation de certaines propositions sur la nature humaine, c'est-à-dire jusquà l'*expérience interne*.

APOLOGIE POUR LA SENSIBILITÉ

§ 8. Pour l'*entendement* chacun témoigne de la plus grande considération; déjà, sa désignation comme faculté *supérieure* de connaître en fait foi; à qui voudrait chanter ses louanges, il faudrait donner congé comme à l'orateur qui entamait l'éloge de la *vertu* (*stulte! quis unquam vituperavit!*). Mais la sensibilité a mauvaise réputation; on en dit beaucoup de mal; par exemple 1) qu'elle *perturbe* le pouvoir de représentation, 2) qu'elle a le verbe haut, et que jouant la *souveraine* alors qu'elle devrait être seulement la *servante* de l'entendement, elle est entêtée et difficile à maîtriser, 3) qu'elle use même de *tromperie* et que, vis-à-vis d'elle, on ne se tient jamais assez sur ses gardes. Pourtant, on ne manque pas de chanter souvent ses louanges, surtout parmi les poètes et les gens de goût qui ne se contentent pas de célébrer comme avantageuse la *version sensible* des concepts de l'entendement; mais là, et dans le refus de décomposer méticuleusement les concepts en leurs éléments constituants, ils situent la *fécondité* du langage (la plénitude de la pensée), ou sa *vigueur* (l'énergie), ou l'*éclat* des représentations (luminosité dans la conscience); ils proclament carrément que l'entendement nu n'est que misère [1]. Nous n'avons pas besoin ici d'un panégyrique, mais seulement d'un avocat contre un accusateur.

144 | Ce qu'il y a de passif dans la sensibilité, dont nous ne pouvons pas cependant nous débarrasser, est, à vrai dire, à l'origine de tout le mal qu'on dit d'elle. La perfection intérieure de l'homme consiste en ceci : qu'il ait en son pouvoir l'usage de toutes ses facultés pour le soumettre à sa libre volonté. Or, pour ce faire, il est requis que l'entendement commande, sans affaiblir pourtant la sensibilité (qui en elle-même est une masse populaire puisqu'elle ne pense pas) ; car sans elle, il ne peut pas y avoir de matière qui puisse être élaborée pour l'usage de l'entendement législateur.

JUSTIFICATION DE LA SENSIBILITÉ CONTRE
LA PREMIÈRE ACCUSATION

§ 9. *Les sens ne perturbent pas.* A qui a *saisi* une multiplicité donnée, mais sans l'avoir encore *mise en ordre*, on ne peut pas reprocher de la *perturber*. Les perceptions des sens (représentations empiriques accompagnées de conscience) ne peuvent être appelées que phénomènes internes. L'entendement qui s'y ajoute et les lie sous une règle de la pensée (qui apporte l'*ordre* dans la multiplicité), constitue, le premier, la connaissance empirique, c'est-à-dire l'*expérience*. C'est donc la faute de l'entendement si, négligeant sa tâche, il juge avec précipitation, sans avoir auparavant ordonné les représentations des sens selon les concepts, et s'il se plaint de leur perturbation en en rejetant la responsabilité sur la nature humaine

---

1. Puisqu'ici on ne parle que de la faculté de connaître et donc de la représentation (non pas du sentiment de plaisir et de peine) *l'impression* ne désignera rien de plus que la représentation sensible (intuition empirique) par opposition aussi bien aux concepts (la pensée) qu'à l'intuition pure (la représentation de l'espace et du temps).

douée de sensibilité. Ce reproche vise les perturbations qu'on accuse la sensibilité de faire subir aux représentations tant externes qu'internes.

Certes, les représentations sensibles devancent celles de l'entendement et se présentent en bloc. Mais l'apport n'en est que plus riche si l'entendement y ajoute son ordonnance et sa forme intellectuelle et si, par exemple, il fournit à la conscience des expressions *fécondes* pour le concept, *vigoureuses* pour le sentiment, et *dignes d'intérêt* pour la détermination de la volonté. La richesse que, dans l'éloquence ou la poésie, les œuvres de l'esprit peuvent présenter à l'entendement | d'un 145 seul coup (en bloc), a beau l'embarrasser maintes fois s'il doit l'utiliser rationnellement, et l'entendement a beau se sentir troublé quand il doit rendre distincts et départager tous les actes de réflexion qui y sont engagés réellement, bien que dans l'ombre : il n'y a là pourtant aucune faute de la sensibilité ; tout au contraire, c'est plutôt un mérite de sa part d'avoir fourni à l'entendement un riche matériel en face duquel les concepts abstraits de l'entendement ne sont souvent que de scintillantes misères.

JUSTIFICATION DE LA SENSIBILITÉ CONTRE LA SECONDE ACCUSATION

§ 10. *Les sens ne commandent pas* à l'entendement. Ils s'offrent plutôt à lui pour qu'il dispose de leurs services. Ils ne veulent pas voir méconnue l'importance qui leur est dévolue surtout dans ce qu'on appelle le sens commun (*sensus communis*) ; mais cela ne doit pas être pris pour une prétention à dominer l'entendement. Il est vrai que certains jugements ne sont pas formellement déférés devant le tribunal de l'entendement pour être jugés par lui, ce qui leur donne l'air d'être immédiatement dictés par les sens : témoins les apophtegmes ou les inspirations oraculaires (comme celles dont les sentences étaient attribuées par Socrate à son génie). On présuppose que le jugement *initial* sur ce qu'il est bien ou sage de faire dans une occurence donnée, est d'une manière générale le jugement *exact* et qu'un ressassement ultérieur ne peut que le déformer. En fait, de tels jugements ne viennent pas des sens, mais des réflexions réelles, quoiqu'obscures, de l'entendement. Les sens n'ont là-dessus aucune prétention, et sont comme l'ensemble de la population qui, sauf la lie du peuple (*ignobile vulgus*), se soumet volontiers à son chef, l'entendement, mais veut être écouté. Mais si certains jugements et manières de voir sont acceptés comme immédiatement issus du sens interne (sans la méditation de l'entendement), et si le sens interne est considéré comme son propre maître et les sensations comme ayant valeur de jugements alors on tombe dans une pure et simple exaltation proche parente de l'hallucination.

146   JUSTIFICATION DE LA SENSIBILITÉ CONTRE
LA TROISIÈME ACCUSATION

§ 11. *Les sens ne trompent pas* : proposition qui récuse le reproche le plus important, mais aussi, à le bien peser, le plus vain qu'on adresse aux sens ; ce n'est pas qu'ils jugent toujours exactement, mais ils ne jugent pas du tout ; c'est pourquoi l'erreur n'est jamais qu'à la charge de l'entendement. Cependant, l'*apparence sensible* (*species*, *apparentia*) tourne pour l'entendement, sinon à la justification, du moins à l'excuse ; c'est que l'homme en arrive souvent à tenir l'élément subjectif de sa représentation pour l'objectif (la tour éloignée dont on ne voit pas les angles est considérée comme ronde ; les lointains de la mer, qui atteignent le regard par des rayons lumineux plus élevés, sont considérés comme plus hauts que le rivage – altum mare –; la pleine lune qu'on voit, quand elle monte à l'horizon, à travers un air chargé de vapeurs, bien qu'on la saisisse avec le même angle de vue, est tenue pour plus éloignée, donc pour plus grande que lorsqu'elle est haut dans le ciel); et ainsi il en vient à prendre le phénomène pour l'expérience, et à tomber par là dans l'erreur, comme en une faute de l'entendement, non comme en une faute des sens.

Voici un blâme que la logique adresse à la sensibilité; à la connaissance dont elle est le véhicule, on reproche son caractère *superficiel* (individualité, limitation à l'unique), tandis que l'entendement qui va à l'universel, mais par là doit se prêter à l'abstraction, encourt le reproche d'*aridité*. L'activité esthétique dont la première exigence est la popularité, trace un chemin qui peut échapper à ces deux défauts.

DU POUVOIR EN RAPPORT AVEC LA FACULTÉ DE CONNAÎTRE EN GÉNÉRAL

§ 12. Le paragraphe précédent qui traitait de la faculté des apparences, où l'homme n'a pas de pouvoir, nous conduit à l'explication des concepts de *facile* et de *difficile* (*leve et grave*); à la lettre ces mots ne désignent en allemand que des propriétés et des forces physiques[*]; cependant, par une certaine analogie, ils doivent désigner comme en Latin, ce qui est | *faisable* (*facile*) et ce qui est relativement *infaisable* 147 (*difficile*); car ce qui est à peine faisable est tenu, par un sujet qui doute de posséder le pouvoir requis, pour *subjectivement infaisable*, dans certaines circonstances et conditions.

---

[*] Il s'agit en allemand de Leicht et Schwer.

La *facilité* à faire quelque chose (*promptitudo*) ne doit pas être confondue avec la *capacité* (*habitus*). La première désigne un certain degré de pouvoir mécanique : « je peux si je veux », et caractérise une *possibilité* subjective ; la seconde désigne la nécessité subjective pratique, c'est-à-dire une *habitude*, partant un certain niveau de vouloir acquis par l'utilisation souvent répétée de son pouvoir : « Je le veux parce que le devoir le commande ». C'est pourquoi on ne peut pas expliquer la vertu en disant qu'elle est *capacité* dans le domaine des actions libres et légitimes ; car elle ne serait que mécanisme dans l'utilisation des forces ; mais la vertu est la *force* morale dans la fidélité à son devoir, force qui ne devient jamais une habitude, mais doit toujours jaillir, entièrement neuve et originaire, de la manière de penser.

Facile est opposé à difficile, mais souvent aussi à pénible. Une action est facile pour un sujet, quand elle lui permet d'éprouver que son pouvoir excède largement les forces requises. Quoi de plus facile que le cérémonial des visites, des félicitations et des condoléances ? Mais quoi de plus pesant pour un homme occupé ? Ce sont d'amicales *contraintes* (tracasseries) dont chacun, au fond de son cœur, souhaite s'affranchir, bien qu'on ait scrupule à commettre une infraction à l'usage.

Quelles contraintes n'y a-t-il pas dans les usages extérieurs qu'on met au compte de la religion, mais qui ont à vrai dire glissé vers le formalisme ecclésiastique ? Ces contraintes ne servent à rien, et dans la simple soumission du croyant qui se laisse patiemment tracasser par les cérémonies, les observances, les pénitences, les mortifications (le plus sera le mieux), on place ce qu'il y a de plus méritoire dans la piété. Cependant ces corvées, pour *faciles* qu'elles sont d'un point de vue *mécanique* (elles ne peuvent conduire à sacrifier aucune tendance vicieuse), doivent être éprouvées par un

homme raisonnable comme *moralement* très *pesantes* et pénibles. C'est pourquoi, quand le grand instituteur moral du
peuple disait «mes commandements ne sont pas difficiles»*,
il ne voulait point dire qu'il n'était pas besoin de dépenser
beaucoup d'énergie pour les exécuter; mais en fait, dans la
mesure où ils exigent de pures dispositions de cœur, ils sont,
de tous les ordres qui peuvent être donnés, les plus difficiles;
cependant | pour un homme raisonnable ils sont infiniment 148
plus faciles que les commandements d'une activité oiseuse
(gratis anhelare, multa agendo nihil agere), comme ceux que
prescrivait le Judaïsme; car ce qui est facile d'un point de vue
mécanique, l'homme raisonnable le trouve terriblement pénible, s'il voit que toute la peine qu'il y prend n'est d'aucune
utilité.

Faire facilement quelque chose de pénible est un *mérite*;
mais le *dépeindre* à l'avance comme facile alors qu'on n'est
pas capable de le faire soi-même est une *tromperie*. Faire ce
qui est facile est sans mérite. Méthodes et machines, ainsi que
la division du travail entre divers ouvriers (comme dans les
manufactures), rendent facile tout ce qui serait pénible à faire
de ses propres mains, sans outils.

Montrer les difficultés, avant de donner les préceptes pour
les surmonter (comme par exemple dans les recherches de la
métaphysique) peut bien susciter la frayeur, mais vaut mieux
cependant que de les *cacher*. Celui qui tient pour facile tout ce
qu'il entreprend est un *esprit léger*. Celui pour qui tout ce qu'il
fait se laisse faire facilement est *habile*; celui dont l'action
trahit le mal qu'il se donne est *lourdaud*. – S'entretenir en
société (conversation) est un simple jeu dans lequel tout doit
être facile et facilement toléré. C'est pourquoi on y abandonne, comme étant d'une autre génération, le cérémonial (la

* Épître de saint Jean. I, 5, 3.

raideur), comme, par exemple, l'adieu solennel après un festin.

L'attitude d'esprit d'un homme quand il entreprend une tâche varie avec les tempéraments. Certains commencent par les difficultés et les appréhensions (mélancoliques); chez d'autres, l'espoir et la facilité supposée de l'exécution est la première chose qui leur vient à l'esprit (sanguins).

Que penser de la glorieuse formule des hommes d'énergie, qui n'est pas fondée sur le simple tempérament: «Ce que l'homme veut, il le peut»? Ce n'est rien qu'une tautologie ronflante: ce qu'on veut sur l'injonction de la *raison* et de ses *prescriptions morales*, on *doit*, et par conséquent on *peut* le faire (car la raison ne peut pas prescrire l'impossible). Il y a plusieurs années, des fats se piquaient de donner à cette vantardise un sens matériel et prétendaient monter à l'assaut du monde; mais leur race a depuis longtemps disparu.

Dans l'*accoutumance* (*consuetudo*), les sensations du même type, parce qu'elles durent longtemps sans se modifier, retirent finalement aux sens leur faculté d'attention; et on n'en a | presque plus conscience; il est alors *facile* de supporter le mal (c'est à tort qu'on en fait honneur à une vertu, la patience), mais plus *difficile* de garder la conscience et le souvenir du bien reçu: ce qui en général conduit à l'ingratitude (qui est un défaut réel).

L'*habitude* (*assuetudo*) est une certaine contrainte physique et interne, qui incline à se conduire de la même façon que par le passé. Elle enlève même aux bonnes actions leur valeur morale, parce qu'elle porte préjudice à la liberté de l'esprit, et provoque de plus une répétition du même acte dépourvue de toute pensée (monotonie): elle devient ainsi ridicule. – Les chevilles habituelles (*formules* servant seulement à combler le vide des pensées) inquiètent l'auditeur qui redoute toujours d'avoir à entendre encore ce vain bavardage; et elles transformer l'orateur en machine à parler. Si l'habitude chez autrui provoque en nous de l'aversion, c'est qu'elle laisse trop apparaître en lui l'animal, et que la règle de l'habitude, exactement comme une autre nature (non humaine), le guide à la manière de l'instinct, le mettant en danger de passer dans la catégorie des bêtes. Pourtant, certaines habitudes peuvent être contractées et mises en place intentionnellement, quand la nature refuse son aide à la libre volonté; par exemple, l'âge venant, on peut s'habituer à l'heure des repas, à leur qualité et quantité de même pour le sommeil; ainsi, on se mécanise graduellement; mais ceci ne vaut qu'à titre d'exception et en cas de nécessité. En règle générale, toute habitude est condamnable.

Du jeu artificiel avec l'apparence sensible

§ 13. Le *leurre* que les représentations des sens occasionnent à l'entendement (*praestigiae*) peut être soit naturel, soit artificiel; il est ou bien *mirage* (*illusio*) ou bien *tromperie* (*fraus*). Le leurre qui sur le témoignage des yeux contraint de tenir pour réel ce dont l'entendement démontre l'impossibilité, c'est l'*apparition* (*praestigiae*).

Est *illusion* le leurre qui subsiste, même quand on sait que l'objet supposé n'existe pas. – Ce jeu | de l'esprit avec l'*appa-* 150 *rence* sensible est fort agréable et distrayant : ainsi le dessin en perspective de l'intérieur d'un temple – comme le disait Raphaël Mengs à propos de la toile qui représente l'école des Péripatéticiens (elle est du Corrège*, je crois) : « si on les regarde longtemps, ils paraissent marcher » ; à l'Hôtel de Ville d'Amsterdam, la peinture d'un escalier avec une porte entr'ouverte invite chacun à le gravir, etc.

---

* Il s'agit probablement de l'école d'Athènes de Raphaël.

Mais il y a *tromperie* des sens, lorsque l'apparence cesse dès qu'on connaît la vérité de l'objet; à ce domaine appartiennent tous les artifices de la jonglerie. – Le vêtement dont la couleur fait ressortir le visage est illusion; mais le fard est une tromperie. Le premier séduit; le second simule. C'est pourquoi on ne peut pas supporter les *statues* peintes selon des couleurs naturelles; on est trompé au point de les tenir pour vivantes, chaque fois qu'elles tombent à l'improviste sous le regard.

Dans un esprit par ailleurs sain, l'*ensorcellement* (*fascinatio*) est un leurre des sens qui ne relève pas, dit-on, des causes naturelles; car le jugement sur l'existence d'un objet (ou sa nature) se modifie, quand on y prête attention, et on juge que cet objet n'existe pas (ou qu'il est fait autrement); les sens paraissent alors se contredire : comme un oiseau qui voltige contre un miroir dans lequel il se voit, et croit tantôt qu'il y a un oiseau réel, tantôt qu'il n'y en a pas. Avec les hommes un pareil jeu, qui leur ôte confiance en leurs sens, prend surtout chez ceux que domine la violence d'une passion. A l'amoureux qui avait surpris sa maîtresse dans les bras d'un autre, celle-ci, d'après Helvetius, opposait une pure et simple négation : « Infidèle, tu ne m'aimes plus ! Tu crois ce que tu vois plus que ce que je te dis »*. Plus grossière, ou en tous cas plus nuisible était la tromperie exercée par les ventriloques, les gassnériens, les disciples de Messmer, et tous les soi-disant magiciens. Autrefois, de pauvres femmes ignorantes qui s'imaginaient pouvoir faire quelque chose de surnaturel étaient appelées sorcières et en notre siècle la croyance n'en était pas encore déracinée[1]. Il semble que l'émerveillement

* Helvétius, *De l'esprit*, livre I, chap. 2.

1. Un pasteur protestant, en Écosse, disait en notre siècle encore, alors qu'il témoignait devant un juge pour un cas de ce genre : « Monsieur, je vous assure sur mon honneur de prêtre que cette femme est une sorcière »; à quoi le

devant | l'inouï ait en soi beaucoup d'attrait pour un esprit 151
faible : non pas seulement parce qu'il fait tout à coup des
découvertes, mais parce qu'il est libéré d'un usage de la raison
qui lui pèse et qu'il invite les autres à le rejoindre dans
l'ignorance.

DE L'APPARENCE QUI EST PERMISE EN MORALE

§ 14. Les hommes en général sont d'autant plus comédiens
qu'ils sont plus civilisés ; ils prennent l'apparence de
l'attachement, de la considération mutuelle, de la réserve, du
désintéressement, sans tromper personne, parce que tout un
chacun sait bien que cela n'est pas éprouvé du fond du cœur ; et
il est très bien qu'il en soit ainsi dans le monde. Par le fait que
les hommes jouent ces rôles, les vertus dont, pendant
longtemps, ils ne prennent que l'apparence concertée, s'éveillent peu à peu et passent dans leur manière. – Mais tromper ce
qui nous trompe, c'est-à-dire les tendances, c'est revenir à
l'obéissance aux lois de la vertu ; ce n'est pas une tromperie,
c'est une manière innocente de nous prendre à notre propre
mirage.

Le *dégoût* de l'existence est dû à l'absence des sensations
auxquelles l'esprit tend sans cesse, à l'ennui éprouvé comme
inertie pesante et lassitude pour toute occupation qui pourrait

---

juge répliqua : « Et moi, je vous assure sur mon honneur de juge que vous
n'êtes pas un grand sorcier ». Le mot *Hexe*, devenu maintenant allemand,
vient des premiers mots du formulaire de la messe au moment de la
consécration de l'hostie ; cette hostie, le croyant la voit avec ses yeux *de chair*
comme un petit disque de pain, mais ces paroles une fois prononcées, il est
tenu de la voir, avec les yeux *de l'esprit*, comme le corps d'un homme. Car les
mots *hoc est* ont d'abord été joints au mot *corpus* : et le *hoc est corpus* a été
altéré en *hocus pocus*, sans doute par une pieuse terreur de dire le mot exact et
de le profaner ; telle est l'habitude chez les superstitieux pour les objets
surnaturels afin de n'y pas porter atteinte.

s'appeler travail et chasser ce dégoût par la peine qui l'accompagne ; c'est un sentiment extrêmement néfaste, dont la cause n'est que l'inclination naturelle à la *nonchalance* (à un repos sans fatigue préalable). Mais cette inclination est trompeuse, 152 même par rapport aux fins dont | la raison fait une loi à l'homme ; il est satisfait de lui-même quand *il ne fait rien* (végétant sans but aucun) : car alors *il ne fait rien de mal*. Tromper à son tour cette inclination (on peut y arriver en pratiquant par amusements les beaux arts, mais le plus souvent en faisant la conversation) c'est *faire passer* le temps (*tempus fallere*) ; cette expression indique la fin qu'on poursuit : tromper la tendance à l'oisiveté, quand l'esprit, en se jouant, s'occupe de l'art, quand un pur amusement, en lui-même sans but, favorise, dans une joute pacifique, la culture de l'esprit ; dans le cas contraire, on dirait *tuer* le temps. – Par la violence, on n'obtient rien, dans le domaine des inclinations, contre la sensibilité ; il faut la contourner par la ruse, et comme dit Swift, faire jouer la baleine avec un tonneau afin de sauver le navire.

La nature a mis sagement au cœur de l'homme une disposition à se laisser tromper, pour sauver la vertu ou du moins la rendre attirante. Un *maintien* digne est une apparence extérieure qui inspire aux autres de la *considération* (ne pas fréquenter n'importe qui). A vrai dire les femmes ne seraient guère contentes si le sexe masculin paraissait ne pas rendre hommage à leurs attraits. Mais la *réserve* (*pudicitia*), une contrainte exercée sur soi-même pour dissimuler la passion, forme une illusion salutaire, afin d'établir entre les deux sexes la distance indispensable pour que l'un ne soit pas rabaissé au rang de simple instrument de délectation pour l'autre. – En général tout ce qu'on appelle la *bienséance* (*decorum*) est du même genre : rien d'autre qu'une *belle apparence*.

La *courtoisie* (politesse)*1 semble s'abaisser, pour se rendre aimable. Les *salutations* (compliments) et toute la galanterie de cour, ainsi que les plus chaudes protestations verbales d'amitié ne sont pas toujours la vérité (Mes chers amis, il n'y a pas d'amis – Aristote*2); elles ne trompent point cependant; car chacun sait quel cas il doit en faire; ensuite et surtout, ces signes de bon vouloir et de considération, qui sont vides au départ, conduisent progressivement à des manières de penser qui y sont réellement conformes.

La vertu que l'homme fait circuler dans ses relations avec autrui n'est qu'une monnaie de papier : qui la prend pour or véritable n'est qu'un enfant. Il vaut pourtant mieux avoir en circulation une monnaie de papier que rien d'autre, et finalement on peut la changer pour de l'or véritable, même au prix d'une perte considérable. | S'en débarrasser comme de jetons 153 sonores et sans valeur, dire avec Swift, dans ses sarcasmes : « l'honorabilité est une paire de chaussures qu'on a usée dans la boue » *3, ou diffamer Socrate lui-même comme le Pasteur Hofstede quand il attaquait le *Bélisaire* de Marmontel*4, pour empêcher que quiconque croie à la vertu, c'est une haute trahison contre l'humanité. L'apparence du bien chez les autres n'est pas sans valeur pour nous : de ce jeu de dissimulations, qui suscite le respect sans peut-être le mériter, le sérieux peut naître. – Il n'y a que l'apparence du bien en nous-même, qui doit être effacée sans ménagement, et seul le voile dont notre amour-propre dissimule notre infirmité morale mérite d'être déchiré. L'apparence *trompe* en effet quand on prétend racheter sa faute par ce qui est sans contenu moral, ou par un

---

* 1. En français dans le texte.
* 2. Diogène Laerce, V, 1, 21.
* 3. Swift, *Contes du tonneau*, p. 86.
* 4. Hofstede, « Des Herrn Marmontels herausgegebene Belisar beurteilt », Leipzig, 1769, chap. 23.

simple déni, se convaincre qu'on n'en est pas coupable ; par exemple, quand à la fin de sa vie on dépeint le regret du mal commis comme une amélioration réelle, ou les transgressions volontaires comme d'humaines faiblesses.

DES CINQ SENS

§ 15. Dans la faculté de connaître, la *sensibilité* (la faculté de représentation dans l'intuition) contient deux éléments : le *sens* et l'*imagination*. Le premier, c'est la faculté de l'intuition en présence de l'objet, le second, en son absence. – Mais les sens à leur tour se partagent en sens *externes* et sens *interne* (*sensus internus*) ; dans les premiers le corps humain est affecté par les choses physiques, dans le second par l'esprit ; il faut donc remarquer que ce dernier, en tant que pure faculté de perception (d'intuition empirique) est différent du sentiment de plaisir et de déplaisir, c'est-à-dire de la susceptibilité du sujet à se laisser déterminer par certaines représentations, à les maintenir en leur état ou à les écarter ; ce sentiment pourrait s'appeler le sens *intérieur* (*sensus interior*). Une représentation par les sens, quand on en a conscience comme telle, s'appelle de préférence sensation si l'impression suscite en même temps une attention à l'état du sujet.

§ 16. Pour l'impression corporelle, on peut distinguer les sens de | l'*impression vitale* (*sensus vagus*) et ceux de l'*impression organique* (*sensus fixus*) ; et puisqu'on ne peut, les uns et les autres, les trouver que là où il y a des nerfs, on peut faire la distinction entre ceux qui affectent le tout du système nerveux, et ceux qui n'affectent que les nerfs appartenant à une certaine partie du corps.

L'impression de chaud et de froid, celle même qui est éveillée par l'esprit (par exemple un espoir ou une crainte qui augmentent rapidement) appartiennent à la sensibilité vitale.

Le frisson qui parcourt l'homme dans la représentation du sublime et la terreur des enfants que les contes de nourrice poursuivent tard dans la nuit sont de ce dernier type : ils sillonnent le corps, aussi loin qu'il y a de la vie en lui.

Pour les sens organiques, on a raison de n'en dénombrer ni plus ni moins que cinq pour autant qu'ils ont rapport à la sensation extérieure.

Trois d'entre eux sont plus objectifs que subjectifs, c'est-à-dire qu'à titre d'*intuition* empirique ils apportent plus pour la *connaissance* de l'objet extérieur qu'ils ne mettent de mouvement dans la conscience de l'organe affecté; les *deux autres* sont plus subjectifs qu'objectifs; la représentation qui se fait par eux est plus celle de la *délectation* que de la connaissance des objets extérieurs; c'est pourquoi sur les premiers les hommes peuvent tomber d'accord; quant aux seconds l'intuition empirique extérieure et la dénomination de l'objet ont beau être du même type, la manière dont le sujet se sent affecté peut être tout à fait différente.

Les sens de la première catégorie sont : 1) le *tact* (*tactus*); 2) la *vue* (*visus*); 3) l'*ouïe* (*auditus*). Ceux de la seconde sont : a) le *goût* (*gustus*); b) l'*odorat* (*olfactus*); leur ensemble forme les sens de l'impression organique, constituant comme autant d'accès extérieurs que la nature a disposés de manière que l'animal distingue les objets.

DU SENS DU TACT

§ 17. Le sens du tact réside dans les extrémités des doigts et dans les papilles nerveuses (*papillae*) qui s'y trouvent : de cette manière, le contact avec la surface d'un corps solide indique la forme qu'il a. Il semble que la nature n'ait donné cet organe qu'à l'homme, afin qu'il puisse en touchant tous les côtés d'un corps se faire une notion de sa forme; car les

155 antennes des insectes | paraissent ne s'adresser que la présence des objets, sans indiquer leur forme. – Ce sens est également le seul sens de la perception extérieure *immédiate*, et par là, il est aussi le plus important, et celui qui enseigne avec le plus de certitude tout en étant le plus grossier ; c'est que la matière doit être solide, et c'est par sa surface que le tact nous renseigne sur sa forme. (Pas question ici de l'impression vitale qui indique si la surface est douce ou rugueuse, et encore moins de celle qui indique si elle est chaude ou froide au toucher). Sans cet organe des sens, nous ne pourrions pas nous faire une notion d'une forme physique ; les deux autres sens de la première catégorie doivent être originairement rapportés à ces perceptions pour constituer une connaissance par l'expérience.

DE L'OUÏE

§ 18. Le sens de l'ouïe est un des sens de la perception simplement *médiate*. L'air nous entoure : par son intermédiaire, nous connaissons un objet distant à un grand périmètre ; et c'est précisément par cet élément, mis en mouvement par l'organe de la voix (la bouche) que les hommes peuvent, le plus facilement et le plus complétement, entrer dans une communauté de pensées et d'impressions ; surtout si les sons émis par chacun sont articulés et si, liés par l'entendement selon une loi, ils constituent un langage. La forme de l'objet n'est pas donnée par l'ouïe, et les paroles ne conduisent pas immédiatement à la représentation de l'objet ; mais pour cette raison précise et pour cette autre qu'en soi elles ne signifient rien, du moins aucun objet mais seulement des sentiments intérieurs, elles sont le moyen le plus adapté à la caractérisation des concepts ; et les sourds de naissance, qui doivent par conséquent rester aussi muets (sans langage) ne peuvent jamais accéder au-delà d'un *analogon* de la raison.

La *musique*, comme jeu réglé des sensations de l'ouïe, n'impose pas seulement à la sensibilité vitale un mouvement incroyablement vivant et varié, mais une force nouvelle; elle forme donc comme un langage de pures impressions (sans concepts). Les sons en ce cas sont des notes, jouant, pour l'ouïe, le même rôle que les couleurs pour la vue; on communique à distance des sentiments à tous ceux qui se trouvent dans un même endroit, et on éprouve en groupe un plaisir que ne diminue pas le nombre de ceux qui y prennent part.

| Du sens de la vue   156

§ 19. La vue, elle aussi, est un sens de l'impression *médiate*, transmise par une matière qui ne peut impressionner qu'un organe déterminé (les yeux). C'est la *lumière* qui n'est pas comme le son un pur mouvement ondulatoire d'un élément fluide se répandant dans l'espace selon toutes les directions, mais une émanation qui détermine pour l'objet un point dans l'espace; grâce à elle nous connaissons l'édifice du monde dans un périmètre tellement hors mesure que pour les corps célestes lumineux, nous nous lassons de calculer leur distance d'après notre échelle terrestre; et nous avons plus de raison d'admirer l'impressionabilité de cet organe délicat par des excitations aussi faibles, que la grandeur de l'objet (l'édifice du monde), surtout si on songe au monde minuscule, que le microscope peut nous le mettre sous les yeux avec les infusoires par exemple. – Le sens de la vue a beau n'être pas plus indispensable que celui de l'ouïe, il est plus noble : de tous les sens, il s'éloigne le plus du tact, qui forme la condition la plus limitée de la perception; il n'enveloppe pas seulement le plus grand domaine de perception, mais c'est lui dont l'organe est senti comme le moins affecté (autrement ce serait voir); il s'approche plus que les autres d'une intuition pure (d'une représentation immédiate de l'objet donné, sans que s'y mêle une impression qu'on puisse remarquer).

Ces trois sens externes conduisent par la réflexion le sujet jusqu'à la connaissance de l'objet comme d'une chose hors de nous. Mais si l'impression devient tellement forte que la conscience du mouvement de l'organe l'emporte sur celle du rapport à un objet extérieur, alors les représentations externes se changent en représentations internes. – Dans le toucher, noter ce qui est lisse ou rugueux est tout autre chose que de s'informer de la configuration d'un objet extérieur. De même : si quelqu'un crie à tue tête, comme on dit, ou quand, passant d'une pièce obscure au plein éclat du soleil, on cligne des yeux, on est, dans le dernier cas, aveuglé quelques instants 157 | par une illumination trop forte ou trop soudaine, dans le premier, assourdi par la stridence de la voix; ici et là, l'intensité de la sensation empêche d'arriver à la notion de l'objet, et l'attention s'attache seulement à la représentation subjective, c'est à-dire à l'altération de l'organe.

Des sens du goût et de l'odorat

§ 20. Les sens du goût et de l'odorat sont tous deux plus subjectifs qu'objectifs; le premier consiste dans le contact de l'organe de la langue, du gosier et du palais avec les objets extérieurs, le second par l'aspiration des exhalaisons étrangères qui sont mêlées à l'air, et qui peuvent émaner d'un corps fort éloigné de l'organe. Tous les deux sont proches parents et, si l'odorat fait défaut, le goût ne peut être qu'émoussé. – On peut dire que tous les deux sont affectés par les sels (fixes ou volatiles) dont les uns doivent être dissous par la salive dans la bouche, les autres par l'air; ces sels doivent pénétrer dans l'organe pour que celui-ci éprouve sa sensation spécifique.

REMARQUE GÉNÉRALE SUR LES SENS EXTERNES

§ 21. On peut partager les impressions des sens externes en celles qui relèvent d'une influence mécanique et celles qui relèvent d'une influence chimique. Relèvent de l'action mécanique, les trois premiers sens; de l'action chimique les deux derniers. – Ceux-là sont les sens de la *perception* (en surface), ceux-ci ceux de la *délectation* (l'absorption la plus intérieure). C'est pourquoi le dégoût – une incitation à se débarrasser de ce qu'on a absorbé par la voie la plus courte du canal alimentaire (vomir) – a été donné à l'homme comme une impression vitale extrêmement forte, quand l'absorption peut être dangereuse pour son existence animale.

Il y a aussi une *délectation spirituelle* à communiquer ses pensées; mais on est rebuté si cette communication est imposée sans être profitable comme nourriture pour l'esprit (par exemple la répétition identique de certains traits qui devraient être spirituels ou drôles, peut, par cette identité même, nous devenir insupportable); dans ce cas, on appelle par analogie dégoût cet instinct naturel à se libérer, | bien que **158** le dégoût ici ne relève que du sens interne.

L'odorat est une sorte de goût à distance; les autres sont contraints de participer, bon gré, mal gré, à ce plaisir; et c'est pourquoi, contraire à la liberté, il est moins social que le goût; quand il goûte, le convive peut choisir les bouteilles et les plats de son gré sans que les autres soient forcés de partager son plaisir. La saleté paraît moins éveiller le dégoût par ce qu'elle a de rebutant pour les yeux et la langue, que par la mauvaise odeur qu'elle laisse supposer. Car l'absorption par l'odorat (dans les poumons) est encore plus intime que celle qui se fait dans les cavités réceptrices de la bouche et du gosier.

Pour un même degré d'action qui s'exerce sur eux, plus les sens se trouvent *affectés*, moins ils *informent*. Inversement,

s'il faut qu'ils informent, ils doivent être modérément
affectés. Dans une lumière très violente, on ne *voit* rien (on ne
distingue rien), et une voix de Stentor *assourdit* (étouffe la
pensée).

Plus le sens vital est réceptif aux excitations (plus il est
délicat et impressionnable), plus l'homme est malheureux ;
plus l'homme est réceptif (sensible) pour les sens organiques,
plus en revanche il est endurci pour le sens vital, plus il est
heureux – je dis plus heureux et non pas moralement meilleur
– car il tient mieux en son pouvoir le sentiment de son bien-
être. Quand c'est la *force* qui rend sensible (*sensibilitas
sthenica*), on peut parler de *sensibilité déliée* ; mais quand
c'est la faiblesse et que le sujet ne peut pas s'opposer
suffisamment à la pénétration de l'influence sensorielle dans
la conscience, et qu'il doit lui prêter attention contre son gré,
on peut parler d'*impressionnabilité* (*sensibilitas asthenica*).

QUESTIONS

§ 22. Quel est le sens organique le plus ingrat et qui paraît
en même temps le plus indispensable ? *L'odorat.* Il ne sert à
rien de le cultiver ou de l'altérer pour en tirer une délectation ;
les objets de dégoût qu'il peut procurer (surtout dans les
endroits populeux) sont plus nombreux que les objets de
plaisir ; et dans ce dernier cas, il ne peut offrir qu'une
délectation fugitive et passagère. – Mais en tant que condition
négative du bien-être, quand il s'agit | de ne pas respirer un air
nocif (les émanations des fourneaux, la puanteur des marais et
de la charogne), ou de ne pas prendre une nourriture avariée,
ce sens n'est pas dépourvu d'importance. – Cette importance,
on la retrouve chez le second des sens de la délectation : le sens
du goût ; mais avec ce trait particulier qu'à la différence du
précédent, s'il favorise, dans son plaisir, les rapports sociaux,

de plus il préjuge le caractère profitable de la nourriture, dès que celle-ci franchit le seuil du canal digestif ; car ce caractère profitable est associé à l'agrément, dès qu'on savoure, comme à une prédiction assez sûre, si du moins le luxe et la bonne chère n'ont pas dépravé le sens. – L'appétit des malades se porte en général sur ce qui peut leur être avantageux, à la manière d'un remède. – L'odeur de la nourriture est une sorte de goût préliminaire, et l'odeur des plats qu'il aime incite l'homme affamé à les savourer, l'homme rassasié à s'en détourner.

Y a-t-il une vicariance des sens, c'est-à-dire une utilisation des sens telle qu'ils prennent la place les uns des autres ? Quand un *sourd* a eu autrefois la possibilité d'entendre, on peut, par la mimique, et par conséquent grâce à la vue, tirer de lui le langage habituel ; pour ce qui relève de l'observation du mouvement des lèvres, la sensation tactile de leur mouvement dans l'obscurité peut produire le même effet. Mais chez un sourd de naissance, la vue doit partir du mouvement des organes de phonation, et convertir les sons obtenus par l'éducation en un sentiment des mouvements de ses propres muscles ; toutefois cela ne peut le conduire à des concepts réels, puisque les signes dont il doit faire usage ne sont suscep-tibles d'aucune universalité. – L'absence d'oreille musicale, bien qu'elle ne s'accompagne pas de lésion physique, puisque l'oreille peut saisir les sons et non pas les notes, et que l'homme par conséquent peut parler mais non pas chanter, est une infirmité difficile à expliquer ; de même il existe des gens qui voient très bien mais ne peuvent pas distinguer une couleur et à qui tous les objets apparaissent comme sur une gravure.

Quelle est l'absence ou la perte sensorielle qui a le plus d'importance : celle de l'ouïe ou de la vue ? L'absence de l'ouïe, si elle est innée, est la moins remplaçable ; | si elle 160 intervient plus tard, après que la vue ait été exercée à observer la mimique, ou d'une manière plus médiate, à lire, cette perte, surtout chez l'homme aisé, peut être compensée, mais d'une manière bien insuffisante, par les yeux. Mais quand on est devenu sourd avec l'âge, on est sensible à la perte de ce moyen de commerce, et si on voit beaucoup d'aveugles qui sont bavards, sociaux et joyeux à table, on a peine à trouver un sourd qui ne soit pas en société chagrin, méfiant et mécontent. Il voit sur le visage des convives mille façons d'exprimer l'émotion ou du moins l'intérêt; il s'épuise en vain à deviner leur signification, et en pleine société il est voué à la solitude.

§ 23. Les deux derniers sens (qui sont plus subjectifs qu'objectifs) possèdent en outre une réceptivité à certains objets d'impressions externes qui sont d'un type particulier; ces impressions sont purement subjectives et elles agissent sur les organes de l'odorat et du goût par une excitation qui n'est ni odeur ni goût; elle est éprouvée comme action de certains sels fixes, incitant les organes à des *évacuations* spécifiques; c'est pourquoi ces objets ne provoquent à proprement parler aucun plaisir : ils ne pénètrent pas dans la profondeur des organes; ils ne font qu'entrer en contact pour être bientôt rejetés; mais c'est ce qui permet justement d'en user toute la journée (sauf pendant les repas et le sommeil), sans atteindre à la satiété. La substance la plus commune est le tabac – qu'on s'en serve pour priser, pour le mettre dans la bouche entre mâchoire et palais afin de provoquer le crachat, ou pour le fumer dans des pipes ou, commes les Espagnoles de Lima, dans des cigares allumés. Au lieu de tabac, les Malais se servent, en dernière extrémité, de noix d'Areca, enveloppées dans une feuille de Betel, qui a précisément le même effet. – Cet *appétit* (Pica), indépendamment de son utilité ou de ses inconvénients médicaux qui peuvent suivre la sécrétion du liquide dans les deux organes, est une pure excitation du sentiment lié à la sensibilité en général; elle forme comme une

incitation maintes fois répétée à revenir sur ses pensées ;
autrement elles s'assoupiraient, ennuiraient par leur monotonie ou leur uniformité ; par la secousse qu'elles provoquent,
ces méthodes les éveillent. Cette manière de s'entretenir | avec   161
soi-même tient lieu de société, emplissant, à la place de la
conversation, le vide du temps avec des impressions toujours
neuves et des stimulations fugitives, mais sans cesse
renouvelées.

DU SENS INTERNE

§ 24. Le sens interne n'est pas l'aperception pure : une
conscience de ce que l'homme *fait* ; car celle-ci relève du
pouvoir de penser ; mais une conscience de ce qu'il *éprouve*
dans la mesure où il est affecté par le jeu de sa propre pensée.
L'intuition interne, c'est-à-dire le rapport des représentations
dans le temps (qu'elles soient simultanées ou successives) est
au fondement de cette conscience. Ses perceptions, et
l'expérience interne (vraie ou apparente) composée par leur
liaison, ne relèvent pas simplement de l'*anthropologie* (où on
fait abstraction du problème : l'homme a-t-il une âme ou non,
en tant que substance singulière incorporelle) mais de la
psychologie, où on croit percevoir en soi quelque chose de tel,
et où l'esprit, représenté à titre de pure faculté de sentir et de
penser, est considéré comme substance particulière habitant
en l'homme. – Dès lors, il n'y a qu'un sens interne : car il n'y a
pas d'organes différents par lesquels l'homme reçoit une
impression interne de lui-même ; on pourrait dire que l'âme est
l'organe du sens interne qui est lui aussi, dit-on, soumis à des
illusions : l'homme prend alors les phénomènes de ce sens
pour des phénomènes extérieurs – c'est-à-dire des imaginations pour des impressions – ou bien il les tient pour des
inspirations dont la cause serait un autre être qui n'est pourtant

pas un objet des sens extérieurs : l'illusion est alors ou bien *exaltation*, ou bien *vision* et l'une et l'autre *tromperies* du sens interne (a) ; dans les deux cas, c'est une *maladie de l'esprit* : penchant à prendre le jeu des représentations du sens interne pour une connaissance par l'expérience alors qu'il ne s'agit que d'une invention ; souvent aussi inclination à s'entretenir dans une disposition d'esprit factice, peut-être parce qu'on la tient pour salutaire et bien au-dessus de la bassesse des représentations sensibles, et à se prendre soi-même au piège des intuitions formées par là (rêver tout éveillé). – Finalement l'homme prend tout ce qu'il s'est mis à dessein dans l'esprit

162 pour quelque chose qui s'y serait trouvé | bien auparavant ; et ce qu'il s'est imposé à lui-même, il croit l'avoir découvert dans les profondeurs de son âme.

Témoin les impressions internes d'exaltation, qui étaient enchanteresses chez une Bourignon, terrifiantes chez Pascal. Cette altération de l'esprit ne peut être supprimée efficacement par des représentations raisonnables (quel est leur pouvoir, en effet, contre des intuitions présumées ?). Le penchant à se replier sur soi-même avec les illusions du sens interne qui naissent de là, ne peut être maîtrisé que si l'homme est ramené au monde extérieur et par là à l'ordre des choses qui s'offrent aux sens externes.

DES CAUSES QUI AUGMENTENT
OU DIMINUENT L'INTENSITÉ DES IMPRESSIONS SENSIBLES

§ 25. L'intensité des impressions sensibles est augmentée par : 1) le contraste ; 2) la nouveauté ; 3) le changement ; 4) l'intensification.

1. *Le contraste*

L'opposition (contraste) retient l'attention en juxtaposant, sous un seul et même concept, des *représentations sensibles* qui se contrarient. Elle est différente de la *contradiction* qui consiste dans la liaison de *concepts* antagonistes. – Le simple contraste rehausse la représentation d'un coin de terre bien cultivé, s'il est au milieu d'un désert de sable ; ainsi, aux environs de Damas en Syrie, la région qu'on prétend être le paradis. – Le tapage et l'éclat d'une cour à côté de la vie tranquille, simple, et pourtant heureuse du paysan, une maison sous un toit de chaume avec un intérieur plein de goût et d'agrément, autant de choses, quand elles se présentent, qui vivifient la représentation : on aime s'y attarder ; la sensibilité y trouve une énergie nouvelle. – En revanche, la pauvreté et le faste, la parure somptueuse d'une dame qui, sous la splendeur de ses diamants a des vêtements sales ; ou comme autrefois chez un magnat polonais, des tables chargées à profusion, entourées de nombreux serviteurs mais en | sabots d'écorce, – 163 voilà qui ne forme pas contraste mais contradiction : une représentation anéantit ou affaiblit l'autre, quand on veut unifier, ce qui est impossible, les éléments en conflit sous un seul et même concept. – Pourtant, on peut aussi produire un effet de contraste *comique*, et susciter apparemment une contradiction dans le ton sur lequel on dit la vérité : on peut manifester son mépris dans l'énoncé de la louange pour en rendre plus sensible encore l'absurdité, comme Fielding dans son *Jonathan Wild le Grand*, ou Blumauer dans son *Virgile travesti* ; on peut aussi parodier gaiement et avec profit un de ces romans sentimentaux du genre *Clarissa* ; on donne ainsi une force nouvelle à la sensibilité, parce qu'on la libère des antagonismes que des concepts faux et nuisibles lui ont imposés.

2. *La nouveauté*

Le *nouveau* – auquel appartiennent le rare et le secret – vivifie l'*attention*. Car il constitue une acquisition, et la représentation des sens y gagne en force. Le *banal* et l'*habituel* l'étouffent. Il ne faut pas cependant entendre par là la découverte, la manipulation, ou l'exposition d'un objet *antique*, qui présente une chose que la toute puissance du temps était censée avoir anéantie. S'asseoir sur les ruines d'un mur d'un ancien théâtre romain (à Vérone ou à Nîmes), avoir entre les mains un ustensile venant de l'ancienne ville d'Herculanum découverte après tant de siècles dans la lave, pouvoir exhiber une monnaie d'un roi macédonien ou une gemme d'une ancienne sculpture, éveille dans la sensibilité du connaisseur la plus vive attention. Le penchant à acquérir une connaissance pour sa seule nouveauté, sa seule rareté et son seul caractère secret, s'appelle la *curiosité*. Cette inclination a beau être un jeu avec les représentations, et ne comporter, à part cela, aucun intérêt pour l'objet, elle n'est pas à mépriser, si du moins il ne s'agit pas de surveiller ce qui n'intéresse que les autres. – En ce qui concerne la pure excitation sensible, la seule nouveauté des impressions, chaque matin, donne à toutes les représentations des sens (s'ils ne sont point dans un état pathologique) plus de clarté et plus de vie qu'elles n'en ont d'ordinaire le soir.

3. *Le changement*

164 | La *monotonie* (la complète uniformité des sensations) provoque finalement leur *atonie* (épuisement de l'attention qu'on porte à soi), et l'impression sensible en est affaiblie. Le changement la restaure : ainsi, un prêche lu sur le même ton, d'une voix déclamatoire ou mesurée mais uniforme, endort toute l'assistance. – Travailler et se reposer, vivre à la ville et à

la campagne, converser et jouer quand on est en groupe, s'occuper quand on est seul, tantôt avec des récits, tantôt avec des poèmes, parfois avec la philosophie, parfois avec les mathématiques, voilà qui fortifie l'esprit. – C'est justement cette même force vitale qui donne le branle à la conscience des impressions ; les différents organes se relaient les uns les autres dans leur activité. Ainsi marcher pendant longtemps (les muscles des jambes se reposant à tour de rôle) est plus facile que de rester figé debout à la même place, car alors un muscle doit rester en activité, sans détente, pendant tout un moment. – C'est pourquoi le voyage est si attrayant : il est dommage qu'il laisse derrière soi un *vide* (l'atonie) dû à la monotonie de l'existence chez soi.

Il est vrai que la nature a arrangé les choses de telle sorte que parmi les impressions agréables qui recréent la sensibilité, la douleur se glisse sans qu'on l'ait cherchée, et donne intérêt à la vie. Mais faire intervenir la douleur à dessein et par souci seulement de variété, s'infliger une souffrance, se faire réveiller pour bien éprouver l'assoupissement qui se renouvelle, ou bien faire comme cet éditeur du roman de Fielding (*L'Orphelin*), qui, après la mort de l'auteur a ajouté encore un dernier épisode pour introduire du changement et faire naître la jalousie dans le mariage (qui terminait l'histoire), tout cela est de bien mauvais goût : un épisode malheureux n'accroît pas l'intérêt de la sensibilité, même dans une tragédie. Achèvement n'est point changement.

4. L'intensification jusqu'au maximum

Une série continue de représentations sensibles dont les degrés *divers* se succèdent en ordre croissant, | possède un 165 point extrême de *tension* (*intentio*) ; s'en approcher provoque une *excitation*, la dépasser une *détente* (*remissio*). Au point qui sépare les deux états se trouve le sommet (*maximum*) de la sensation : après quoi on devient insensible et par conséquent on perd conscience.

Si on veut maintenir vivante la faculté de sentir, on ne doit pas commencer par des impressions fortes (car elles nous rendent insensibles à celles qui suivent), mais on doit plutôt se les refuser au début, et les mesurer avec parcimonie pour pouvoir atteindre toujours plus haut. L'orateur sacré commence, dans son exorde, par une froide leçon de l'entendement, qui conduit à considérer avec attention le concept du devoir, puis il introduit dans le développement de son texte un intérêt moral, et termine par l'application pratique, en mettant en mouvement tous les mobiles de l'âme humaine par des impressions qui peuvent donner de l'intensité à cet intérêt.

Jeune homme ! Renonce à l'assouvissement (qu'il s'agisse des fêtes, de la débauche, de l'amour, etc.) en formant sinon le propos stoïcien de vouloir t'en priver entièrement, du moins le beau projet épicurien d'avoir en perspective un plaisir toujours croissant. Cette parcimonie à l'égard du trésor de ton sentiment vital te rend réellement plus riche en différant tes jouissances, même si à la fin de ta vie tu as été obligé de renoncer, en grande partie, à en profiter. La conscience d'être maître de ton plaisir, a, comme tout ce qui est idéal, plus de fécondité et d'ampleur que ce qui assouvit le sens dans l'immédiate consommation, se déduisant ainsi de la totalité.

DE L'INHIBITION, DE L'AFFAIBLISSEMENT ET DE LA PERTE TOTALE DE LA FACULTÉ DE SENTIR

§ 26. La faculté de sentir peut être affaiblie, inhibée, ou entièrement supprimée. De là, les états d'ivresse, de sommeil, d'évanouissement, de mort apparente (asphyxie) et de mort réelle.

L'ivresse est un état contre nature qui prive du pouvoir d'ordonner ses représentations sensibles selon les lois de l'expérience, pour autant que cette privation est l'effet de la consommation exagérée d'un stimulant. Le sommeil est, d'après la définition verbale, un état dans lequel | l'homme **166** sain est incapable d'être conscient des représentations de ses sens externes. Quant à l'explication de la chose, elle revient aux physiologistes qui doivent expliquer, s'ils le peuvent, cette détente qui est en même temps un recueillement des forces pour un renouvellement des impressions externes (grâce à quoi l'homme se trouve comme un nouveau-né dans le monde, et passe un tiers de sa vie sans conscience et sans regret).

Un état d'étourdissement contre nature des organes sensoriels, qui déchoit de son niveau naturel l'attention à soi, est un analogon de l'ivresse : d'un homme tiré brusquement d'un assoupissement profond, on dit qu'il est ivre de sommeil (a). – Il n'a pas encore toute sa connaissance. – Quand on veille, on peut éprouver une soudaine difficulté à réfléchir sur ce qu'il faut faire dans une circonstance absolument nouvelle : inhibition de l'usage ordonné et habituel de la faculté de réfléchir, cette difficulté produit un arrêt dans le jeu des représentations sensibles ; on dit : il a perdu contenance, il est hors de lui-même (de joie ou de peur), il est *perplexe*, *ahuri*, *abasourdi*, il a perdu la *tramontane*[1] ; cet état est à considérer comme un sommeil d'un instant quand on a besoin de rassembler ses impressions sensibles. Dans un cas d'émotion profonde, surgie soudain (peur, colère et même joie), on est, comme on dit, *hors de soi* (dans une *extase*, quand on croit être aux prises avec une intuition qui n'est pas celle des sens), on

---

1. Tramontano ou tramontana, c'est l'étoile polaire et «perdre la tramontana», l'étoile polaire (celle qui guide les navigateurs), c'est perdre contenance, ne plus savoir où on en est.

n'est pas maître de soi-même, l'usage des sens extérieurs est en quelque sorte paralysé.

§ 27. *L'évanouissement* qui, d'ordinaire, fait suite à un vertige (tournoiement rapide d'impressions nombreuses et dissemblables, qui changent bien plus vite qu'on ne peut les saisir) est un prélude à la mort. L'inhibition totale des impressions dans leur ensemble est l'*asphyxie* ou la *mort apparente*, qui autant qu'on puisse le percevoir de l'extérieur, ne se distingue de la mort véritable que par l'issue (comme les noyés, les pendus, ceux qui ont été suffoqués par la vapeur).

La *mort*, nul n'en peut faire l'expérience en elle-même (car faire une expérience relève de la vie), mais on ne peut que la percevoir chez les autres. Est-elle douloureuse ? Le râle ou les convulsions des mourants ne permettent pas d'en juger ; ils paraissent plutôt une simple réaction mécanique de la force vitale et peut-être la douce impression de ce passage graduel qui libère de tout mal. – La peur de la mort qui est naturelle à tous les hommes, même aux plus malheureux, et fût-ce au plus sage, n'est pas un frémissement d'horreur devant le fait de périr, mais comme le dit justement Montaigne, devant la pensée d'*avoir péri* (d'être mort) ; cette pensée, le candidat au suicide s'imagine l'avoir encore après la mort, puisque le cadavre qui n'est plus lui, il le pense comme soi-même plongé dans l'obscurité de la tombe ou n'importe où ailleurs. L'illusion ici n'est pas à supprimer ; car elle réside dans la nature de la pensée, en tant que parole qu'on adresse à soi-même et sur soi-même. La pensée que « *je ne suis pas* » ne peut absolument pas exister ; car si je ne suis pas, je ne peux pas non plus être conscient que je ne suis pas. Je peux bien dire : je ne suis pas en bonne santé, etc., en pensant des prédicats de moi-même qui ont valeur négative (comme cela arrive pour tous les *verba*), mais, parlant à la première personne, le sujet lui-même (celui-ci en quelque sorte s'anéantit) est une contradiction.

DE L'IMAGINATION

§ 28. L'imagination (*facultas imaginandi*), comme faculté des intuitions hors de la présence de l'objet, est ou bien *productive*, c'est-à-dire faculté de présentation originaire de l'objet (*exhibitio originaria*) qui précède par conséquent l'expérience; ou bien *reproductive*, c'est-à-dire faculté de présentation dérivée (*exhibitio derivativa*) qui ramène dans l'esprit une intuition empirique qu'on a eue auparavant. – Les intuitions pures de l'espace et du temps appartiennent à la première forme de présentation; toutes les autres présupposent l'intuition empirique qui s'appelle *expérience* si elle est liée au *concept* de l'objet, et si, par conséquent, elle est connaissance empirique. L'imagination, dans la mesure où elle produit aussi des images involontaires, est dite *fantasmagorie*. Celui qui prend cette forme d'imagination pour des expériences (internes ou externes) est un homme à fantasmes. Dans le *sommeil* (quand on est en bonne santé), être le jouet involontaire de ses images, c'est *rêver*.

L'imagination est, en d'autres termes, ou bien d'*invention* (productrice) ou bien de *rappel* (reproductrice). L'imagination productrice | n'est pas cependant *créatrice*, c'est-à-dire 168 qu'elle n'a pas la faculté de produire une représentation sensible qui n'a jamais été donnée auparavant à la faculté de sentir : on peut toujours retrouver ce qui lui sert de matière. A qui n'aurait jamais vu le rouge parmi les sept couleurs, on ne peut jamais rendre saisissable cette impression; l'aveugle de naissance n'en peut saisir absolument aucune; de même pour les couleurs mixtes produites par le mélange des deux autres, comme le vert; le jaune et le bleu mélangés donnent le vert; mais l'imagination ne peut pas produire la plus petite représentation de cette couleur, sans les avoir vues mélangées.

Il en est de même pour chacun des cinq sens ; les impressions qu'ils procurent ne peuvent être composées par l'imagination ; elles doivent être tirées originairement de la faculté de sentir. On a vu des gens dont la faculté visuelle pour la représentation de la lumière n'était équipée que de blanc et de noir, et quoiqu'ils aient une bonne vue, le monde leur apparaissait comme une gravure. De même, plus de gens qu'on ne croit ont l'oreille excellente, et même extrêmement fine, mais n'ont absolument pas l'oreille musicale ; leur sens n'est aucunement réceptif aux notes, non seulement quand il s'agit de les imiter (chanter), mais même de les distinguer d'un simple bruit. – De même pour les représentations du goût et de l'odorat, il arrive que le sens fasse défaut pour beaucoup d'impressions spécifiques qui provoquent le plaisir ; et on croit se comprendre, alors que les impressions des uns et des autres peuvent être entièrement différentes non seulement par l'intensité, mais par leur nature même. – Il y a des gens à qui le sens de l'odorat fait entièrement défaut, et qui tiennent pour odeur la sensation de l'air qui entre dans les narines ; aucune description ne peut les informer de cette forme d'impression ; là où manque l'odorat, il y a aussi un grave défaut dans le goût ; quand il n'existe pas, on s'efforcerait en vain de vouloir l'enseigner et l'inculquer. Mais la faim et son assouvissement (la satiété) sont tout autre chose que le goût.

Pour grande artiste et magicienne que soit l'imagination, elle n'est pas créatrice ; elle doit tirer des sens la *matière* de ses **169** images. Celles-ci ne sont pas aussi | universellement communicables d'après les souvenirs qu'on s'en forme que les concepts de l'entendement. La réceptivité pour les représentations de l'imagination qui sont transmises, est appelée parfois sens (encore que d'une manière impropre) ; on dit : cet homme n'a pas de *sens* pour cela ; c'est une incapacité, non du sens, mais en partie de l'entendement, à saisir les représentations communiquées et à les unifier dans la pensée. Dans ce qu'il dit, il n'y pas la moindre pensée, et personne ne le comprend; ce qu'il dit est insensé (non sense), et non pas *dépourvu de sens*: dans ce cas les pensées s'enchaînent sans que l'autre puisse savoir qu'en conclure. – Le mot sens (mais au singulier seulement), si couramment utilisé pour dire « pensée », doit désigner un niveau plus élevé que celui de la pensée elle-même; on dit d'une expression: elle a un sens riche et profond (d'où le mot sentence); on appelle l'entendement d'un homme sain sens commun; on le place au sommet, alors que cette expression ne caractérise à vrai dire que le niveau le plus bas de la faculté de connaître; tout cela se fonde sur le fait que l'imagination, qui soumet une matière à l'entendement pour procurer à ses concepts un contenu (pour en faire des connaissances), paraît, par l'analogie entre ces intuitions (inventées) et les perceptions réelles, procurer aux premières une réalité.

§ 29. Les stimulants qui enivrent offrent un moyen physique d'exciter ou d'apaiser l'imagination[1]. | Les uns, en tant 170 que poisons, affaiblissent la force vitale (certains champi-

---

1. J'omets ici ce qui n'est pas moyen concerté, mais suite naturelle d'une situation où on est placé et où seule l'imagination fait perdre contenance. C'est de cela que relèvent le *vertige* dont on est saisi lorsqu'on regarde du bord d'une hauteur escarpée (ou seulement d'un pont étroit qui n'a pas de parapet), et le *mal de mer*. La planche où marche l'homme en chancelant, si elle reposait par terre, ne lui inspirerait aucune crainte; mais quand elle est placée comme une passerelle au-dessus d'un abîme profond, la pensée de la simple possibilité de faire un faux pas a tant de pouvoir qu'il est réellement dangereux d'essayer. – Le mal de mer, avec ses crises de vomissements (dont j'ai fait moi-même l'expérience dans un voyage – si le mot n'est pas exagéré – de Pillau à Königsberg), me vint, à ce que je crois avoir remarqué, simplement par les yeux; comme je voyais de la cabine, à cause de l'oscillation du navire, tantôt le Haff, tantôt la hauteur de Balga, la plongée après la montée excitait par l'entremise de l'imagination, un mouvement antipéristaltique des intestins dû aux muscles de l'abdomen.

gnons, le Porsch, l'acanthe sauvage, la Chica des Péruviens, l'ava des Indiens des mers du Sud, l'opium); d'autres lui redonnent vigueur ou du moins exaltent le sentiment qu'on en a (les boissons fermentées, le vin et la bière, ou l'esprit qu'on en extrait, l'eau de vie); mais tous sont contre nature et factices. Quand on en absorbe avec tant d'excès qu'on est provisoirement incapable d'ordonner les représentations sensibles selon les lois de l'expérience, on dit qu'on est *pris de boisson* ou *ivre*; et se mettre dans cet état volontairement ou à dessein, c'est *s'enivrer*. Tous ces moyens doivent servir à faire oublier à l'homme le fardeau qui paraît s'attacher, dès l'origine, à la vie. – Cette inclination très répandue et son influence sur l'usage de l'entendement mérite une attention privilégiée dans une anthropologie pragmatique.

L'ivresse taciturne, c'est-à-dire celle qui ne donne pas de vivacité dans les relations sociales et dans l'échange des pensées, a en soi quelque chose de honteux : ainsi par exemple l'ivresse de l'opium ou de l'eau de vie. Le vin et la bière, dont le premier est seulement excitant, la seconde plus nourrissante et capable de rassasier comme un aliment, servent à se griser en compagnie; il y a pourtant une différence : les beuveries à la bière s'ouvrent plus facilement sur le rêve, et sont de manières plus libres; les beuveries au vin sont joyeuses, bruyantes, bavardes et spirituelles.

Si on boit en société, c'est mal se conduire que de pousser l'intempérance jusqu'à l'obnubilation des sens – non seulement par égard pour le groupe avec lequel on s'entretient, mais aussi par estime de soi – de sortir en titubant ou d'un pas mal assuré, même seulement en balbutiant. Mais il y a beaucoup à dire pour atténuer le jugement qu'on porte sur une pareille inadvertance; la frontière de la maîtrise de soi peut être bien facilement omise ou franchie; car l'hôte veut que l'invité s'en aille pleinement satisfait par cette manifestation de la vie sociale (*ut conviva satur*).

L'insouciance et la témérité aussi que produit l'ivresse est le sentiment trompeur d'une multiplication de la force vitale ; l'homme ivre ne sent pas les obstacles de la vie que la nature a sans cesse à surmonter (c'est en cela que consiste la santé) et sa faiblesse le rend heureux parce que la nature fait en lui un effort réel pour restaurer la vie, par un accroissement | pro- 171 gressif de ses forces. – Les femmes, les gens d'Église, et les Juifs ont coutume de ne pas s'enivrer ; ou du moins ils évitent avec soin de le laisser paraître, parce qu'ils sont dans un état d'infériorité *civique* et qu'ils doivent se tenir absolument sur la réserve (ce qui requiert une totale sobriété). Car leur valeur dans le monde extérieur ne repose que sur la *croyance* des autres à leur chasteté, à leur piété, à leur législation de type séparatiste. Pour ce dernier point, tous les séparatistes, c'est-à-dire ceux qui ne se soumettent pas simplement à la loi publique d'un pays, mais encore à une loi particulière (celle d'une secte) en tant qu'individus à part et se disant élus, s'exposent d'une manière privilégiée à l'attention de la communauté et à la rigueur de la critique ; l'attention qu'ils exercent sur eux-mêmes ne peut donc pas se relâcher, puisque l'ivresse qui emporte cette prudence est pour eux un *scandale*.

De Caton, son admirateur stoïcien disait : « Il a fortifié sa vertu dans le vin »* ; et des anciens Allemands un moderne racontait : « Ils prenaient leur décision (pour décréter la guerre) en buvant afin de ne pas manquer d'énergie, et ils réfléchissaient à jeûn, afin de ne pas manquer d'intelligence ».

La boisson délie la langue : *in vino disertus*. Mais elle ouvre aussi le cœur, servant d'instrument matériel à une qualité morale : la franchise. Pour une âme expansive, il est

---

* Sénèque, *De tranquillitate animi*, XV, 11.

opprimant de garder ses pensées; et les buveurs joyeux acceptent difficilement qu'un convive garde la mesure au milieu de leur beuverie, car il représente un observateur qui fait attention aux fautes des autres, mais se tient lui-même sur la réserve. Hume disait : « Le compagnon qui n'oublie pas est désagréable; les folies d'un jour doivent être oubliées pour faire place à celles du suivant ». Il y a un postulat de bienveillance dans cette permission qu'on accorde à l'homme de franchir un peu, et pendant un court moment, les frontières de la sobriété, pour l'amusement de tous. La mode politique, il y a plus d'un demi-siècle, était perfide, quand les cours du Nord envoyaient des ambassadeurs qui pouvaient boire sans s'enivrer, mais grisaient les autres pour les sonder ou les persuader; cependant la brutalité des mœurs de cette époque a disparu, et une semonce contre ce vice devrait être superflue dans les classes policées.

172   Est-ce que la boisson permet d'explorer le tempérament ou le caractère de l'homme qui s'enivre? Je ne crois pas. | C'est un nouveau fluide qui est ajouté et mêlé aux sucs qui coulent dans ses veines, c'est une nouvelle excitation sur ses nerfs : elle ne *met pas* mieux *au jour* son tempérament *naturel*; elle en *introduit* un autre. – C'est pourquoi tel qui s'enivre deviendra amoureux, tel autre grossier, le troisième querelleur, le quatrième (surtout après la bière) s'attendrit, se recueille ou s'enferme dans un mutisme complet; mais tous quand ils ont cuvé leur vin et qu'on leur rapporte leurs propos du soir précédent rient de cette étonnante disposition ou altération de leurs sens.

§ 30. L'originalité de l'imagination (et non l'imitation), quand elle s'accorde aux concepts, s'appelle le *génie*; quand elle ne s'y accorde pas, c'est l'*exaltation*. Il est remarquable que nous ne puissions penser aucune forme pertinente d'être raisonnable autre que l'homme. Toute autre représenterait au plus le symbole d'une certaine propriété de l'homme (– par exemple, le serpent comme image de la ruse méchante –) mais non pas l'être raisonnable lui-même. Ainsi nous peuplons, dans notre imagination, tous les corps célestes de formes humaines bien qu'il soit vraisemblable que la différence du sol qui les porte et les nourrit, la différence des éléments qui les constituent rendent leurs structures très différentes. Toutes les autres formes que nous pouvons leur donner sont des caricatures[1].

Si un sens fait défaut dès la naissance (par exemple la vue), l'infirme cultive, dans la mesure du possible, un autre sens qui sert de substitut au premier et utilise largement l'imagination productrice ; il cherche à saisir les formes des corps extérieurs par le *toucher*, et quand des dimensions trop grandes l'en empêchent (par exemple pour une maison) il cherche à en saisir l'étendue par un autre sens, comme l'ouïe, par l'écho de la voix dans une pièce ; mais si une opération réussie libère | l'organe et rend la sensation, il doit avant tout apprendre à 173 voir et à entendre, c'est-à-dire chercher à conduire ses perceptions sous les concepts de ce type d'objets.

Les concepts des objets donnent souvent l'occasion à une image spontanée (de l'imagination productrice) de s'ordonner involontairement à eux. Quand on lit ou quand on se fait raconter la vie et les actions d'un homme qui est personnage de talent, de mérite de haut rang, on est souvent amené à lui

1. C'est pourquoi la *Sainte-Trinité*, un vieillard, un jeune homme, et un oiseau (la colombe) doivent être représentés non pas comme formes réelles, semblables à leur objet, mais seulement comme symboles. C'est aussi ce que signifient les expressions imagées de descente du ciel et d'ascension. Pour fournir une intuition à nos concepts d'être raisonnable, nous ne pouvons faire autre chose que de les anthropomorphiser, d'une façon malheureuse ou puérile si la représentation symbolique est élevée jusqu'au concept de la chose en soi.

donner dans l'imagination une stature prestigieuse; si on décrit son caractère comme fin et doux, on lui prête un physique frêle et une petite taille. Ce n'est pas simplement le paysan mais l'homme assez au courant du monde qui est déconcerté lorsque le héros qu'il se représentait d'après le récit de ses exploits se révèle de petite stature, et que Hume, au contraire, toute finesse et douceur, lui est présenté sous les traits d'un homme massif. – C'est pourquoi on ne doit attendre rien avec trop d'impatience, parce que l'imagination incline naturellement à aller aux extrêmes; et la réalité est toujours plus limitée que l'idée qui sert de modèle à sa présentation.

Il n'est pas prudent de chanter trop haut les louanges d'une personne qu'on veut introduire dans une société; il peut y avoir là, bien plutôt, un brin de méchanceté et de fourberie pour le rendre ridicule. Car l'imagination élève si haut la représentation de ce qu'on attend que ladite personne ne peut que perdre quand on la compare avec l'idée préformée. C'est ce qui arrive lorsqu'on annonce avec des éloges disproportionnés un texte, une pièce de théâtre, ou quelque morceau de beau style : la chute se produit dès la présentation. Et même la lecture d'une bonne pièce de théâtre affaiblit par avance l'impression de la représentation. – Si ce qu'on loue par avance est exactement le contraire de ce qu'on attend avec impatience, l'objet une fois présenté, aussi inoffensif qu'il soit, déclenche le rire le plus violent.

Des formes changeantes et mobiles, sans aucune signification qui puisse susciter l'attention – le flamboiement par exemple d'un feu dans la cheminée ou les tourbillons et les remous d'un ruisseau coulant sur des pierres – occupent l'imagination : elle joue dans l'esprit avec une masse de représen-
174 tation | d'un tout autre genre (que celles de la vue) et se plonge dans la méditation. Même la musique pour celui qui ne l'écoute pas avec une oreille de connaisseur peut mettre le

philosophe et le poète dans une disposition où selon ses activités et son goût particulier, il peut saisir au vol des pensées que, seul dans sa chambre il n'aurait pas captées avec autant de bonheur. Voici, semble-t-il, la cause de ce phénomène : quand une multiplicité, incapable d'attirer sur soi aucune attention, détourne les sens d'une impression plus forte, la pensée n'est pas simplement facilitée, mais elle est aussi vivifiée dans la mesure où elle a besoin d'une imagination plus tendue et plus soutenue pour donner une matière aux représentations de son entendement. Le *Spectateur Anglais* cite le cas d'un avocat, habitué en plaidant à tirer de sa poche une ficelle qu'il enroulait autour de son doigt et déroulait sans arrêt; perfidement son adversaire la subtilisa de sa poche; notre homme fut bien embarrassé et ne dit que des bêtises; on raconta qu'il avait perdu le fil de son discours. – Limité strictement à une sensation, la sensibilité ne peut prêter attention (à cause de l'accoutumance) à aucune sensation différente ou étrangère; elle ne peut donc être distraite; mais l'imagination peut par là se maintenir d'autant mieux dans sa marche régulière.

Des diverses formes de la faculté de l'invention sensible

§ 31. La faculté de l'invention sensible a trois formes différentes. Ce sont celle qui *figure* l'intuition dans l'espace (*imaginatio plastica*), celle qui l'*associe* dans le temps (*imaginatio associans*) et celle qui *apparente* les représentations les unes aux autres à partir de leur origine commune (*affinitas*).

A. *De la faculté sensible d'inventer des formes*

Avant que l'artiste puisse présenter une forme physique (en quelque sorte tangible), il doit l'avoir fabriquée dans

175 l'imagination, et | cette forme est alors une invention qui, si
elle est involontaire, comme dans le rêve, s'appelle *fantasme*
et n'appartient pas à l'artiste; si elle est régie par la libre
volonté, on l'appelle *composition*, *invention*.

Si l'artiste travaille d'après des images qui ont ressemblance aux œuvres de la nature, on dit que ses productions sont
naturelles. Mais s'il fabrique des formes d'après des images
qui ne peuvent pas se rencontrer dans l'expérience (comme le
prince Palagonia en Sicile), on dit que ce sont des figures
extravagantes, hors nature, grotesques; de telles lubies sont en
général comme des images de rêve chez un homme éveillé
(velut ægri somnia vanæ finguntur species). – Nous jouons
souvent et volontiers avec l'imagination; mais l'imagination
(en tant que fantasmagorie) joue souvent avec nous et parfois
bien à contretemps.

Le jeu que la fantasmagorie impose à l'homme pendant le
sommeil est le rêve, et il se produit même quand on est en
bonne santé; mais pendant la veille il trahit un état pathologique. – Le sommeil, comme détente de toute faculté des
perceptions externes et surtout des mouvements volontaires,
apparaît nécessaire à tous les animaux et même aux plantes
(selon l'analogie de celles-ci aux premiers), pour la recol-
lection des forces dépensées pendant la veille; or voici ce qui
se passe dans les rêves : si pendant le sommeil la force vitale
n'était pas toujours maintenue en état d'excitation par les
rêves, elle s'éteindrait et l'extrême profondeur du sommeil
amènerait aussitôt la mort. – Quand on dit avoir dormi d'un
sommeil lourd et sans rêves, c'est tout simplement qu'on ne
s'en souvient pas au réveil; c'est ce qui peut se produire
également pendant la veille, quand les images changent
rapidement; la distraction est si grande qu'interrogé sur ce
qu'il pense, celui qui pendant un bon moment n'a pas quitté
des yeux un même point, répond : je ne pense à rien. Si au

réveil, il n'y avait pas beaucoup de lacunes (on oublie, par inattention, les représentations d'enchaînement), si nous recommencions la nuit suivante notre rêve là où nous l'avons laissé la veille, je ne sais pas si nous n'aurions pas l'illusion de vivre dans deux mondes différents. – La nature a eu la sagesse de disposer le rêve pour animer la force vitale par des émotions qui portent sur des données involontairement inventées; demeurent suspendus pendant ce temps les mouvements qui reposent sur la libre volonté, c'est-à-dire ceux des muscles. – Mais seulement on ne doit pas | accepter les aventures 176 oniriques comme des révélations d'un monde invisible.

B. *Du pouvoir sensible d'inventer des associations*

La loi de l'*association* est celle-ci : des représentations empiriques qui se sont souvent succédées produisent dans l'esprit l'habitude de faire surgir la seconde quand la première est suscitée. En fournir une explication physiologique est vain; on peut se servir d'une hypothèse (qui sera elle-même une invention comme celles de Descartes à propos de ce qu'on apelle les idées matérielles du cerveau). Ce n'est pas du tout une explication *pragmatique*, c'est-à-dire qu'on ne peut pas s'en servir pour exercer à son gré sa mémoire puisque nous n'avons aucune connaissance du cerveau ni, en lui, des points où les traces des impressions laissées par les représentations peuvent sympathiquement entrer en résonance les uns avec les autres, puisqu'ils sont en quelque sorte contigus (au moins médiatement).

Le voisinage s'étend souvent très loin, et l'imagination saute fréquemment du coq à l'âne, si vite qu'on a, semble-t-il, enjambé certains termes intermédiaires dans la chaîne des représentations, alors que tout simplement on n'en a pas eu conscience; on en vient souvent à se demander : où en étais-je ? D'où étais-je parti dans mon discours, et comment en suis-je arrivé finalement à ce point[1] ?

C. Du pouvoir sensible d'inventer des affinités

J'entends par *affinité* l'unification du multiple par un
177 principe à partir de sa racine originaire. – Dans un groupe, | si
on fait surgir au milieu d'une conversation un autre thème, très
différent, auquel, pour des raisons purement subjectives, on a
été conduit par l'association empirique des représentations
(c'est-à-dire que chez l'un les représentations ne sont pas
associées comme chez l'autre) on commet une sorte d'absurdité pour la forme de l'entretien : on l'interrompt et le désorga-
nise. – C'est seulement le sujet une fois épuisé et à l'occasion
d'une courte pause qu'on peut mettre un nouveau thème sur le
tapis, pourvu qu'il soit intéressant. L'imagination qui bat la
campagne trouble l'esprit par le changement des représentations qui ne sont pas liées à rien d'objectif, si bien qu'en
quittant une réunion de ce genre on a l'impression qu'on vient
de rêver. – Qu'on pense silencieusement ou qu'on échange des
pensées, il faut toujours avoir un thème auquel s'ordonne le
multiple, ce qui exige l'activité de l'entendement cependant le
jeu de l'imagination suit les lois de la sensibilité qui fournit la
matière ; l'association s'effectue sans conscience de la règle,

---

1. C'est pourquoi, dans un entretien, on doit commencer par ce qui est
proche et actuel, et aller progressivement à ce qui est plus éloigné, dans la
mesure où cela peut avoir un intérêt. On vient de la rue et on fait son entrée au
milieu de gens réunis pour converser : parler du mauvais temps est alors un
bon expédient, et coutumier. Donner dès le début, quand on entre dans une
pièce, les nouvelles de Turquie qu'on lit dans les journaux, c'est faire
violence à l'imagination des autres, qui ne voient pas comment on y est venu.
L'esprit exige dans l'échange un certain ordre : aussi bien dans les conversations que dans les prêches, les représentations préparatoires et l'exorde sont
d'une grande importance.

mais en conformité cependant avec elle, et par conséquent avec l'entendement (pourtant elle n'est pas dérivée de lui).

Le mot affinité (*affinitas*) rappelle ici une notion empruntée à la chimie et analogue à cette liaison de l'entendement : c'est l'action réciproque de deux substances physiques d'espèces différentes, agissant intérieurement l'une sur l'autre et tendant à l'unité ; l'unification détermine alors un troisième élément qui a des proporiétés qui ne peuvent être engendrées que par l'unification de deux substances hétérogènes. L'entendement et la sensibilité dans leur dissemblance, se lient fraternellement d'eux-mêmes pour constituer notre connaissance, comme s'ils avaient leur origine l'un dans l'autre, ou comme s'ils la tenaient tous les deux d'une racine commune ; ce qui ne peut pas être, ou du moins est inconcevable pour nous, qui ne pouvons comprendre que le dissemblable puisse être issu d'une seule et même racine[1].

| § 32. L'imagination cependant n'est pas aussi créatrice 178 qu'on le prétend. Pour un être raisonnable nous ne pouvons

---

1. Les deux premiers modes de composition des représentations, on pourrait les appeler *mathématiques* (d'accroissement), le troisième *dynamique* (de production) : il produit une chose entièrement nouvelle (comme un sel neutre en chimie). Le jeu des forces dans la nature organique comme dans la nature vivante, dans celle de l'âme comme dans celle du corps, repose sur les analyses et les unifications du dissemblable. Nous parvenons à vrai dire à la connaissance de cette nature par l'expérience de ses actions ; mais la cause supérieure et les composants simples en lesquels cette substance peut être résolue sont pour nous inaccessibles. Quelle peut être la cause du fait que les êtres organiques connus de nous ne perpétuent leur espèce que par l'union des deux sexes (désignés comme masculin et féminin) ? On ne peut pas admettre que le créateur par une pure bizarrerie et à seule fin d'établir sur notre globe une disposition qui lui plaise n'ait pratiqué qu'une sorte de jeu ; mais il semble qu'il doive être impossible de faire naître par reproduction des créatures organiques à partir de la matière de notre globe terrestre sans l'institution des deux sexes. Dans quelle obscurité se perd la raison humaine si elle veut entreprendre de scruter jusqu'au fond ou même simplement de deviner ce qui a été la source originaire ?

concevoir d'autre forme convenable que la forme humaine. C'est pourquoi, quand on sculpte ou peint un ange ou un dieu, on fait toujours un homme. Toute autre figure paraît contenir des éléments qui ne se laissent pas associer d'après l'idée qu'on s'en fait à la structure d'un être raisonnable (ailes, griffes ou sabots). On peut en revanche lui donner la taille qu'on veut.

L'illusion provoquée par la force de l'imagination humaine va souvent si loin qu'on croit voir ou éprouver en dehors de soi ce qu'on a simplement dans la tête. D'où le vertige qui survient quand on regarde un abîme, bien qu'on ait autour de soi une surface suffisante pour ne pas tomber ou qu'on se tienne à un parapet solide. – Il est étrange que certains malades aient peur d'une impulsion, d'origine intérieure, à se jeter volontairement en bas. – Le spectacle des autres quand ils se délectent de choses écœurantes (par exemple, quand les Tunguse sucent la morve du nez de leurs enfants et l'avalent) provoque, chez qui regarde, jusqu'au vomissement, comme si on le contraignait lui-même à une pareille délectation.

Les Suisses, ainsi que les Westphaliens et les Poméraniens de certaines régions, à ce que m'a raconté un général expérimenté, sont saisis du mal du pays, surtout quand on les transplante dans d'autres contrées ; c'est, par le retour des images de l'insouciance et de la vie de bon voisinage, du temps de leur jeunesse, l'effet de la nostalgie pour les lieux où ils ont connu les joies de l'existence ; revenus plus tard chez eux, | ils sont très déçus dans leur attente, et se trouvent ainsi guéris ; sans doute pensent-ils que tout s'est transformé ; mais en fait, c'est qu'ils n'ont pu y ramener leur jeunesse ; il est remarquable que ce mal du pays attaque plutôt les gens d'une province pauvre, mais associés par les liens de fraternité et de cousinage, qu'aux hommes d'argent prenant pour devise : *Patria ubi bene*.

Si on a entendu dire à l'avance que tel homme est méchant, on croit lire la méchanceté sur son visage et pourvu qu'émotion et passion s'y ajoutent, l'invention se mêle ici à l'expérience pour ne faire qu'une seule sensation. D'après Helvetius, une dame avait vu au télescope, dans la lune, l'ombre de deux amants ; le prêtre, qui observa après elle, lui dit : «Non pas, Madame, ce sont les deux tours d'une cathédrale».

Il faut encore ajouter à cela les effets dûs à la sympathie de l'imagination. Le spectacle d'un homme en proie à des mouvements convulsifs ou épileptiques induit des mouvements spasmodiques de même type ; tout comme les autres, en baillant, nous incitent à bailler avec eux ; un médecin, M. Michaelis, raconte : à l'armée, en Amérique du Nord, un homme était tombé dans une fureur grave ; deux ou trois personnes qui se trouvaient auprès de lui tombèrent dans le même état, encore que d'une manière passagère : c'est pourquoi il ne faut pas conseiller à ceux qui ont les nerfs sensibles (hypochondriaques) de visiter par curiosité les maisons de fous. La plupart du temps, ils l'évitent d'eux-mêmes parce qu'ils craignent pour leur esprit. – On notera aussi que des personnes pleines de vivacité à qui on raconte un événement avec émotion, ou surtout avec colère, font des mimiques, tant leur attention est profonde, et involontairement elles en viennent à prendre l'expression appropriée. – On remarquera aussi que les époux qui s'entendent bien finissent peu à peu par se ressembler de visage ; et on interprète en disant qu'ils se sont mariés à cause de cette ressemblance (*similis simili gaudet*) ; ce qui est faux. Car dans l'instinct sexuel, la nature pousse les personnes les plus différentes à s'éprendre l'une de l'autre afin que toute la multiplicité, placée dans leur germe, puisse se développer ; mais la familia-rité et l'inclination avec lesquelles, dans leurs entretiens

intimes, l'un près de l'autre, les époux se regardent souvent et
180 longtemps dans les yeux, produit, par | sympathie, des
mimiques semblables, qui, une fois fixées, passent finalement
dans les traits permanents du visage.

Enfin on peut mettre au compte de ce jeu inintentionnel de
l'imagination productrice – qu'il est possible alors d'appeler
fantasmagorie – le penchant au mensonge sans malice; on le
rencontre constamment chez les enfants, et de temps en temps
chez des adultes, qui par ailleurs ont un bon naturel, mais chez
qui ce penchant est comme une maladie innée : récits, événements, aventures supposées, formant boule de neige, jail-
lissent de leur imagination sans qu'ils se proposent d'autres
avantages que de se rendre simplement intéressant; ainsi le
chevalier John Falstaff chez Shakespeare, de deux hommes
vêtus de bougran en avait fait cinq avant la fin de son récit*.

§ 33. L'imagination est plus riche et féconde en représentations que les sens; en cas de passion, c'est l'absence plutôt
que la présence de l'objet qui l'anime, si une chose vient à
rappeler à l'esprit la représentation de cet objet que les
distractions avaient, semble-t-il, effacées pour un temps.

Ainsi, un prince allemand, rude guerrier mais homme de
bien, afin de chasser de ses sens un amour qu'il avait conçu
pour une roturière de sa résidence, avait entrepris un voyage
en Italie; mais le premier regard qu'il jeta sur la maison de sa
bien-aimée après son retour, réveilla son imagination avec
plus de vivacité que ne l'aurait fait une fréquentation
continue; sans plus hésiter, il prit la décision que, par bonheur,
on espérait. Cette maladie, effet d'une imagination inventive,
est incurable autrement que par le mariage. C'est qu'elle est la
vérité (*Eripitur persona manet res*. Lucrèce*).

---

* Shakespeare, *Henri IV*, 1ʳᵉ partie, II, 4.
* Lucrèce, *De Natura rerum*, III, 58.

L'imagination inventive fonde une sorte de commerce avec nous-même; il s'agit de simples phénomènes du sens interne, bien qu'ils aient une analogie avec les sens externes. La nuit la vivifie et l'élève au-dessus de son contenu réel; ainsi, le soir, la lune forme dans le ciel une grande figure que la clarté du jour montre comme un nuage minuscule et insignifiant. L'imagination s'exalte chez celui qui, dans le silence de la nuit, divague ou discute avec un adversaire imaginaire ou tourne autour de sa chambre, en bâtissant des châteaux en Espagne. Mais tout ce qui lui paraît alors important perd sa valeur le matin après une nuit de sommeil; toutefois, avec le temps, cette mauvaise habitude provoque | un relâchement des **181** forces de l'esprit. C'est pourquoi domestiquer l'imagination en se couchant très tôt pour pouvoir se lever de bonne heure constitue une règle très utile qui fait partie d'un régime psychologique; mais les femmes et les hypochondriaques (ordinairement c'est de là que dérive leur mal) préfèrent la conduite opposée. – Pourquoi aime-t-on entendre, tard dans la nuit, des histoires d'esprits, tandis que le matin après le lever, elles ne sont pas de mise, et ne conviennent aucunement à la conversation? A cette heure là, on s'informe au contraire des nouvelles de la maison ou du monde, ou bien on continue le travail de la veille. En voici la raison : le simple jeu est à la mesure de ce qui reste de forces après l'effort de la journée; mais les affaires sérieuses sont à la mesure de l'homme qui a retrouvé ses forces dans le repos de la nuit et qui est comme ressuscité.

Les égarements (*vitia*) de l'imagination consistent dans des inventions *sans frein*, ou bien absolument *sans règle* (*effrenis aut perversa*). Le dernier défaut est le plus grave. Les inventions du premier type pourraient trouver leur place dans un monde possible (celui de la fable); mais non pas les secondes, parce qu'elles se contredisent. – Les Arabes regardent avec terreur les formes humaines et animales que l'on trouve fréquemment dans le désert de Lybie, parce qu'ils les tiennent pour des hommes pétrifiés par une malédiction : voilà qui est une invention du premier type et relève de l'imagination sans frein. – Mais ces mêmes Arabes pensent que les statues des animaux, le jour de la résurrection universelle, se mettront à gronder contre l'artiste, et lui reprocheront de les avoir faites, sans avoir pu leur donner une âme : voilà qui est contradictoire. – La fantasmagorie sans frein peut toujours s'incliner (comme celle de ce poète interrogé par le cardinal d'Este au moment où il lui remettait le livre qu'il avait dédié : « Maître Arioste, où diable avez-vous pu tirer toutes ces insanités ? ») ; elle est luxuriante à force de richesse ; mais l'imagination sans règle s'approche du délire : la fantasmagorie fait alors de l'homme un jouet, et le malheureux ne peut plus maîtriser le cours de ses représentations.

Du reste, un artiste dans le domaine de la politique peut, tout comme un artiste dans le domaine de l'esthétique, conduire et diriger le monde par les images qu'il sait faire miroiter aux lieux et places de la réalité (*mundus vult decipi*) :
182 | *liberté* du peuple (comme dans le Parlement anglais), ou hiérarchie et *égalité* (comme dans la Convention française), – toutes choses qui consistent en pures formules ; il vaut mieux cependant posséder l'apparence d'un bien qui honore l'humanité que s'en sentir manifestement dépouillé.

DE LA FACULTÉ DE RENDRE PRÉSENT LE PASSÉ ET L'AVENIR PAR L'IMAGINATION

§ 34. La faculté de se rendre volontairement présent ce qui est passé, est la *faculté de se souvenir* ; la faculté de se représenter quelque chose comme futur est la *faculté de prévoir*. Toutes deux, dans la mesure où elles appartiennent à la sensibilité, se fondent sur l'*association* des représentations de l'état passé et futur du sujet avec son état présent ; elles-mêmes ne sont pas des représentations, mais elles servent à la liaison des perceptions dans le *temps*, nouant, en une expérience qui les associe, ce qui *n'est plus* avec ce qui *n'est pas encore*, par l'intermédiaire de ce qui est présent. Ces facultés s'appellent *facultés de se souvenir* et de *deviner*, dans la rétrospection et dans la prospection (s'il est permis d'user de ces termes) ; on a conscience que ses représentations pourraient se rencontrer dans les états passés ou futurs.

A. *La mémoire*

La mémoire diffère de l'imagination purement reproductrice en ce qu'elle a le pouvoir de reproduire volontairement la représentation antérieure : l'esprit par conséquent n'est pas un simple jouet. La fantasmagorie, c'est-à-dire l'imagination créatrice, ne peut s'y mêler car alors la mémoire serait infidèle. *Mettre* quelque chose dans sa mémoire, y *penser* sans difficulté, la *conserver* longtemps, sont les perfections formelles de la mémoire. Ces qualités cependant sont rarement réunies. Quand on croit avoir quelque chose dans la mémoire, mais qu'on ne peut pas l'amener à la conscience, on dit qu'on est incapable de le retrouver (ne pas s'y retrouver : signifie à peu près prendre le sens) ; la peine que l'on se donne, quand on fait effort pour retrouver un souvenir, est exténuante pour l'esprit. Le mieux est de se distraire pendant un moment avec d'autres pensées ; et de temps | en 183 temps de jeter en arrière un regard rapide ; alors on surprend en général une des représentations associées qui le rappellent.

Enfermer méthodiquement quelque chose dans sa mémoire (*memoriæ mandare*), c'est en faire la *mémorisation* (non pas l'étudier comme on le dit couramment d'un prédicateur qui apprend par cœur le sermon qu'il doit faire). Cette

mémorisation peut être de l'ordre de la mécanique, de l'ingéniosité ou du jugement. La première repose sur une répétition
fréquente et mot à mot : par exemple quand on apprend à
multiplier, l'élève doit parcourir la série entière des mots qui
se suivent dans l'ordre habituel pour parvenir au résultat
cherché ; par exemple quand on demande à l'écolier : combien
font 3 fois 7, en commençant par 3 fois 3, il arrivera à 21 ; mais
si on lui demande combien font 7 fois 3, il ne pourra pas
réfléchir aussi vite ; il devra retourner les chiffres pour les
placer dans l'ordre habituel. Si on apprend une formule de
cérémonie où les expressions ne peuvent pas être modifiées,
mais doivent être récitées, les gens doués de la meilleure
mémoire ont peur de se fier à elle (cette peur elle-même
pourrait les induire en erreur) et c'est pourquoi ils estiment
nécessaire de les lire entièrement ; ainsi font les prédicateurs
même les plus exercés, car ici le moindre changement dans les
mots serait ridicule.

La mémorisation qui repose sur l'ingéniosité est une
méthode pour imprimer dans la mémoire certaines représentations en les associant avec d'autres qui sont adjacentes ; en soi
(pour l'entendement), elles n'ont pas d'affinité les unes avec
les autres ; par exemple les mots d'une langue avec des images
tout à fait différentes qui doivent leur correspondre ; ainsi pour
enfermer plus facilement quelque chose dans sa mémoire, on
la charge de représentations voisines encore plus nombreuses ;
absurdité, par conséquent, que cette pratique sans règle de
l'imagination qui accouple ce qui ne peut pas se grouper sous
un seul et même concept ; et contradiction, du même coup,
entre le moyen et la fin puisqu'en cherchant à faciliter le
travail de la mémoire on le rend plus difficile par une association que des représentations très disparates alourdissent sans

nécessité[1]. Que les gens d'esprit aient rarement une mémoire fidèle | est une observation qu'explique ce phénomène (*inge-* 184 *niosis non admodum fida est memoria*).

La mémorisation à l'aide du jugement est dans l'ordre des pensées, le tableau *analytique* d'un système (par exemple celui de Linné) ; si on devait oublier quelque chose, on pourrait le retrouver par le décompte des éléments que l'on a retenus. C'est aussi la division d'un tout rendu visible (par exemple la carte d'un pays avec les provinces qui se trouvent au Nord, à l'Ouest, etc.) ; parce que là aussi on se sert de l'entendement ; et celui-ci à son tour vient à l'aide de l'imagination. Mais avant tout c'est la *topique*, c'est-à-dire le cadre pour des concepts généraux, appelés les *lieux communs* ; il facilite le souvenir par le partage en classe, comme lorsque dans une bibliothèque on répartit les livres sur les étagères sous des étiquettes différentes.

Il n'y a pas de *mnémotechnique* (*ars mnemonica*) en tant que théorie générale. Parmi les techniques particulières qui en relèvent, il y a les sentences en vers (*versus memoriales*) : c'est que le rythme comporte une accentuation régulière qui favorise beaucoup le mécanisme de la mémoire. – On ne doit pas parler avec mépris des prodiges de la mémoire, comme Pic de la Mirandole, Scaliger, Angelus Politanus, Magliabecchi, ces polyhistoriens qui portaient dans leurs têtes à titre de matériaux scientifiques un chargement de livres pour cent chameaux, parce qu'ils ne possédaient peut-être pas un *jugement* en mesure de choisir entre toutes ces connaissances pour

---

1. L'alphabet par l'image comme la Bible par l'image ou la doctrine des Pandectes représentée en images, n'est qu'une boîte optique par laquelle un maître puéril rend ses élèves plus puérils encore qu'ils n'étaient. On peut citer comme exemple un titre des Pandectes confié de cette manière à la mémoire : *de heredibus suis et legitimis*. Le premier mot est rendu sensible par un coffre avec des cadenas, le second par une truie, le troisième par les deux tables de Moïse.

en faire un usage approprié ; c'est un mérite suffisant d'avoir réuni une abondance de matériaux bruts, même s'il faut que d'autres esprits viennent les élaborer par leur propre jugement (*tantum scimus quantum memoria tenemus*). Un ancien disait : « l'art d'écrire a fait sombrer la mémoire (l'a rendue en partie superflue) ». Il y a une part de vérité dans cette phrase : car l'homme du commun a en général mieux en tête tout le détail de ses tâches, de sorte qu'il peut les exécuter et penser à chacune en son temps ; c'est que sa mémoire est mécanique,

185 | et le raisonnement ne vient y mêler aucune subtilité ; au contraire le savant qui a simultanément beaucoup de pensées diverses néglige, par distraction, un grand nombre de commissions ou de tâches domestiques parce qu'il ne les a pas enregistrées avec assez d'attention. Mais il est bien commode d'avoir grâce à un agenda la certitude de retrouver aussitôt et sans peine tout ce qu'on doit garder en tête, et l'art d'écrire demeure toujours un art admirable ; quand bien même on ne s'en servirait pas à transmettre son savoir aux autres, il tient lieu de la mémoire la plus étendue et la plus fidèle, et il peut la remplacer si elle vient à manquer.

D'autant plus funeste est la perte *de la mémoire*, où la tête, aussi souvent qu'on la remplisse, reste vide comme un tonneau percé. Il y a des cas où on n'en est pas responsable : ainsi les personnes âgées, qui peuvent bien se rappeler les événements de leurs jeunes années, mais perdent toujours la mémoires des plus récents. Mais c'est souvent aussi l'effet d'une distraction habituelle, qui, d'ordinaire, se produit surtout chez les lectrices de romans. Dans cette lecture, on n'a pas d'autres propos que de se divertir un instant, car on sait bien qu'il s'agit de pures fictions ; la lectrice a donc, en lisant, la pleine liberté d'inventer au gré de son imagination ; ce qui provoque tout naturellement la distraction et rend habituel, dans l'esprit, un état d'absence (manque d'attention à ce qui est présent) : et pour cette raison, la mémoire ne peut manquer d'être affaiblie. – Pratiquer ainsi l'art de tuer le temps et de se rendre inutile dans le monde, puis se plaindre de la brièveté de la vie, c'est provoquer – en dehors d'une disposition à la fantasmagorie – une des atteintes les plus nocives à la mémoire.

B. *De la faculté de prévoir (praevisio)*

§ 35. Il y a plus d'intérêt à posséder cette faculté que toute autre, puisqu'elle est la condition de toute pratique possible et des desseins auxquels l'homme applique l'usage de ses forces. Tout désir comporte une prévision, douteuse ou certaine, de ce que ces forces | permettent. On ne tourne les yeux vers le passé **186** (souvenir) que pour rendre possible la prévision du futur. En général si nous regardons autour de nous, c'est du point de vue du présent, pour nous décider ou nous préparer à quelque chose.

La prévision empirique est *l'attente des cas similaires*, et ne requiert pas une connaissance rationnelle des causes et des effets, mais seulement le souvenir des faits observés et de la manière dont ils ont coutume de se succéder ; ce sont les expériences répétées qui font naître l'habileté ; le régime des vents et des climats intéresse beaucoup le marin et le laboureur. – Mais une telle prévision n'atteint rien de plus que ce qu'on appelle le calendrier des paysans ; on en vante les prédictions si elles se réalisent en partie ; on les oublie si elles ne se réalisent pas ; ainsi conservent-elles toujours un certain crédit. Il serait à croire que la providence a voulu brouiller inexorablement le jeu des températures, pour que les hommes, mal au courant des précautions à prendre en chaque saison, soient obligés d'avoir recours à l'entendement pour être prêts à toutes les éventualités.

Vivre au jour le jour (sans prévoir ni se préoccuper) ne fait pas grand honneur à l'entendement humain ; c'est le cas du Caraïbe qui le matin vend son hamac et le soir se désole de ne savoir où dormir pendant la nuit. Sous réserve que la moralité n'en souffre pas, un homme endurci à tous les événements peut être considéré comme plus heureux que tel autre dont les sombres pensées d'avenir gâtent toujours la joie de vivre. Parmi toutes les perspectives que l'homme peut avoir, la plus consolante consiste à penser que son état actuel de moralité a des raisons de durer et de progresser encore. Si en revanche on projette courageusement de parvenir à une forme de vie nouvelle et meilleure, mais qu'on soit obligé de se dire : il n'en sera rien parce que tu t'es fait bien souvent cette promesse (en l'ajournant) mais tu l'as rompue en prétendant faire une seule et unique exception ; c'est là une manière désolante de s'attendre au retour des cas semblables.

En ce qui concerne le destin qui plane au-dessus de nous – et non pas l'usage de notre libre arbitre – la vue qu'on prend 187 | sur l'avenir est ou bien pressentiment, c'est-à-dire *prémo-nition* (praesensio), ou bien[1] *préscience* (praesagitio). Le premier désigne une sensibilité cachée pour ce qui n'est pas encore présent ; la seconde est une conscience de l'avenir établie en réfléchissant sur la loi de succession des faits (loi de causalité).

On comprend facilement que toute prémonition soit une chimère : comment, en effet, peut-on avoir la sensation de ce qui n'est pas encore ? Mais s'il y a jugement à partir des

---

1. On a récemment voulu faire une différence entre *ahnen* et *ahnden*, mais comme le premier n'est pas un mot allemand, il ne reste que le dernier. *Ahnden* signifie à peu près : penser à quelque chose. *Es ahndet mir* veut dire : quelque chose se présente obscurément à mon souvenir ; *etwas ahnden* signifie penser en mal l'action de quelqu'un (la punir). C'est toujours le même concept, mais orienté dans diverses directions.

concepts obscurs d'un rapport de causalité, il ne s'agit pas de pressentiment ; on peut développer les concepts qui y conduisent, et expliquer comment il est du ressort du jugement réfléchi. Les prémonitions ont, la plupart du temps, une forme anxieuse. L'anxiété, qui a ses causes physiques, précède, sans que soit déterminé l'objet de la peur. Mais il y a aussi des prémonitions joyeuses et intrépides ; certains exaltés soupçonnent le proche dévoilement d'un secret pour lequel l'homme cependant n'a pas de sens récepteur ; et ils croient voir apparaître, levant le voile du pressentiment, ce qu'ils attendent de l'intuition mystique, à la manière des Epoptes. – Relève aussi de ces sortilèges la seconde vue des montagnards écossais : certains d'entre eux croient avoir vu attaché à un mât un homme dont ils disent avoir appris la mort quand ils faisaient escale dans des ports éloignés.

DU DON DE DIVINATION (*FACULTAS DIVINATRIX*)

§ 36. L'annonce, la prédiction, la prophétie se distinguent de la manière suivante : la *première* est une prévision conforme aux lois de l'expérience (et partant naturelle), la *seconde* est une prévision contraire aux lois connues de l'expérience (contre nature), la *troisième* est, ou est tenue pour une inspiration dont la cause est différente de la nature (surnaturelle) ; cette | capacité de prophétiser paraissant venir de **188** l'influence d'un Dieu, on l'appelle aussi pouvoir de *divination* au sens propre (on appelle improprement divination toute acuité à deviner l'avenir).

Si on dit de quelqu'un qu'il prédit tel ou tel destin, on peut désigner par là une habileté toute naturelle. Mais de celui qui allègue une vue surnaturelle, on doit dire qu'il *vaticine* : comme les Tsiganes d'origine hindoue qui appellent lecture des astres la prédiction par les lignes de la main ; ou les astrologues et les chercheurs de trésors, auxquels il faut ajouter les faiseurs d'or ; mais tous sont dépassés par la Pythie de l'Antiquité, et de nos jours par le misérable shaman de Sibérie. – Les prédictions des auspices et des haruspices, chez les Romains, n'avaient pas tellement pour but la découverte de ce qui était caché dans la marche du monde, que la découverte de la volonté des Dieux à laquelle, selon leur religion, ils avaient à se plier. – Mais comment les poètes en venaient-ils à se tenir pour inspirés (ou possédés) et pour devins (*vates*), et comment pouvaient-ils se vanter d'avoir des inspirations dans leurs accès poétiques (*furor poeticus*) ? On ne peut l'expliquer que de la manière suivante : le poète n'exécute pas, comme le prosateur, à loisir, l'œuvre qui lui est commandée ; il doit saisir l'instant d'une disposition favorable du sens interne où s'épancheront, d'eux-mêmes, images et sentiments, dans toute leur vie et leur force, lui-même n'ayant en quelque sorte qu'une attitude passive ; depuis longtemps déjà, on a remarqué qu'au génie se mêle un certain degré de folie. De là, la croyance aux sentences oraculaires qu'on attribue à des passages choisis au hasard dans des poètes célèbres (poussés en quelque sorte par l'inspiration) – *sortes virgilianae* – un moyen semblable au coffret des bigots modernes pour découvrir la volonté du ciel ; de là aussi l'interprétation des livres sibyllins qui devaient annoncer aux romains le destin de leur état, et dont ils se sont en partie privés, malheureusement, par une avarice injustifiée.

Toutes les prédictions qui annoncent le destin inéluctable d'un peuple, destin qu'il mérite et que son *libre arbitre*, par conséquent, doit provoquer, présentent une absurdité, en dehors du fait que la connaissance anticipée en est inutile, puisqu'on ne peut s'y soustraire ; dans ce décret inconditionné **189** (*decretum | absolutum*), on pense un *mécanisme de la liberté*, dont le concept se contredit lui-même.

Mais voici le point extrême de l'absurdité ou du mensonge dans la vaticination : un fou était tenu pour un voyant (des choses invisibles), comme si parlait en lui un esprit qui aurait pris la place de l'âme depuis si longtemps séparée de sa résidence corporelle ; le malheureux malade mental (ou seulement épileptique) était pris pour un énergumène (possédé) ; et si on considérait comme un esprit bienveillant le démon qui le possédait, on l'appelait chez les Grecs *mantis*, et son interprète *prophète*. Il a fallu épuiser toutes les folies pour que l'avenir, dont la prévision nous intéresse tant, nous soit offert par un bond au-dessus de toutes les étapes qui auraient dû nous y conduire par l'expérience et avec la médiation de l'entendement. *O curas hominum!*

Il n'y a pas de science divinatoire qui soit aussi sûre ni qui s'étende aussi loin que l'astronomie : elle annonce, à l'infini, les révolutions des corps célestes. Mais cela n'a pas pu empêcher qu'une mystique s'y soit ajoutée, qui ne cherchait pas à rattacher aux faits, comme l'exige la raison, les dates des époques du monde, mais inversement rendait les faits dépendants des nombres sacrés ; de la chronologie – condition indispensable à toute histoire – elle faisait ainsi une fable.

DE L'INVENTION INVOLONTAIRE DANS L'ÉTAT DE SANTÉ,
C'EST-À-DIRE DU RÊVE

§ 37. Rechercher ce que sont, dans leur nature, le sommeil, le rêve, le somnanbulisme (dont relèvent aussi les paroles prononcées pendant le sommeil) est hors du champ d'une Anthropologie pragmatique ; car on ne peut déduire de ces phénomènes aucune règle de comportement dans l'état onirique : ces règles ne valent que pour l'homme éveillé qui veut ne pas rêver ou dormir sans pensée. Un roi grec avait condamné à mort un homme qui racontait un rêve où il tuait le souverain; il prétextait que l'homme n'aurait point fait ce rêve s'il n'en avait eu la pensée pendant la veille; c'était un jugement | contraire à l'expérience et cruel. « Quand nous sommes éveillés nous avons un monde commun; quand nous dormons chacun a le sien propre ». – Le rêve semble appartenir si nécessairement au sommeil, que dormir et mourir seraient une seule et même chose, si le rêve ne survenait sous l'effet de l'imagination comme agitation naturelle bien qu'involontaire des organes vitaux internes. Ainsi je me souviens très bien, comment enfant, quand j'étais fatigué par le jeu et que je me couchais, à l'instant où je m'endormais, j'étais très vite réveillé par un rêve : c'était comme si j'étais tombé dans l'eau, et que près de me noyer, j'étais emporté par un tourbillon; je me réveillais aussitôt, mais pour me rendormir bientôt plus calmement; on peut supposer que l'activité des muscles de la poitrine dans la respiration, qui dépend entièrement de la volonté, venant à se relâcher, et le mouvement du cœur étant inhibé par la défaillance de la respiration, il est nécessaire que l'imagination onirique soit remise en jeu. Même action bienfaisante du rêve dans ce qu'on appelle le *cauchemar* (*incubus*); car sans l'image terrifiante d'un fantôme qui nous oppresse, et sans la tension de toutes les forces musculaires pour nous mettre dans une autre posture, l'immobilité du sang mettrait rapidement fin à la vie. C'est pourquoi la nature semble avoir disposé les choses de telle sorte que les rêves de beaucoup les plus nombreux comportent des situations difficiles et dangereuses : de semblables représentations excitent plus les forces de l'âme que l'euphorie. Ne pas pouvoir lever les pieds, se perdre, ou rester sourd pendant un discours, avoir gardé sur sa tête, dans une réunion nombreuse, au lieu de sa perruque, son bonnet de nuit, – ce sont des rêves plus fréquents que de voler en l'air à son gré, ou de se réveiller dans un éclat de rire sans savoir pourquoi.

– Comment se fait-il que le rêve nous transporte souvent dans un passé fort éloigné, et nous fait parler avec des gens qui sont morts depuis longtemps? Pourquoi cherche-t-on à tenir ces images pour un rêve, alors qu'il y a en nous une contrainte à les tenir pour la réalité? Voilà qui demeure toujours inexpliqué. Mais on peut admettre comme certain qu'il ne saurait y avoir de sommeil sans rêve: si on prétend n'avoir pas rêvé, c'est qu'on a oublié son rêve.

| LA FACULTÉ DE DÉSIGNATION (*FACULTAS SIGNATRIX*)   **191**

§ 38. La faculté de connaître le présent, en tant qu'elle permet de lier la représentation de ce qui est prévu à celle de ce qui est passé, est la *faculté de désigner*. – L'activité de l'esprit qui réalise cette liaison est la *désignation* (*signatio*) qui est aussi appelée signalisation; on nomme *caractérisation* son degré supérieur.

Les formes des choses (intuitions), dans la mesure où elles ne servent que de moyens pour la représentation par les concepts, sont des symboles et la connaissance qui s'effectue par ceux-ci s'appelle symbolique ou *figurée* (*speciosa*). Les *caractères* ne sont pas encore des symboles; car ils peuvent être aussi des signes purement médiats (indirects), qui, en soi, ne signifient rien, mais qui conduisent par la seule association, aux intuitions, et par celles-ci aux concepts (a). C'est pourquoi, il ne faut pas opposer la connaissance *symbolique* à l'*intuitive*, mais à la *discursive*: dans cette dernière, le *signe* (*caractère*) n'accompagne le concept que comme *gardien* (*custos*), pour le reproduire à l'occasion. La connaissance symbolique n'est donc pas opposée à l'intuitive (par l'intuition sensible), mais à l'intellectuelle (par les concepts). Les symboles ne sont qu'un moyen de l'entendement pour fournir au concept une signification, en lui présentant un objet, mais ce n'est qu'un moyen indirect, qui use de l'*analogie* avec certaines intuitions auxquelles le concept peut être appliqué.

Celui qui ne peut jamais s'exprimer que symboliquement a peu de concepts de l'entendement ; la représentation si vive qu'on admire dans le discours des sauvages (et parfois chez ceux qui sont réputés sages dans un peuple encore fruste) n'est rien que pauvreté de concepts, et par conséquent de mots pour les exprimer ; par exemple, quand le Sauvage américain dit : « nous voulons enterrer la hache de guerre », cela veut dire : nous voulons faire la paix ; et en fait les vieux chants, depuis Homère jusqu'à Ossian ou depuis Orphée jusqu'aux Prophètes, doivent l'éclat de leur expression à l'absence de moyens pour exprimer leurs concepts.

Donner, avec Swendenborg, les phénomènes réels du monde qui s'offrent aux sens pour un pur *symbole* d'un monde intelligible, qui serait maintenu en réserve et caché, n'est que **192** de *l'exaltation*. Mais dans la | présentation des concepts qui relèvent de la moralité essentielle à toute religion, et qui appartiennent, partant, à la raison (concepts qu'on appelle Idées), distinguer le symbolique de l'intellectuel (le culte de la religion), distinguer les *voiles*, utiles et nécessaires pendant une certaine période, de la chose elle-même, c'est projeter les *Lumières* ; autrement on confond un *Idéal* (de la raison pure pratique) avec une *idole*, et on manque le but final. – Tous les peuples de la Terre ont commencé par une telle confusion ; et quand il est question de ce que leurs maîtres eux-mêmes ont réellement pensé en composant leurs textes sacrés, l'interprétation ne doit pas être symbolique, mais littérale : cela, on ne peut pas le contester ; car il serait malhonnête de fausser leurs paroles. Cependant quand il ne s'agit pas simplement de la *véracité* du docteur, mais encore et essentiellement de la *vérité* de la doctrine, on peut et on doit l'interpréter comme une forme purement symbolique de représentation qui doit doubler ces idées pratiques de règles formelles et d'usages établis; autrement, le sens intellectuel qui constitue la fin dernière serait perdu (a).

§ 39. On peut diviser les signes en *arbitraires* (artificiels), *naturels*, et *prodigieux* :

A. A la première catégorie appartiennent : 1) les *signes de la physionomie* (les signes mimiques, qui sont aussi, en partie, naturels); 2) les *signes écrits* (les lettres qui sont des signes pour des sons); 3) les *signes sonores* (notes); 4) les signes convenus entre individus pour la vue seulement (*chiffre*); 5) les *signes de leur condition* pour les hommes libres qui ont un rang héréditaire (armes); 6) les *signes de la fonction* dans les vêtements obligatoires (uniformes ou livrées); 7) les *insignes honorifiques* de la fonction (décorations); 8) les *signes infâmants* (marques au fer rouge). – Au même domaine appartiennent dans l'écriture, les points de suspension, d'interrogation, ou d'émotion, d'étonnement (la ponctuation).

Toute langue est désignation de la pensée et inversement le meilleur mode de désignation de la pensée passe par le langage, moyen le plus important de se comprendre soi-même ainsi que les autres. Penser, c'est *parler* avec soi-même (les Indiens de l'Otahiti appellent la pensée : la parole dans le ventre); c'est, par conséquent, s'*entendre* soi-même intérieurement (par l'imagination reproductrice). Pour l'homme qui est muet de naissance, le langage est le sentiment du jeu de ses lèvres, de sa langue et de sa mâchoire; et il n'est guère possible d'imaginer qu'il fait autre chose en parlant que jouer avec des impressions physiques, sans avoir à proprement parler de concepts, et sans penser. | Cependant même ceux qui peuvent 193 parler et entendre, ne se comprennent pas toujours eux-mêmes et ne comprennent pas les autres; un défaut dans la faculté de désignation ou son usage vicieux (les signes sont pris pour les choses ou inversement), explique, surtout dans le domaine de la raison, que des hommes qui sont d'accord au niveau du langage, soient extrêmement loin les uns des autres dans les concepts : ce qui ne devient manifeste que par hasard, lorsque chacun agit selon ses concepts propres.

B. Deuxièmement : le rapport des signes naturels aux choses désignées est, selon le temps, de l'ordre de l'*indication*, de la *remémoration* ou du *pronostic*.

Le pouls indique au médecin la présence de la fièvre chez le malade, comme la fumée le feu. Les réactifs découvrent au chimiste les substances cachées qui se trouvent dans l'eau, comme la girouette le vent, etc. Mais dans la plupart des cas on ne sait pas d'une façon certaine si la rougeur trahit la conscience de la faute ou plutôt un sentiment délicat de l'honneur, ou encore simplement le soupçon de quelque chose qu'on ne saurait souffrir sans honte.

Les tombeaux et les mausolées sont le signe du souvenir qu'on garde des morts. – De même les pyramides désignent le souvenir impérissable de la grande puissance passée d'un roi. – Les dépôts de coquillages dans des contrées éloignées de la mer, les trous des pholades sur les sommets des Alpes, ou les traces des volcans qui ne sont plus maintenant en éruption, nous indiquent l'ancien état du monde et fondent une archéologie de la nature : sans qu'il y ait la même évidence que pour les cicatrices d'un soldat. – Les ruines de Palmyre, de Balbek et de Persepolis sont les signes éloquents qui rappellent le niveau où se trouvait l'art dans l'Antiquité et forment les tristes monuments des vicissitudes de toutes choses.

Entre tous, ce sont surtout les signes pronostiques qui intéressent, car dans la série des changements, le présent n'est qu'un instant, et dans le principe de détermination de la faculté de désirer, le présent n'intéresse qu'en raison de ses conséquences prochaines et c'est à elles surtout qu'on prête attention. – Pour l'état futur du monde, le pronostic le plus sûr

se trouve dans l'astronomie; mais elle est puérile et fantasma-
gorique, si elle représente les constellations d'astres, les
conjonctions et les changements dans les positions des
planètes, comme autant de signes qui inscrivent dans le ciel le
destin imminent de l'homme (dans l'*Astrologia judiciaria*).

| Les signes pronostiques naturels d'une maladie ou d'une 194
guérison imminente, ou ceux (comme la *facies hippocratica*)
de la mort prochaine, sont des phénomènes qui, sur la base
d'une longue et fréquente expérience, et après qu'on ait saisi
leur enchaînement comme causes et effets, servent de fil
directeur au médecin dans son traitement : ainsi les jours
critiques. Mais les augures et les haruspices qui avaient été
établis par les romains à des fins politiques, étaient une
superstition sanctifiée par l'État pour guider le peuple dans
des circonstances difficiles.

C. Quant aux *signes prodigieux* (événements dans lesquels
la nature est bouleversée), mis à part ceux dont on ne tient plus
compte (les naissances monstrueuses parmi les hommes et les
animaux), ce sont les signes et les prodiges dans le ciel, les
comètes, les globes lumineux qui sillonnent l'air, les aurores
boréales, même les éclipses de soleil et de lune, surtout s'ils se
rencontrent en grande quantité, et qu'ils sont accompagnés par
la guerre, la peste, etc.; tout cela est censé annoncer à la grande
foule épouvantée l'imminence du dernier jour et de la fin du
monde.

APPENDICE

A noter la manière étonnante dont l'imagination se joue de
l'homme dans la permutation des signes avec les choses; elle
met dans les signes une réalité intérieure, comme si les choses
devaient s'aligner sur eux. Le cours de la lune avec ses quatre

phases (nouvelle lune, premier quartier, pleine lune, dernier quartier) se divise en un chiffre rond de 28 jours (c'est pourquoi les Arabes divisent le Zodiaque en 28 maisons de la lune), dont le quart fait 7 jours ; pour cette raison, le nombre 7 a pris une importance mystique, de telle sorte que la création du monde est censée s'être soumise à lui ; d'autant plus qu'il devait y avoir 7 planètes (selon le système de Ptolémée), comme 7 notes dans la gamme, 7 couleurs simples dans l'arc-en-ciel, et 7 métaux. De là aussi ont pris naissance les années climatériques (7 x 7, et, puisque 9 est aussi chez les Indiens un chiffre mystique, 7 x 9, de même 9 x 9) au terme desquelles la vie humaine doit courir un extrême danger ; et les 70 semaines d'années (490 années) constituent dans la réalité de la chronologie judéo-chrétienne la période des changements les plus

195 importants (depuis la vocation | d'Abraham jusqu'à la naissance du Christ), mais elles en déterminent très exactement les frontières en quelque sorte *a priori*, comme si la chronologie ne devait pas s'aligner sur l'histoire, mais inversement l'histoire sur la chronologie.

Mais il y a d'autres cas aussi où on a l'habitude de rendre les choses dépendantes des nombres. Un médecin auquel le patient envoie ses honoraires par la voie d'un serviteur, et qui à l'ouverture de l'enveloppe trouve onze ducats, soupçonnera le serviteur d'en avoir dérobé un : pourquoi pas la douzaine entière ? Celui qui achète dans une vente un service d'assiettes en porcelaine offrira moins si la douzaine n'est pas complète, et s'il y avait 13 assiettes, il n'accorderait de valeur à la treizième que pour la certitude d'avoir une douzaine complète si l'une d'entre elles se cassait. Puisqu'on n'invite pas des hôtes par douzaines, quel intérêt y a-t-il à privilégier ce chiffre ? Un homme dans son testament léguait à son neveu 11 cuillers d'argent et ajoutait : « si je ne lui laisse pas la douzième, il en saura la raison mieux que personne » ; (c'est qu'à sa table, ce jeune dévoyé avait fait glisser discrètement une cuiller dans sa poche; l'autre l'avait remarqué sans vouloir lui en faire honte alors). L'ouverture du testament permit finalement de deviner la pensée du testateur, mais uniquement à cause de ce préjugé admis que seule la douzaine forme un chiffre rond. Les douze signes du zodiaque (c'est par analogie à ce nombre qu'on a fixé à douze le nombre des juges en Angleterre) ont conservé une pareille signification mystique. En Italie, en Allemagne, peut-être ailleurs, une table de 13 convives est tenue pour néfaste, car on s'imagine que l'un d'entre eux, n'importe lequel, mourra dans l'année. Comme à la table des 12 juges, le treizième ne peut être que le délinquant qu'on va juger. (Je me suis trouvé un jour à une table semblable, où la maîtresse de maison remarqua, au moment de s'asseoir, ce prétendu inconvénient; elle ordonna à son fils, qui se trouvait là, de se lever et d'aller manger dans une autre pièce, afin que la gaieté ne fût pas troublée). – Les choses peuvent être en nombre suffisant; mais ce nombre n'en provoque pas moins l'étonnement s'il n'atteint pas une coupure décimale (par conséquent, à cause de son arbitraire). Ainsi l'Empereur | de Chine doit avoir une flotte de 9999 **196** bateaux, – chiffre à propos duquel on se pose implicitement la question : pourquoi pas un de plus ? Sans doute on peut répondre que ce nombre de bateaux suffit à son usage; mais au fond, la question ne concerne pas l'usage, mais seulement une certaine mystique des nombres. Il y a quelque chose de plus grave, mais non sans exemple pourtant : un homme qui par avarice et fraude a amassé une fortune de 90.000 thalers n'a pas de repos tant qu'il n'en a pas exactement 100.000 tout en n'en faisant aucun usage; dût-il pour cela mériter la potence et y être condamné.

Dans quelles puérilités l'homme ne tombe-t-il pas en son âge mûr, quand il se laisse conduire à la longe de la sensibilité !

Nous allons voir maintenant dans quelle mesure il vaut mieux suivre son chemin à la lumière de l'entendement.

DE LA FACULTÉ DE CONNAÎTRE, DANS LA MESURE OÙ ELLE EST FONDÉE SUR L'ENTENDEMENT

§ 40. *L'entendement*, en tant que faculté de *penser* (de se représenter quelque chose par des *concepts*) est appelé faculté *supérieure* de connaissance (par opposition à la sensibilité, qui est la faculté *inférieure*); en effet, tandis que la faculté des intuitions (pures ou empiriques) ne saisit dans les objets que l'individu, la faculté des concepts saisit l'universalité de leurs représentations, la *règle* à laquelle le multiple des intuitions sensibles doit être subordonné pour produire l'unité dans la connaissance de l'objet. – L'entendement à vrai dire est plus *élevé* que la sensibilité (a); avec elle, les animaux sans entendement peuvent se tirer d'affaire en cas de besoin, en suivant des instincts innés; elle est comme un peuple sans chef; inversement, un chef sans peuple (entendement privé de sensibilité) ne peut absolument rien. Il n'y a donc pas entre les deux facultés de rivalité de rang, bien qu'on appelle l'une supérieure, l'autre inférieure.

Mais le mot *entendement* est pris aussi en un sens particulier; alors, en tant qu'élément dans une division qui comprend deux autres termes, il est soumis à l'entendement au sens général; | la faculté supérieure de connaître (considérée matériellement, c'est-à-dire non pas en elle-même mais dans un rapport à la connaissance des objets) consiste en *entendement*, *jugement*, et *raison*. – Observons maintenant comment les hommes se distinguent les uns des autres par ces dons de l'esprit, ou encore par la manière dont ils en usent ou en mésusent, d'abord dans la santé de leur âme, ensuite dans la maladie mentale.

COMPARAISON ANTHROPOLOGIQUE DES TROIS FACULTÉS
SUPÉRIEURES DE CONNAÎTRE

§ 41. Un entendement juste n'est pas tellement celui qui brille par la multiplicité des concepts, mais par leur conformité à la connaissance de l'objet, c'est-à-dire celui qui a, pour saisir la vérité, capacité et adresse. Bien des hommes ont en tête une foule de concepts qui, au total, atteignent à une certaine *similitude* avec ce qu'on veut leur faire dire, mais ne s'accordent pas avec l'objet et sa détermination. On peut avoir des concepts d'une grande ampleur ou être d'une grande vivacité conceptuelle. L'entendement juste, qui suffit pour les concepts de la connaissance commune, s'appelle l'entendement *sain* (qui convient pour l'usage quotidien). Il tient le même langage que le centurion de Juvénal : « *Quod sapio, satis est mihi, non ego curo, – esse quod Arcesilos ærumnosique Solones* » *. On comprend qu'un entendement droit et juste impose lui-même des limites à l'étendue du savoir qu'on exige de lui ; et celui qui l'aura reçu de la nature en usera avec *réserve*.

§ 42. Si par le mot d'entendement, on vise en général la faculté de connaître les règles (et par conséquent de connaître par les concepts), enveloppant ainsi toute la faculté *supérieure* de connaissance, on ne doit pas par là entendre les règles d'après lesquelles la nature dirige l'homme dans son comportement, comme c'est le cas pour les animaux poussés par leur instinct naturel, mais seulement les règles qu'il fait lui-même. Ce qu'il se contente d'apprendre et de confier à sa mémoire, il l'exécute d'une manière purement mécanique (selon les lois de l'imagination reproductrice) et sans l'aide de l'entendement. Un serviteur qui doit présenter un compliment selon

---

* Cette citation est en réalité de Perse, III, 78.

une formule déterminée, n'a pas besoin d'entendement, c'est-à-dire qu'il ne lui est pas nécessaire de penser lui-même ; mais **198** il en a besoin si en l'absence de son maître, | il doit s'occuper de quelque affaire domestique : dans ce cas, il ne lui est pas nécessaire d'avoir des règles de comportement prescrites mot à mot.

Un entendement *juste*, un jugement *exercé*, une raison *profonde* constituent toute l'ampleur de la faculté intellectuelle de connaître, dans la mesure surtout où celle-ci est considérée comme une aptitude à animer la pratique, c'est-à-dire à se proposer les fins.

Un entendement juste, c'est un entendement sain dans la mesure où ses concepts sont conformes aux fins qu'on veut atteindre en les utilisant. De même que la *suffisance* (*sufficientia*), réunie à l'*exactitude* (*praecisio*) constituent la *convenance*, c'est-à-dire la propriété du concept de ne contenir ni plus ni moins que ce qu'exige l'objet (*conceptus rem adaequans*) ; ainsi un entendement juste est, de toutes les facultés intellectuelles, la première et la plus importante : car il parvient à ses fins avec la plus grande économie de moyens.

La malice, l'esprit d'intrigue sont souvent considérés comme les formes d'un entendement de qualité, mais mal utilisé ; en fait il s'agit chez des hommes très limités d'une manière de penser qu'il faut distinguer de l'intelligence dont elle a l'apparence. On ne peut tromper un homme de bonne foi qu'à une seule reprise : ce qui est préjudiciable à la fin que se propose le perfide.

Le serviteur de l'état ou de la maison à qui on a donné des ordres formels n'a besoin d'avoir que de l'entendement ; l'officier qui pour la charge qu'on lui a confiée ne s'est vu prescrire que des règles générales, et auquel on a laissé le soin de déterminer lui-même ce qu'il y a à faire dans les diverses occurrences, a besoin de jugement ; le général qui doit penser les règles qui s'y appliquent a besoin de raison. – Les talents requis pour ces différentes dispositions sont très différents : « Tel brille au second rang qui s'éclipse au premier »* .

Être *subtil* n'est pas avoir de l'entendement, et il n'est pas raisonnable d'étaler, comme Christine de Suède, des maximes que l'on contredit dès qu'on agit. Ainsi le comte de Rochester répondit au roi d'Angleterre Charles II qui l'avait surpris dans une attitude de profonde réflexion et qui lui demandait : « A quoi songez-vous si profondément ? – Je compose l'épitaphe de Votre Majesté. – Quelle est-elle ? – Ici repose | le roi **199** Charles II, qui, dans sa vie a dit bien des choses intelligentes, mais n'a rien fait d'intelligent ».

Quand on est dans un groupe, garder le silence et laisser tomber de temps en temps un jugement tout à fait général, donne l'air d'être un homme d'entendement, comme un certain degré de rudesse passe pour honnêteté (la vieille honnêteté allemande).

*

L'enseignement peut enrichir l'entendement naturel de nombreux concepts et le pourvoir des règles ; quant à la seconde faculté intellectuelle qui permet de distinguer si on a affaire ou non à un cas conforme aux règles, c'est-à-dire le *jugement* (*judicium*) on ne peut pas l'*apprendre* mais seulement l'exercer ; c'est pourquoi son développement s'appelle *maturité* ; et de cet entendement, on dit qu'il vient avec l'âge. Il est facile de comprendre qu'il n'en peut être autrement : car l'enseignement ne se donne que par la communication des règles. Si donc il devait y avoir un enseignement pour le jugement, il faudrait avoir des règles générales pour distinguer si un cas relève des règles ou non : ce qui fait

* En français dans le texte.

remonter la question à l'infini. Tel est donc l'entendement qui, dit-on, ne vient pas avant l'âge ; il est fondé sur une large expérience, et la République française va chercher les jugements qu'il formule dans l'assemblée de ceux qu'elle appelle les Anciens.

Cette faculté qui ne concerne que le réalisable, l'adapté et le convenable (pour le jugement technique, esthétique et pratique) n'a pas autant d'éclat que la faculté qui en élargit le domaine : car elle ne va de pair qu'avec l'entendement sain, et elle fait la liaison entre celui-ci et la raison.

§ 43. Si l'entendement est la faculté des règles, si le jugement est la faculté de découvrir le particulier dans la mesure où il constitue un cas de ces règles, la *raison* est le pouvoir de déduire du général le particulier, et par conséquent de représenter ce dernier selon des principes et en tant qu'il est nécessaire. – On peut donc la caractériser aussi par le pouvoir de *juger* et d'*agir* (du point de vue pratique) selon des principes. Pour tout jugement moral (et partant aussi pour la religion), l'homme a besoin de la raison, et il ne peut pas s'appuyer sur des règlements et des usages établis. Les idées sont des concepts de la raison pour lesquels aucun objet ne peut être adéquatement donné dans l'expérience. Elles ne sont

200 | ni des intuitions (comme celles d'espace et de temps) ni des sentiments (comme en recherche la théorie du bonheur) : les uns et les autres appartiennent à la sensibilité ; elles sont les concepts d'une perfection dont l'homme peut toujours s'approcher sans pouvoir jamais l'atteindre pleinement.

La *spéculation* (hors de la saine raison) est un usage de la raison qui passe à côté de sa fin dernière ; en partie par incapacité, en partie par une erreur de point de vue. La *folie raisonnante* consiste à suivre les principes pour la forme de la pensée ; mais à se servir, quant au sujet et au but, de moyens qui leur sont exactement contraires.

Les *subalternes* ne doivent pas se perdre en spéculations (ergotages), car souvent le principe de leur action doit leur être dissimulé, ou du moins leur demeurer inconnu ; mais celui qui donne des ordres (le général) doit être pouvu de raison : car on ne peut lui donner d'instruction pour chaque cas qui se présente. Mais qu'il ne soit pas permis à celui qu'on appelle laïc de faire usage de sa raison dans les choses de la religion – du moment qu'il faut l'honorer comme une morale – qu'il doive suivre le *prêtre* (clerc) qui y est préposé, c'est-à-dire une raison étrangère, c'est là une exigence qui n'est pas justifiée ; car en morale chacun doit être responsable lui-même de ce qu'il fait, directement ou indirectement, et ce n'est pas à ses dépens que le prêtre aura à en rendre compte.

Mais dans ce domaine les hommes inclinent à placer leur sécurité dans la renonciation à tout usage propre de la raison et dans la soumision passive et obéissante à des règlements établis par de saints personnages. La raison n'en est pas tellement le sentiment de leur impuissance à examiner (car l'essentiel de la religion est bien la morale, qui très tôt apporte sa lumière à chaque homme), mais la *ruse* : pour une part, ils veulent pouvoir reporter sur d'autres la responsabilité d'une faute éventuelle ; pour une autre part, et surtout, ils veulent échapper, de la bonne façon, à l'essentiel (la conversion du cœur) qui est bien plus difficile que le culte.

Exiger de l'homme la *sagesse*, en tant qu'elle est l'idée d'un usage pratique de la raison qui soit parfait et conforme aux lois, c'est beaucoup trop demander ; mais même sous sa forme la plus rudimentaire un homme ne peut pas l'inspirer à un autre ; chacun doit en être l'auteur lui-même. Le précepte pour y parvenir comporte trois maximes directrices : 1) penser à soi-même ; 2) se penser (dans la communication avec les hommes) à la place de l'autre ; 3) penser toujours en accord avec soi-même.

201 | L'âge auquel l'homme parvient à l'usage parfait de sa raison peut être situé à la vingtième année quand on considère son *habileté* (savoir-faire en fonction du but qu'on se propose), à la quarantième pour la *perspicacité* (utiliser les autres hommes à ses fins propres) ; finalement à la soixantaine pour la *sagesse* ; mais à cette dernière époque, elle convie, d'une manière plutôt négative, à comprendre les folies des deux premières périodes ; on peut dire alors : « il est dommage de devoir mourir au moment où l'homme vient tout juste d'apprendre comment il aurait dû vivre ». Mais même alors, il est rare qu'on porte un tel jugement, car l'attachement à la vie est d'autant plus fort qu'elle a moins de valeur tant pour l'action que pour le plaisir.

§ 44. La faculté de trouver le particulier pour l'appliquer au général (la règle) est le *jugement* ; de même la faculté de penser le général pour l'appliquer au particulier est l'*esprit* (*ingenium*). Dans le premier cas, il s'agit de remarquer les différences dans une multiplicité qui est en partie identique ; dans le second, il s'agit de l'identité d'une multiplicité qui est en partie différente. Dans l'un et l'autre, l'éminence du talent consiste à remarquer les plus petites ressemblances ou dissemblances. Cette faculté est l'*acuité d'esprit* (*acumen*) : la *subtilité* consiste à faire des remarques de ce genre ; si elles n'enrichissent pas la connaissance, ce sont de vaines finesses, des *arguties oiseuses* (*vanae argutationes*) ; et la manière dont elles utilisent l'entendement a beau n'être pas fausse, elle a le tort d'être inutile. – L'acuité n'est pas associée simplement au jugement : elle s'ajoute aussi à l'esprit. Son mérite, dans le premier cas, doit être considéré comme l'*exactitude* (*cognitio exacta*), dans le second comme la *richesse* d'une tête bien faite ; c'est pourquoi on parle des *fleurs de l'esprit* ; la nature, en effet, semble plutôt se jouer dans ses fleurs, et dans ses fruits au contraire elle paraît accomplir un travail ; de même le talent, dans l'esprit, est considéré comme d'un rang inférieur (selon les fins de la raison) à celui qu'on trouve dans le jugement. – L'entendement sous sa forme commune et saine ne prétend ni à l'esprit ni à l'acuité : ceux-ci constituent une sorte de luxe intellectuel, alors que l'entendement se limite à ce qui est véritablement nécessaire.

| DES DÉFICIENCES ET DES MALADIES DE L'ÂME EN RAPPORT   **202**
AVEC LA FACULTÉ DE CONNAÎTRE

A. *Division générale*

§ 45. Les défauts de la faculté de connaître sont ou bien des *déficiences* ou bien des *maladies* de l'esprit. Les maladies de l'âme qui concernent la faculté de connaître se divisent en deux espèces principales. L'une consiste dans des *chimères* (hypochondries), l'autre dans des *perturbations de l'esprit* (manie). Dans la première le malade est conscient que le cours de ses pensées n'est pas juste, car sa raison, en soi-même, n'a pas de puissance suffisante pour diriger ce cours, le freiner, ou l'accélérer. Joies et chagrins intempestifs, et par suite caprices, alternent en lui, comme le temps qu'on doit prendre comme il vient. La seconde maladie consiste dans le cours arbitraire des pensées, qui a ses propres règles (subjectives), mais dans un sens opposé aux règles (objectives) qui coïncident avec les lois de l'expérience.

Concernant la représentation sensible, la perturbation de l'esprit peut être ou bien *imbécilité* ou bien *délire*. En tant que trouble du jugement et de la raison elle est *divagation* ou *démence*. Celui qui néglige habituellement de confronter ses imaginations avec les lois de l'expérience (qui rêve éveillé) est un homme atteint de *fantasmes* (un chimérique); mais que l'*émotion* vienne s'y ajouter et c'est un *enthousiaste*. Les accès inopinés qui saisissent les personnes chimériques sont des *crises* de fantasmagorie (*raptus*).

Le simple, l'innocent, l'idiot, le sot, le niais, le fat ne se distinguent pas seulement de celui qui a l'esprit perturbé, par le degré de l'altération, mais aussi par sa qualité différente ; leur infirmité ne suffit pas à les envoyer à l'hôpital des fous, c'est-à-dire en un lieu où, sans qu'on tienne compte de leur maturité ou de la vigueur de leur âge, une raison étrangère doit, pour les moindres affaires de la vie, les soumettre à l'ordre. Le délire s'il est doublé d'émotion est *extravagance* ; il lui arrive souvent d'être original tout en étant involontaire dans ses accès ; comme l'inspiration poétique (*furor poeticus*) il est alors aux limites du *génie* ; quand un pareil accès, où les idées jaillissent aisément | mais sans règles, concerne la raison, on l'appelle *exaltation*. Quand on *s'entête* sur une seule et même idée, qui ne peut pourtant conduire à rien, par exemple la perte d'un époux qu'on ne peut pas rappeler à la vie, et quand on cherche ainsi une consolation dans la douleur elle-même, on tombe dans une *démence* muette. La *superstition* est à comparer plutôt au *délire*, l'*exaltation* à la *divagation*. De ce dernier type de malade, on dira qu'il est *excité* ou encore que c'est un esprit *excentrique*.

On ne doit pas considérer comme folie, puisqu'ils sont passagers, les propos insensés des fiévreux, ou la crise de fureur apparentée à l'épilepsie ; elle est parfois suscitée sympathiquement par la vivacité de l'imagination, quand on se contente de regarder fixement un furieux (c'est pourquoi on ne doit pas conseiller aux gens qui ont un système nerveux très susceptible, d'aller, par curiosité, dans la cellule de ces malheureux). – Avoir une *lubie* n'est pas une maladie de l'âme ; par là on entend d'ordinaire une altération du sens intime qui l'assombrit ; c'est chez la plupart une présomption qui confine au délire ; ils désirent qu'en se comparant à eux, les

203

autres se méprisent, et ils vont par là à l'encontre de leur dessein, car ils incitent les autres à trouver tous les moyens possibles de porter atteinte à tant d'outrecuidance, à harceler, à ridiculiser cette insolente folie. – La *chimère* (marotte) qu'on nourrit en soi, s'exprime d'une façon plus mesurée : il s'agit d'un principe, qui mériterait d'être populaire, mais qui n'a pas de succès auprès des sages ; il concerne le don des pressentiments, de certaines inspirations semblables au génie de Socrate, de certaines influences, qui devraient être fondées sur l'expérience bien qu'elles soient inexplicables – effets de la sympathie, de l'antipathie, de l'idiosyncrasie (*qualitates occultae*) ; elles font dans la tête comme un bruit de grillon, mais nul ne peut les entendre. – Le plus modéré de tous les écarts qui franchissent la frontière de l'entendement sain, c'est le *dada* ; c'est un goût particulier à s'occuper comme d'une affaire sérieuse d'objets imaginaires avec lesquels l'entendement ne fait que se distraire : une sorte d'oisiveté active. Pour les personnes d'âge qui vivent dans le repos et l'aisance, cette attitude d'esprit qui ramène en quelque sorte à l'enfance n'est pas simplement profitable parce qu'elle donne à la santé un mouvement qui tient en éveil la force vitale ; mais elle a aussi son charme ; sans doute prête-t-elle à sourire, | mais de 204 telle sorte que celui dont on se moque rit lui-même de bon cœur. – Chez les jeunes gens et les personnes occupées, ces dada servent de délassement, et les raisonneurs dont le sérieux pédantesque blâme ces petites folies innocentes méritent bien la réplique de Sterne : « Laisse donc chacun parcourir sur son dada les rues de la ville, pourvu qu'il ne te force pas à monter derrière lui »[*].

---

[*] Sterne, *Tristan Shandy*, I, chap. 7.

B. Des déficiences
   de l'esprit quant à la faculté de connaître

§ 46. Qui manque d'esprit a la *tête obtuse* (*obtusum caput*) ;
il peut du reste avoir une dose convenable d'entendement et de
raison ; mais il ne faut pas lui demander de jouer au poète ; ainsi
Clavius que son maître d'école voulait mettre en apprentissage chez le maréchal-ferrant parce qu'il ne pouvait faire des
vers, dès qu'il eut entre les mains un livre de mathématiques,
devint, dans cette spécialité, un grand savant. – Avoir la
compréhension *lente* n'est pas avoir la *tête faible* ; de même
celui qui saisit *promptement* n'est pas toujours profond ; il est
souvent superficiel.

L'absence de jugement quand on est sans esprit, c'est la
stupidité (*stupiditas*) ; cette même absence quand on a de
l'esprit, c'est la *sottise*. – Qui montre du jugement dans les
affaires est *avisé* ; si de plus il a de l'esprit, il est *intelligent*. –
On a de l'aversion pour celui qui ne fait qu'effectuer une de
ces qualités, le *plaisantin* aussi bien que le *raisonneur*. – C'est
à ses propres dépens qu'on apprend à se déniaiser ; mais celui
qui a été si loin à cette école qu'il dessille, à leurs dépens, les
yeux des autres, est un *roué*. – Ignorance n'est pas stupidité ; à
un professeur qui lui demandait si les chevaux mangeaient la
nuit, une dame répliqua : « Comment un homme aussi savant
peut-il être aussi stupide ? ». D'ailleurs c'est faire preuve
d'entendement que de savoir poser des questions – que ce soit
à la nature ou à autrui.

Est *simple* celui dont l'entendement ne peut pas saisir
beaucoup à la fois ; mais il n'est pas stupide s'il ne le saisit pas
de travers. Honnête mais stupide (c'est ainsi que certains
décrivent les serviteurs poméraniens) est une façon de s'exprimer qui est erronée et blâmable. Elle est erronée : car l'honnêteté (fidélité au devoir reposant sur des principes) est la
205 raison pratique | elle-même. Elle est hautement blâmable : car

elle présuppose que chacun mentirait s'il se sentait doué pour le mensonge, et que s'il ne ment pas, c'est qu'il n'en a pas la faculté. C'est pourquoi les expressions : « il n'a pas inventé la poudre, il ne trahira pas son pays, il n'est pas grand sorcier » trahissent des principes de misanthropie ; c'est dire qu'on peut être sûr des gens qu'on connaît, non parce qu'on leur suppose une volonté bonne, mais parce qu'on admet leur incapacité. Ainsi, dit Hume, le grand sultan ne confie pas son harem à la vertu de ceux qui doivent le surveiller, mais à leur impuissance (à des ennuques noirs). – Avoir un *domaine* de concepts très limité (être *borné*) ne constitue pas encore la stupidité : celle-ci dépend du *caractère propre* des concepts (les principes). – Que les gens se laissent leurrer par les chercheurs de trésors, les faiseurs d'or, les organisateurs de loterie, n'est pas à mettre au compte de leur bêtise, mais de leur volonté mauvaise : devenir riche aux dépens des autres sans effort approprié. L'*astuce*, la *rouerie*, la *ruse* (*versutia*, *astutia*) forment l'aptitude à tromper les autres. On pose alors la question : le trompeur doit-il être plus avisé que celui qui se laisse tromper et est-ce ce dernier qui est stupide ? *De l'homme de bonne foi* qui accorde facilement sa confiance (qui croit, qui fait crédit), on dit que c'est un *niais* parce qu'il est une proie facile pour les coquins ; mais bien injustement, comme dans le dicton : quand les niais viennent au marché, les vendeurs se frottent les mains. Je ne me fie plus jamais, il est vrai, et j'ai raison, à qui m'a trompé une fois : c'est qu'il est corrompu dans ses principes. Mais ne se fier à personne d'*autre* parce que j'ai été trompé par quelqu'un, c'est faire preuve de misanthropie. Le niais, à vrai dire, c'est le trompeur. – Mais que se passe-t-il, s'il a conscience de s'être mis, par une escroquerie de grande envergure, en état de n'avoir plus besoin d'autrui, ni de sa confiance ? Dans ce cas, il se manifeste sous un tout autre jour : alors que le trompeur trompé est tourné en ridicule, le

trompeur heureux est honni ; ce qui ne présente pas d'avantage
bien durable [1].

1. Les palestiniens qui vivent parmi nous ont dû leur esprit d'usure depuis
leur exil, au moins auprès de la grande masse, à une réputation de tromperie
qui n'est pas sans fondement. Certes, il paraît étrange de concevoir une *nation*
de trompeurs, mais il est tout aussi étrange de concevoir une nation de
marchands dont la plus grande partie, liée par une antique superstition
206 | qu'accepte l'état où ils vivent, ne cherche aucune dignité civile, mais veulent
remplacer ce dommage par les avantages de la supercherie aux dépens du
peuple qui les abrite et aux dépens les uns des autres. Dans une nation de
marchands, membres improductifs de la société (par exemple les Juifs de
Pologne), il ne peut pas en être autrement ; leur constitution sanctionnée par
d'anciens règlements, reconnue même par nous au milieu de qui ils vivent
– nons avons en commun certains livres sacrés – ne peut être supprimée sans
inconséquence, bien qu'ils fassent de l'expression : « Acheteur, ouvre les
yeux », le principe supérieur de leur morale dans le commerce avec nous.
– Au lieu de plans oiseux pour moraliser ce peuple, du point de vue de la
tromperie et de l'honnêteté, je préfère donner ma conjecture sur l'origine de
cette disposition particulière (celle d'un peuple essentiellement marchand).
– La richesse, dans les temps anciens, a été amenée par le commerce avec les
Indiens et de là, par la route des terres, elle est passée aux rives orientales de la
Méditerranée, et aux portes de Phénicie (dont fait partie la Palestine). – Il est
vrai qu'elle a pu cheminer par bien d'autres relais, par exemple Palmyre, et
dans les temps anciens Tyr, Sidon ou encore traverser la mer par Eziongeber
et Elat, aller également depuis la côte arabe jusqu'à Thèbes, et ainsi à travers
l'Égypte jusqu'à la côte syrienne ; mais la Palestine dont Jérusalem était la
capitale présentait bien des avantages pour le commerce des caravanes.
On peut conjecturer que le phénomène de l'ancienne richesse de Salomon en
était l'effet, et le pays d'alentour fut peuplé de marchands jusqu'au temps des
Romains ; après la destruction de la ville, comme ils avaient entretenu un
commerce étendu avec d'autres commerçants de la même langue et de la
même croyance, ils se sont peu à peu répandus avec l'une et l'autre dans des
pays fort éloignés (en Europe) ; ils sont ainsi restés en liaison et les états où ils
se rendaient les ont protégés à cause des avantages de leur commerce ; de telle
sorte que leur dispersion à travers le monde, avec l'unité de leur religion et de
leur langue, ne doit pas être mise au compte d'une malédiction pesant sur ce
peuple ; on doit plutôt la considérer comme une bénédiction. La richesse de
ces gens, si on la calcule par individu, dépasse probablement la richesse de
tout autre peuple d'un nombre égal de personnes (a).

| § 47. La *distraction* (*distractio*), c'est l'état de l'attention **206** quand elle se détourne de certaines représentations dominantes, et qu'elle se disperse vers d'autres représentations de nature différente. Si elle est intentionnelle, elle s'appelle *dissipation*; quand celle-ci est involontaire, c'est l'*absence* (*absentia*) à soi-même.

C'est une déficience de l'esprit que d'être fixé par l'imagination reproductrice à une représentation à laquelle on a consacré une attention vive ou continue, et de ne pas pouvoir s'en détacher, c'est-à-dire libérer à nouveau le cours | de **207** l'imagination. Si ce mal est habituel et porte sur un seul et même objet, il peut tourner au délire. Être distrait en société est impoli et souvent ridicule. Les femmes ne sont guère victimes de ces crises de distraction : à moins qu'elles ne doivent s'occuper de science. Un domestique qui est distrait dans son service de table a d'ordinaire quelque mauvaise action en tête, dont il projette le dessein ou dont il redoute les conséquences.

Mais se distraire, c'est-à-dire créer une diversion pour l'imagination involontairement reproductrice (le prêtre par exemple, après avoir prononcé son sermon appris par cœur, veut empêcher qu'il lui revienne sans cesse en tête) est une conduite indispensable, bien que partiellement artificielle, pour l'hygiène de l'esprit. Une réflexion continue sur un seul et même objet laisse derrière soi comme une résonance ; ainsi une musique de danse, si elle dure longtemps, retentit un bon moment dans l'esprit de celui qui revient de la fête ; les enfants répètent sans cesse un bon mot de leur façon, surtout s'il est bien rythmé. Cette résonance fatigue et on ne peut en venir à bout qu'en se distrayant et en tournant son attention vers d'autres objets, par exemple la lecture des journaux. – Se recueillir pour être prêt à toute nouvelle occupation restaure l'équilibre des forces de l'âme, et favorise la santé de l'esprit. Une conversation en groupe sur des sujets variés, et menée comme un jeu, en est le plus salutaire moyen ; elle ne doit pas pourtant sauter d'un sujet à l'autre en dépit de la parenté naturelle des idées. Car le groupe se désagrège comme l'esprit d'un homme distrait, quand on saute du coq à l'âne et que l'entretien manque tout à fait d'unité ; l'esprit est en proie au désordre et a besoin d'une seconde distraction pour échapper à la première.

On voit qu'il y a pour les gens occupés un art relevant de l'hygiène de l'esprit, un art de se distraire pour rassembler ses forces. – Quand on a rassemblé ses idées, c'est-à-dire qu'on les a mobilisées pour la fin qu'on se propose, on ne peut pas être traité de *distrait* parce qu'on s'abandonne à ses pensées dans un endroit qui ne convient pas ou au cours d'un entretien **208** d'affaire sans en tenir compte ; | on mérite seulement le reproche d'être absent, ce qui, il faut le dire, est malséant en *société*. Ce n'est donc pas un art à la portée du commun que celui de se distraire sans pour autant être distrait ; cette dernière attitude, si elle devient habituelle, donne à l'homme qui la prend l'aspect d'un rêveur et le rend inutile pour la société, puisqu'il suit aveuglément dans son libre jeu une imagination que n'ordonne pas la raison. – La lecture des romans a pour conséquence, parmi bien d'autres altérations de l'humeur, de rendre la distraction habituelle. Sans doute, en dessinant des caractères qu'on peut trouver chez les hommes réels (bien qu'avec une certaine exagération), les romans offrent à la pensée le même enchaînement qu'une histoire vraie et doivent en faire le récit d'une manière systématique ; cependant, ils permettent à l'esprit, pendant la lecture, d'intercaler des digressions (c'est-à-dire d'autres événements à titre de fictions), et le cours des pensées prend une allure tellement fragmentaire que les représentations d'un seul et même objet jouent dans l'esprit sur le mode de la dispersion (*sparsim*) et non sur celui de la cohérence (*conjunctim*) conforme à l'unité de l'entendement. Celui qui enseigne dans une chaire ou dans une salle de cours, le procureur ou l'avocat, s'il lui faut dans une libre improvisation, démontrer son point de vue, doit manifester trois formes d'attention : d'abord celle qui porte sur la perception de ce qu'il dit *au moment même* pour le représenter clairement ; deuxièmement celle qui porte sur la perception rétrospective de ce qu'*il a dit* ; troisièmement celle qui porte sur la perception prospective de ce qu'*il veut dire*. Car s'il néglige de faire attention à l'un de ces trois éléments, s'il néglige de les placer dans cet ordre, il tombe dans la distraction, entraînant avec lui ses auditeurs et lecteurs ; et même un bon esprit ne peut manquer dans ce cas d'être appelé *confus*.

§ 48. Un entendement qui en lui-même est sain (sans déficience d'esprit) peut cependant être atteint d'incapacités dans son exercice ; celles-ci imposent que la majorité du sujet soit retardée jusqu'à la maturité convenable, ou qu'il soit remplacé par une autre personne pour les affaires civiles. Quand un homme, sain par ailleurs, est frappé d'incapacité dans l'usage particulier de son entendement pour les affaires civiles, on dit qu'il est *sous tutelle* ; si cette incapacité est due à la non maturité de l'âge, c'est la *minorité* ; quand elle repose sur des dispositions | légales, on peut sl'appeler tutelle *civile* 209 ou *légale*.

Les enfants sont par nature en état d'incapacité, et leurs parents sont leurs tuteurs naturels. A tout âge la femme se voit refuser la capacité civile ; son mari est son curateur naturel. – Sans doute la femme par sa nature a la langue assez bien pendue pour représenter elle-même et représenter son mari – dans l'ordre de la parole – même devant un tribunal (pour les questions d'intérêt) ; par conséquent, on pourrait dire qu'elle est surémancipée*; mais les femmes ne peuvent pas plus défendre personnellement leurs droits et leurs affaires civiles qu'il leur appartient de faire la guerre; elles ne peuvent le faire que par l'intermédiaire d'un représentant; et cette irresponsabilité légale du point de vue des affaires publiques ne les rend que plus puissantes dans l'économie de la maison : là en effet joue le droit du plus faible que le sexe masculin par sa nature se sent appelé à protéger et à défendre.

Renoncer soi-même à sa capacité, malgré la dégradation que cela peut comporter, offre cependant de bien grands avantages; et naturellement, il ne peut pas manquer de chefs pour savoir utiliser cette docilité de la grande masse (car elle a de la difficulté à former elle-même son unité) et pour savoir représenter comme immense, comme mortel le danger de se servir de son entendement sans être guidé par quelqu'un. Les chefs d'États s'intitulent *pères de la patrie* parce qu'ils s'entendent mieux que leurs *sujets* à les rendre heureux; le peuple cependant est condamné pour son propre bien à une tutelle permanente; et quand Adam Smith dit injustement de ces chefs d'États qu'ils sont les plus grands gaspilleurs du monde, il est contredit par les lois somptuaires qui ont été promulguées avec sagesse dans beaucoup de pays*.

Le clerc maintient le laïc en tutelle, avec rigueur et constance. Le peuple n'a ni voix ni jugement pour fixer le chemin qu'il doit prendre pour gagner le royaume des cieux. Il n'a pas besoin de ses yeux d'homme; on le conduira; et on a beau lui mettre les textes sacrés entre les mains, pour qu'il voit
210 de ses propres yeux, il est aussitôt | averti par ses guides qu'il

---

*Le texte allemand repose sur un jeu de mots : *Ummundigkeit*, qui désigne l'incapacité juridique du sujet en tutelle; *Mundwerk*, qui désigne familièrement la langue (la langue bien pendue), et *Uebermundig*, qui veut dire à la fois : plus qu'émancipé, et mieux que doué pour la parole.

* Adam Smith, *La Richesse des nations*, livre II, chap. III.

« ne doit rien y trouver que ce que ceux-ci assurent y trouver » ; et partout le maniement mécanique des hommes sous le gouvernement des autres est le moyen le plus sûr pour qu'on obéisse à l'ordre légal.

Les hommes de science laissent en général leur femme les tenir en tutelle et conduire la maison ; un savant enfoui dans ses livres répondait à un serviteur criant qu'il y avait le feu dans une pièce : « Vous savez que ces sortes de choses regardent ma femme ». – Enfin un dissipateur qui a acquis sa capacité juridique, peut sur l'intervention de l'état retomber en tutelle, si, sa majorité légale une fois acquise, il a manifesté une déficience de l'entendement dans l'administration de sa fortune et s'il fait figure d'enfant ou d'imbécile ; mais le jugement sur ce point sort du domaine de l'Anthropologie.

§ 49. Celui à qui on ne peut rien enseigner est *fruste* (*hebes*), comme le sont un couteau ou une hache qui n'ont pas été trempés ; il est incapable d'*apprendre*. De celui qui n'est capable que d'imitation, on dit que c'est un *nigaud* ; mais celui qui est capable de création dans le domaine de l'esprit ou de l'art, celui-là est une *tête*. Fort différente est cette simplicité qui par opposition à l'*artifice* fait dire : « L'art parfait redevient nature » ; on n'y parvient que tard ; c'est la faculté de parvenir à un résultat identique en économisant les moyens (c'est-à-dire sans détour). Celui qui possède ce don (le *sage*) n'est pas, dans sa simplicité, un simple.

On entend surtout par *stupide* celui qu'on ne peut pas utiliser dans les affaires sérieuses, parce qu'il ne possède pas de jugement.

L'*insensé* sacrifie ce qui a une valeur à des fins qui n'en ont pas : par exemple le bonheur de son foyer à une vie brillante hors de chez lui. S'il pousse cette faiblesse jusqu'à la rendre choquante, c'est un *fat*. On peut dire de quelqu'un qu'il est peu sensé sans lui faire offense ; il peut même le confesser ; mais

personne ne supporte d'être traité de *fat*, c'est-à-dire, selon
Pope, d'instrument d'un coquin [1]. L'*arrogance* est *fatuité*; car
211   il est insensé d'exiger | des autres qu'ils se déprécient par
rapport à moi : ils me *contrecarreront* toujours et s'opposeront
à mon projet; cela ne peut conduire qu'à la moquerie. Mais
dans cette prétention se glisse aussi quelque chose d'offensant
qui suscite une haine méritée. Dire d'une femme qu'elle est *fat*
n'a pas une signification aussi sévère : car un homme ne croit
pas pouvoir être offensé par la vaine prétention d'une femme.
Ainsi la *fatuité* semble être liée à la notion de l'orgueil
masculin. – Si on taxe de fatuité un homme qui ne porte tort
qu'à lui-même (une fois en passant, ou continuellement), on
ajoute une certaine haine au mépris qu'on a pour lui; il ne nous
a pourtant pas offensé; mais on doit penser qu'il fait offense à
l'humanité en général, et par voie de conséquence à autrui.
Celui qui agit contre son intérêt véritable sera parfois taxé de
fatuité bien qu'il ne fasse dommage qu'à soi-même. Arouet, le
père de Voltaire, disait à quelqu'un qui le félicitait de la
célébrité de ses fils : «Mes deux fils sont fats : l'un en vers,
l'autre en prose». L'un fut persécuté pour s'être jeté dans le
Jansénisme, l'autre dut expier à la Bastille ses poésies
satiriques. En général l'insensé place dans les choses, et le fat
en lui-même, plus de valeur que raisonnablement ils ne
devraient le faire.

Les termes de *dadais* et de *benêt* impliquent que leur
sottise soit de la niaiserie. Le premier désigne la niaiserie chez
un jeune homme, le second chez un homme âgé. Séduits par

---

1. Si aux bouffonneries de quelqu'un, on répond : « Vous n'êtes pas
malin », c'est une expression un peu triviale pour «*vous plaisantez*», ou
«vous n'êtes guère *sensé*». Un homme sensé est un homme qui juge avec
exactitude et sens pratique, mais spontanément. L'expérience peut rendre
intelligent un homme sensé, c'est-à-dire le rendre apte à l'utilisation
concertée de son entendement ; mais c'est la nature seule qui le rend sensé.

des coquins et des filous, le premier fait pitié, le second fait rire. Un philosophe et poète allemand, homme d'esprit, fait comprendre les termes de « fat » et de « sot », (sous l'étiquette commune de « fou »*), par exemple : « Le premier c'est un jeune allemand qui va à Paris ; le second, c'est le même une fois qu'il est revenu de Paris »*.

*

On appelle *imbécillité* une déficience totale de l'esprit ; il n'accède même pas à l'usage animal de la force vitale (comme les crétins du Valais) | ou ne parvient qu'à une imitation pure- 212 ment mécanique des actions extérieures qui sont possibles aux animaux (couper, creuser) ; on ne peut pas dire que c'est une maladie de l'âme, mais plutôt une absence d'âme.

C. Des maladies de l'esprit

§ 50. Comme on l'a vu plus haut, la division essentielle s'établit entre les *chimères* (hypochondrie) et les *perturbations de l'esprit* (manie). Le nom de la première* est emprunté, par analogie, au bruit strident que fait entendre le grillon dans la maison, au milieu du calme de la nuit, troublant le repos de l'esprit qui est requis pour le sommeil. Voici en quoi consiste la maladie des hypochondriaques : certaines sensations internes découvrent moins un mal réel et actuel dans le corps qu'elles n'en font naître le souci ; et la nature humaine a cette propriété particulière (inexistante chez l'animal) de renforcer ou de prolonger, par l'attention portée à certaines sensations locales, le sentiment qu'on en a ; au contraire quand, à dessein,

---

* Ces trois mots sont en français dans le texte.
* Selon Stark (*Immanuel Kant's Menschenkunde der philosophische Anthropologie*, p. 130) le mot serait de A.G. Kästner.
* Le mot allemand est *Grillenkrankheit*.

ou à cause d'autres occupations qui distraient, on en fait
abstraction, elles s'affaiblissent; si cette abstraction devient
habituelle, elles disparaissent entièrement[1]. De cette manière
l'hypochondrie dans la mesure où elle est la maladie des
chimères est à l'origine du mal physique purement imagi-
naire; le malade a conscience que ce sont des imaginations;
mais de temps en temps il ne peut s'empêcher de les tenir pour
réelles: ou inversement, à partir d'un mal physique réel
(comme la sensation d'étouffement après le repas due à l'absorption d'une nourriture flatueuse), il ne peut s'empêcher
d'imaginer que mille accidents extérieurs et soucis fâcheux
surviennent dans ses affaires; mais tout ceci s'évanouit, dès
que, la digestion achevée, la flatuosité disparaît. – L'hypochondriaque est un homme de chimères (de fantasmagorie) de
la plus pitoyable espèce : entêté à ne pas se laisser désabuser de
ses imaginations et s'accrochant aux basques du médecin,
213   pour qui il est une croix, | et qui ne peut le calmer que comme
un enfant (avec des boulettes de mie de pain au lieu de
médicament), si ce patient (avant d'être valétudinaire, il peut
n'avoir jamais été malade) prend conseil dans les ouvrages de
médecine, il devient alors complètement insupportable, car il
croit éprouver tous les maux qu'il découvre dans les livres. –
Pour caractériser cette imagination, il faut ajouter l'enjouement extraordinaire, l'esprit vif, le rire joyeux, auxquels
ce malade se sent parfois livré et qui forment le jeu toujours
changeant de ses humeurs. La crainte anxieuse et infantile à la
pensée de la mort alimente cette maladie; celui qui n'a pas
assez de courage viril pour détourner les yeux d'une pareille
pensée ne sera jamais complètement heureux.

---

1. Dans un autre texte, j'ai fait cette remarque : le fait de détourner
l'attention de certaines sensations douloureuses et de l'appliquer à quelque
autre objet, que la pensée a saisi volontairement, est capable d'assurer le
défense contre ces sensations, et les empêcher de tourner à la maladie*.

En deçà des limites de la perturbation, il y a l'*altération soudaine de l'humeur* (*raptus*) : le saut inopiné d'un thème à un autre, entièrement différent, auquel personne ne s'attend. Parfois ce changement précède une perturbation qu'elle annonce, mais souvent la tête est si troublée que ces crises deviennent la règle. – Le suicide n'est souvent que l'effet d'un *raptus* : celui qui se tranche la gorge dans l'excès d'une passion se laisse patiemment faire une suture quelques instants après.

La *songerie mélancolique* (*melancholia*) peut être une affliction simplement illusoire, que se crée le *morose* persécuteur de soi-même (toujours prêt à se ronger). A vrai dire elle n'est point encore une perturbation de l'esprit, mais elle peut y conduire. – Il existe d'ailleurs une expression erronée encore que souvent employée : on parle de la songerie profonde du mathématicien (par exemple le professeur Hausen), alors qu'on entend seulement sa pensée profonde *.

§ 51. Les *propos délirants* de l'homme éveillé, au cours d'un état fiévreux, constituent une maladie physique qui relève de mesures médicales. Seul est appelé *fou* celui chez lequel le médecin ne perçoit pas d'accident morbide de cette sorte : le mot *dérangé* est une expression atténuée qui a le même sens. Quand quelqu'un a provoqué intentionnellement un malheur, et que la question est de savoir s'il est coupable, et de quelle culpabilité il s'agit, quand il faut donc décider s'il était alors fou ou non, le tribunal ne doit pas le renvoyer à la Faculté de médecine mais à celle de philosophie (en déclarant la cour incompétente). Car la question de savoir si l'accusé au moment de son acte était en possession de ses facultés d'entendre et | de juger est tout entière de l'ordre de la 214 psychologie : sans doute l'atteinte physique des organes de

---

* Le texte allemand joue sur les mots *Tiefsinnigkeit* et *Tiefdenken*.

l'âme est à l'origine de cette *transgression* non naturelle de la loi du devoir (qui habite en chaque homme); cependant les médecins et les physiologistes n'en sont pas au point de comprendre la structure de la machine en l'homme avec assez de profondeur pour expliquer la crise qui a conduit à une pareille abomination ou pour la prévoir à l'avance (sans faire l'anatomie du corps). Quand elle veut démêler si le criminel était en état de folie ou s'il a pris sa décision en pleine santé de l'entendement, la *médecine judiciaire* (*medicina forensis*) se mêle d'une affaire qui lui est étrangère; le juge n'y entend rien : tout au plus peut-il, puisqu'elle ne relève pas de son tribunal, la renvoyer à une autre faculté[1].

§ 52(a). Il est difficile d'introduire une division systématique dans ce qui est désordre essentiel et incurable. Il n'est d'ailleurs pas utile de se donner cette peine : comme les forces du sujet (à la différence de ce qui se passe dans les maladies physiques) ne participent pas à la guérison, et que celle-ci cependant ne peut être acquise qu'en faisant usage de l'entendement même du sujet, toutes les méthodes thérapeutiques doivent rester sans efficacité. Cependant l'Anthropologie, bien qu'elle ne puisse être dans ce domaine qu'indirectement pragmatique, en recommandant la simple abstention, impose qu'on recherche un cadre général pour cette dégradation qui est de toute la plus profonde, tout en ayant son origine dans la

---

1. Un tel juge déclara folle une désespérée qui avait assassiné un enfant, parce qu'elle avait été condamnée à la détention : il la fit ainsi échapper à la peine de mort. – Car, dit-il, celui qui de fausses prémisses tire de fausses conclusions est fou. Or cette personne avait admis comme principe que la détention est un déshonneur indélébile, pire que la mort (ce qui est faux); elle en vint à la décision de mériter la mort. Par conséquent elle était folle, et comme telle devait échapper à la peine capitale. En suivant cette argumentation, il serait facile de proclamer que tous les criminels sont des fous qu'il faudrait plaindre et soigner, sans les punir.

nature. On peut distinguer, d'une façon générale, la folie *désordonnée*, *méthodique* et *systématique*.

1) *La confusion mentale* (*amentia*) est l'incapacité d'établir entre ses représentations l'enchaînement requis pour la possibilité de l'expérience. Dans les maisons de fous, ce sont les femmes, à cause de leur | aptitude au bavardage, qui sont le 215 plus souvent soumises à cette maladie ; dans leurs récits, la vivacité de leur imagination introduit tant de parenthèses que personne ne comprend ce qu'elles veulent dire au juste. Cette première forme de folie est *désordonnée*.

2) Le *délire* (*dementia*) est cette perturbation de l'esprit dans laquelle tout ce que le fou raconte est bien à la mesure des lois formelles de la pensée pour la possibilité de l'expérience, mais dans laquelle il tient pour perceptions des représentations forgées par une imagination fausse. A cette catégorie appartiennent ceux qui croient avoir des ennemis tout autour d'eux ; qui considèrent la mimique des autres, leurs paroles, leurs actions, d'ailleurs indifférentes, comme dirigées contre eux et comme autant de pièges qui leur sont tendus. Leur malheureux délire est si pénétrant pour expliquer ce que les autres font en toute ingénuité, l'interprétant comme tramé contre eux, qu'on devrait rendre hommage à leur entendement, si seulement les faits étaient exacts. Je n'ai jamais vu qu'un homme ait été guéri de cette maladie, car c'est une disposition singulière que l'extravagance qui raisonne. Il ne faut pas cependant les mettre au rang des fous d'hôpitaux : car, inquiets seulement d'eux-mêmes, ils n'emploient leur finesse supposée qu'à survivre, sans constituer un danger pour les autres : par conséquent, ils n'ont pas à être enfermés pour des raisons de sécurité. Cette deuxième forme de folie est *méthodique*.

3) L'*extravagance* (*insania*) est une perturbation de la faculté de juger : l'esprit est captivé par des analogies, qu'il confond avec les concepts de choses semblables ; et ainsi l'imagination, par un jeu qui, en liant les choses disparates, ressemble à l'entendement, donne l'illusion d'une universalité, qui réunirait ces représentations. Les malades de ce genre sont pour la plupart satisfaits ; ils composent des inepties, et se complaisent dans la richesse d'un réseau de concepts qui peuvent, croient-ils, concorder. Cette sorte de folie ne peut pas être guérie ; comme la poésie en général, elle est créatrice et sa diversité amuse. – Cette troisième forme est méthodique, mais *fragmentaire* seulement.

4) La *vésanie* (*vesania*) est l'état pathologique d'une raison perturbée. Le malade vole bien au-dessus de l'échelle de l'expérience ; il court après des principes qui peuvent se dispenser de la pierre de touche de l'expérience, et il se flatte de comprendre l'incompréhensible. La découverte | de la quadrature du cercle et du mouvement perpétuel, la mise à jour des forces suprasensibles de la nature, et la compréhension du mystère de la Trinité sont en son pouvoir. Il est le plus calme de tous les sujets de l'hôpital et ses spéculations, toutes repliées sur elles-mêmes, l'éloignent plus que tout autre de la fureur ; avec une totale et présomptueuse confiance en soi, il détourne les yeux de toutes les difficultés de la recherche. Cette quatrième forme de folie, on pourrait l'appeler *systématique*.

Car dans cette dernière forme de perturbation de l'esprit, il ne s'agit pas simplement d'un désordre et d'une déviation à partir des règles de l'usage de la raison, mais aussi d'une déraison positive, c'est-à-dire d'une autre règle, d'un point de vue entièrement différent vers lequel l'âme est en quelque sorte déplacée : voyant tous les objets autrement et se trouvant décalée, hors du *sensorium* commun requis pour l'unité de la vie (animale), vers un point qui en est très éloigné (d'où le terme d'*aliénation*), comme il en est d'un paysage montagneux dont le dessin à vol d'oiseau permet sur la région un jugement tout autre qu'à partir de la plaine. A vrai dire l'âme ne se voit ni se sent à une autre place (car elle ne peut pas se percevoir en un lieu spatial sans tomber dans une contradiction, puisqu'elle se verrait elle-même comme objet de son sens externe, alors qu'elle ne peut être pour elle-même qu'objet de sens interne). Mais c'est ainsi qu'on explique, comme on peut, ce qu'on appelle l'aliénation. Toutefois, il est étonnant que les forces de l'esprit dérangé s'ordonnent en un système et que la nature s'efforce d'introduire, même dans la déraison, un principe qui les lie, afin que la faculté de penser ne reste pas désœuvrée, sinon objectivement pour la connaissance vraie des choses, du moins subjectivement pour les fins de la vie animale.

Au contraire, quand on cherche par un moyen physique, à s'observer aux confins de la folie, en s'y transportant volontairement pour mieux saisir les phénomènes involontaires, on garde assez de raison pour pouvoir en analyser les causes. Mais il est dangereux de faire des expériences avec l'esprit, et de le rendre, jusqu'à un certain point, malade pour l'observer, et rechercher sa nature à travers les phénomènes qui se produisent alors. – Ainsi van Helmont veut avoir eu après absorption d'une certaine dose de Napelle (une racine vénéneuse) la sensation que | sa pensée se situait dans son estomac. 217 Un autre médecin augmenta petit à petit sa dose de camphre jusqu'à avoir l'impression d'un grand tumulte dans la rue. Plusieurs ont si longtemps expérimenté l'opium que leur esprit défaillait s'ils diminuaient l'usage de cet excitant de la pensée. – Un délire provoqué artificiellement pourrait facilement devenir un vrai délire.

Remarques dispersées

§ 53. En même temps que se développe le germe qui sert à la reproduction, se développent aussi les germes de la folie : celle-ci est alors héréditaire. Il est dangereux de se marier dans une famille où il y a eu même un seul fou. Beaucoup d'enfants d'un couple restent protégés de cette hérédité défectueuse parce que tous tiennent du père ou de ses ascendants ; cependant si dans la famille de la mère, il y eu un seul enfant malade (bien qu'elle même ait échappé au mal) il arrive qu'un rejeton naisse dans ce ménage qui tienne de la famille maternelle (la ressemblance physique en témoigne) et qui souffre d'une perturbation héréditaire de l'esprit.

Souvent on prête à cette maladie des causes accidentelles ; on doit alors la représenter non pas comme héréditaire, mais comme acquise, comme si le malheureux en était coupable. « Il est devenu fou par amour » dit-on de l'un ; de l'autre : « l'orgueil l'a dérangé » ; d'un troisième : « il s'est épuisé au travail ». Tomber amoureux d'une personne, qu'il serait, à cause de son état, de la dernière démence d'épouser, n'est pas la cause mais l'effet de la folie ; quant à l'orgueil, la prétention d'un homme sans importance à obtenir que les autres s'inclinent devant lui présuppose une folie sans laquelle il n'en serait pas tombé là.

Il n'est pas nécessaire de prévenir les jeunes gens contre l'épuisement dû aux études[1] ; la jeunesse a bien plutôt besoin d'un aiguillon que d'une bride. L'effort le plus continu et le plus violent dans ce domaine peut bien fatiguer l'esprit au

218 |

---

1. C'est un phénomène habituel de voir le commerce exténuer les marchands qui épuisent leurs forces dans des plans trop vastes. Mais l'exagération du zèle chez les jeunes gens (si, par ailleurs ils ont l'esprit sain) n'est pas à redouter pour des parents soucieux. La nature prévient d'elle-même de pareilles surcharges du savoir : celui qui étudie se dégoûte des choses sur lesquelles il s'est cassé la tête, et en vain.

point qu'on prenne la science en aversion, mais il ne peut pas *troubler l'esprit*, s'il n'est pas déjà faussé, et si on n'a pas déjà pris goût aux livres mystiques et aux révélations qui dépassent l'entendement de l'homme sain. Du même ordre est le penchant à se consacrer à la lecture de livres qui sont imprégnés de religiosité et à ne s'intéresser qu'à la lettre, sans considérer l'élément moral; un auteur a trouvé pour cela l'expression : « c'est un textomane ».

Y a-t-il une différence entre la folie générale (*delirium generale*) et celle qui s'attache à un objet déterminé (*delirium circa objectum*)? J'en doute. Car la *déraison* (qui est quelque chose de positif et non pas simplement un manque de raison) est, comme la raison elle-même, une pure forme à laquelle les objets peuvent correspondre et toutes les deux s'élèvent à l'universel. Mais quand vient à éclater la disposition à la folie (événement inopiné la plupart du temps), ce qui se présente tout d'abord à l'esprit (le sujet de rencontre sur lequel on divague par la suite) devient le thème privilégié de l'exaltation : c'est que la nouveauté de l'impression s'attache plus fortement en lui que les expériences ultérieures.

On dit aussi de quelqu'un qui a le cerveau dérangé : « Il a passé la ligne », comme si un homme qui passe la ligne médiane de la région tropicale était en danger de perdre l'entendement. Mais ce n'est qu'une méprise; on veut dire seulement : le sot qui espère en allant aux Indes découvrir de l'or sans se donner de mal, fait là un projet de fou; pendant qu'il est au travail sa récente folie se développe, et à son retour, même si la fortune lui a souri, la maladie atteint son point culminant.

Lorsque quelqu'un *parle* avec lui-même, ou qu'on le surprend en train de *gesticuler* dans sa chambre, on soupçonne qu'il a l'esprit un peu dérangé. – Le soupçon est plus fort encore s'il se croit | gratifié et visité par des inspirations ou un 219 commerce de conversation avec des essences supérieures ; mais ce soupçon ne concerne pas celui qui tient les saints pour capables de ces intuitions supra-sensibles, tout en ne s'imaginant pas avoir été élu pour cela, confessant même ne pas le souhaiter et s'excluant ainsi lui-même.

Le seul caractère général de l'aliénation est la perte du *sens commun* et l'apparition d'une singularité logique (*sensus privatus*) ; par exemple un homme voit en plein jour sur sa table une lumière qui brûle, alors qu'un autre à côté de lui ne la voit pas ; ou il entend une voix qu'aucun autre ne perçoit. Pour l'exactitude de nos jugements en général et par conséquent pour l'état de santé de notre entendement, c'est une pierre de touche subjectivement nécessaire que d'appuyer notre entendement sur celui d'*autrui* sans nous *isoler* avec le nôtre, et de ne pas faire servir nos représentations *privées* à un jugement en quelque sorte *public*. C'est pourquoi l'interdiction des livres qui ne visent que des opinions théoriques (surtout s'ils n'ont pas d'influence sur les formes légales de l'action et de la permission) fait tort à l'humanité. Car on nous enlève par là sinon le seul moyen, du moins le plus important et le plus utilisable qui puisse justifier nos propres pensées ; c'est ce que nous faisons en les exposant publiquement pour voir si elles s'accordent avec l'entendement d'autrui ; autrement, on prendrait facilement pour objectif ce qui n'est que subjectif (par exemple une habitude ou une inclination) ; c'est en cela que consiste l'*apparence* dont on dit qu'elle trompe ; ou plutôt c'est par là que l'homme est induit à se tromper lui-même dans l'application d'une règle. – Celui qui, sans avoir recours à ce critère, s'entête à faire valoir son opinion personnelle en dehors ou même en dépit du sens commun, s'abandonne à un jeu de la pensée, où il voit, se conduit et juge non pas dans un monde éprouvé en commun avec les autres, mais dans un monde qui lui est propre (comme dans le rêve).

– Parfois un esprit, lucide au demeurant, veut communiquer ses perceptions externes, mais ses expressions l'empêchent de s'accorder avec le principe du sens commun, et il s'entête dans une opinion qui lui est propre. Ainsi Harrington, le profond auteur de *Oceana* avait cette chimère que des exhalaisons (*effluvia*) jaillissaient de sa peau sous la forme de mouches. Mais il se pourrait bien que ce fussent des influences électriques sur un corps chargé lui-même d'électricité (on prétend ailleurs avoir eu | des expériences de ce genre); et il a **220** peut-être voulu par là signifier une ressemblance de son impression avec ce jaillissement, et non pas la perception visuelle des mouches.

L'aliénation accompagnée de *fureur* (*rabies*), c'est-à-dire d'une émotion de colère (contre un objet vrai et imaginé), rend insensible à toute influence de l'extérieur; elle est simplement une variété de la perturbation d'esprit; elle paraît souvent plus effrayante qu'elle ne l'est dans ses conséquences; comme le paroxysme dans une maladie inflammatoire, elle n'est pas tellement enracinée dans l'âme que suscitée par des causes matérielles et un médecin peut facilement en venir à bout avec une prescription.

DES TALENTS DANS LA FACULTÉ DE CONNAÎTRE

§ 54. Par *talent* (don de la nature) on entend cette supériorité de la faculté de connaître, qui ne dépend pas de l'instruction mais de la disposition naturelle du sujet. Ce sont l'*esprit productif* (*ingenium strictius sive materialiter dictum*), la *sagacité*, et l'*originalité* dans la pensée (le génie).

On est spirituel ou bien en *comparant* (*ingenium comparans*) ou bien en *argumentant* (*ingenium argutans*). Cet esprit *joint* (*assimile*) des représentations hétérogènes qui souvent, selon la loi de l'imagination (de l'association), sont fort éloignées l'une de l'autre ; c'est une faculté d'assimilation qui relève de l'entendement (en tant que faculté de la connaissance de l'universel) dans la mesure où il ramène les objets à des espèces. Il a besoin ensuite de la faculté de juger pour déterminer le particulier sous l'universel, et appliquer la faculté de penser à la *connaissance*. – Avoir de l'esprit (oralement ou par écrit) ne peut s'apprendre par le mécanisme de l'école et sa contrainte, mais relève, comme talent particulier, d'une sensibilité *généreuse* dans l'échange des pensées (*veniam damus petimusque vicissim*) : d'une propriété de l'entendement en général fort difficile à expliquer – en quelque sorte sa complaisance – qui contraste avec la *rigueur* de l'entendement (*judicium discretivum*) dans l'application de l'universel au particulier (des concepts de classes à ceux d'espèces) : c'est que celle-ci limite aussi bien le pouvoir d'assimilation que la tendance à assimiler.

221 | DE LA DIFFÉRENCE SPÉCIFIQUE DE L'ESPRIT QUI COMPARE ET DE L'ESPRIT QUI SPÉCULE

A. *De l'esprit productif*

§ 55. Il est agréable, plaisant et encourageant de trouver des ressemblances entre des choses dissemblables et ainsi – c'est ce que fait l'homme spirituel – de donner à l'entendement une matière pour rendre ses concepts universels. Au contraire le jugement, qui limite les concepts et contribue plus à leur rectification qu'à leur élargissement, a droit à tous les honneurs, mais il est sérieux, rigoureux, limitatif du point de vue de la liberté de penser et pour cela même il plaît peu. Ce que fait directement et indirectement l'esprit de comparaison est plutôt du jeu ; le jugement plutôt du travail. Celui-là est plutôt la fleur de la jeunesse, celui-ci le fruit mûr de l'âge.

Celui qui dans une œuvre de l'esprit réunit les deux à un degré élevé est *judicieux* (*perspicax*).

L'esprit cherche à être *inspiré*; le jugement s'efforce d'être éclairé. La circonspection est une vertu de bourgmestre (protéger et administrer la ville sous le commandement supérieur du suzerain, selon les lois données). Au contraire la hardiesse à se prononcer, qui fait fi des scrupules du jugement, a été, par ses concitoyens, mise au crédit de Buffon, le grand auteur du système de la nature, bien que de tels coups d'audace aient eu un air d'impertinence (frivolité). – L'*esprit* s'intéresse surtout à la *sauce*, le jugement à la *nourriture*. La chasse aux mots d'esprit (bons mots) telle que l'abbé Trublet en fait un riche étalage, en se mettant l'esprit à la torture, rend superficiel et dégoûte finalement les esprits profonds. Il est inventif dans le domaine des modes, c'est-à-dire dans les règles de conduite qui ne plaisent que par leur nouveauté et qui, avant même de passer dans l'usage, doivent être remplacées par d'autres formes tout aussi passagères.

L'esprit qui joue avec les mots est *insipide*; mais la vaine rumination du jugement (micrologie) est *pédantesque*. L'esprit de malice naît de la disposition pour le *paradoxe*: derrière un ton sincère de naïveté se montre l'espièglerie sournoise qui expose au ridicule un homme (ou ses opinions); | cependant ce qui est le moins digne d'applaudissements est 222 exalté avec d'apparents éloges (persiflage); par exemple : « on range dans la poésie l'art de Swift » ou le *Hudibras* de Butler; cette sorte d'esprit qui rend ce qui est méprisable plus méprisable encore par le contraste, est très stimulante par la surprise de l'inattendu; cependant ce n'est que du jeu et de l'esprit facile (comme celui de Voltaire); au contraire, de celui qui donne un vêtement à des principes vrais et importants (comme Young dans ses *Satires*), on peut dire qu'il a l'esprit pesant : car c'est là un *travail* qui suscite plus d'admiration que d'amusement.

Un *proverbe* (*proverbium*) n'est pas un *mot d'esprit* (bon mot) : c'est une formule devenue commune, où s'exprime une pensée qui se propage par imitation ; il peut bien avoir été dans la bouche du premier un mot d'esprit. Parler par proverbes, c'est le langage du peuple ; mais quand on fréquente un monde raffiné, c'est faire preuve d'un manque total d'esprit.

La profondeur n'est pas l'affaire de l'esprit ; mais dans la mesure où celui-ci, par l'élément figuratif qu'il ajoute aux pensées, peut être un véhicule ou un voile pour la raison et pour son maniement dans le domaine des idées morales et pratiques, il est possible de concevoir qu'on ait de l'esprit avec profondeur (à la différence de l'esprit superficiel). Parmi les sentences de Samuel Johnson sur les femmes, qu'on prétend dignes d'admiration, on rapportera celle qui se trouve dans la *Vie de Waller* : « Il loua sans aucun doute beaucoup de femmes qu'il aurait redouté d'épouser, et il épousa peut-être une femme qu'il aurait eu honte de louer ». Le jeu de l'antithèse constitue ici tout ce qui mérite l'admiration : la raison n'y gagne rien. – Mais pour les grands problèmes de la raison, son ami Boswell ne cessait d'implorer en vain un oracle qui aurait trahi le moindre esprit : tout ce qu'il proférait sur les points difficiles de la religion ou du droit d'un gouvernement, ou simplement sur la liberté humaine en général, tombait dans la plus grande grossièreté, tant le despotisme dans la discussion lui était naturel, et avait été renforcé en outre par les flatteurs qui l'avaient gâté ; cette grossièreté que ses adulateurs se **223** plaisaient à appeler rudesse [1] | montrait son incapacité à être

---

1. Boswell raconte qu'un Lord exprimait en sa présence un regret que Johnson n'ait pas reçu une meilleure éducation. Buretti répondit : « Non, non, Mylord ! Vous auriez pu faire avec lui ce que vous auriez voulu, il serait toujours resté un ours ». — « Un ours qui danse ? » dit l'autre ; ce qu'un

dans le même mouvement de pensée à la fois spirituel et profond. – Les hommes influents, en n'écoutant pas ses amis qui le proposaient pour le Parlement comme un député particulièrement utile, semblent avoir rendu justice à son talent. – Car l'esprit qui suffit à la rédaction du dictionnaire d'une langue ne réussit pas du fait même à susciter et à animer les idées de la raison qui sont requises pour la compréhension des affaires importantes. – Celui qui y est destiné se pénètre spontanément de l'esprit de modestie ; la méfiance dans ses propres talents qui consistent à ne pas décider seul, mais à prendre en considération le jugement des autres (au besoin implicitement) est une qualité que Johnson n'a jamais pratiquée.

B. *De la sagacité ou du don d'examen*

§ 56. *Découvrir* quelque chose (qui est caché en nous-mêmes) nécessite dans beaucoup de cas un talent particulier ; il faut connaître la manière dont on doit chercher : avoir reçu de la nature le don de juger à l'avance (*judici prævii*) où doit se trouver la vérité, afin de suivre les choses à la trace et d'utiliser les plus minces motifs de parenté qui permettent de découvrir ce qu'on cherche. La logique des écoles n'apprend rien dans ce domaine, mais Bacon de Verulam a donné dans son *Organon* un exemple éclatant de la manière dont l'expérience peut découvrir la nature cachée des choses. Mais même cet exemple ne suffit pas pour enseigner, selon les règles déterminées, la manière de mener avec bonheur une recherche : car on doit toujours présupposer un point de départ (commencer par une hypothèse) ; et ceci d'après des principes, en suivant certains indices et tout dépend de la manière dont on les repère. Mais risquer à l'aveugle la chance qui fait trébucher

---

troisième voulut atténuer en disant : « Il n'a rien d'un ours que le poil ! ».

sur une pierre, découvrir un minerai, et mettre à jour un filon, c'est là une mauvaise prescription pour la recherche. Pourtant
224 il y a des gens qui, avec une sorte de baguette magique | entre les mains, ont le talent de trouver la piste des trésors de la connaissance, sans aucun apprentissage ; ils ne peuvent alors l'enseigner aux autres, mais seulement leur montrer comment on s'y prend puisque c'est un don de nature.

C. *De l'originalité du pouvoir de connaître ou du génie*

§ 57. *Inventer* est tout autre chose que *découvrir*. Car ce qu'on découvre est considéré comme déjà existant sans être révélé, par exemple l'Amérique avant Colomb ; mais ce que l'on invente, la poudre à canon par exemple, n'était pas connu avant l'artisan qui l'a fabriqué[1]. Les deux choses peuvent avoir leur mérite. On peut trouver quelque chose que l'on ne cherche pas (comme l'Alchimiste le Phosphore) et ce n'est pas un mérite. – Le talent d'inventeur s'appelle le *génie*, mais on n'applique jamais ce nom qu'à un *créateur*, c'est-à-dire à celui qui s'entend à *faire* quelque chose et non pas à celui qui se contente de connaître et de savoir beaucoup de choses ; on ne l'applique pas à qui se contente d'imiter, mais à qui est capable de faire dans ses ouvrages une production originale ; en somme à un créateur, à cette condition seulement que son œuvre soit un modèle (*exemplar*). Donc le génie d'un homme est « l'originalité exemplaire de son talent » (pour tel ou tel genre d'œuvre d'art). Mais on appelle aussi génie un esprit qui a une semblable disposition ; c'est que ce mot ne doit pas signifier seulement les dons naturels d'une personne, mais

---

1. La poudre à canon, bien avant l'époque du moine Schulz, avait été utilisée pendant le siège d'Algésiras, et sa découverte semble revenir aux Chinois. Il peut arriver que cet Allemand ayant eu cette poudre entre les mains ait tenté de l'analyser (par le lessivage du salpêtre, le lavage du charbon, et la combustion du soufre) ; ainsi il l'a découverte, il ne l'a pas inventée.

cette personne elle-même. Être un génie dans de nombreux domaines, c'est être un vaste génie (comme Léonard de Vinci).

Le champ qui est propre au génie est celui de l'imagination, car elle est créatrice, et elle se trouve moins que les autres facultés sous la contrainte des règles ; elle n'en est que plus capable d'être originale. | La mécanique de l'enseignement qui force sans cesse l'élève à imiter est évidemment nuisible au germe d'un génie et à son originalité. Mais chaque création a besoin de certaines règles mécaniques fondamentales, pour adapter l'œuvre à l'idée qui lui est sous-jacente, c'est-à-dire à la *vérité* dans la présentation de l'objet pensé. Cela, c'est la rigueur de l'école qui doit l'apprendre, et c'est assurément un effet de l'imitation. Mais libérer l'imagination de cette contrainte, et laisser le talent singulier se retourner contre la nature, échapper aux règles et s'exalter, ce serait donner expression à une folie originale peut-être, mais qui ne saurait être exemplaire et ne saurait donc être mise au compte du génie.

Le *principe spirituel* est en l'homme le principe qui *vivifie*. En français « Geist » et « Witz » ont le même nom : Esprit*. En Allemand, il est autrement. On dit : un discours, un écrit, une dame dans une réunion sont beaux ; mais le principe spirituel leur fait défaut. Les ressources du jeu d'esprit ne font pas là l'affaire ; elles peuvent même provoquer le dégoût ; car leur action ne laisse derrière elle aucune trace durable. Pour dire que ces choses ou ces personnes sont animées par un principe spirituel, il faut qu'elles éveillent un *intérêt* et ceci par les *Idées*. Car cet intérêt met en mouvement l'imagination qui voit devant elle un vaste espace libre pour ces sortes de concepts. On pourait traduire le mot français « génie » par

225

---

* En français dans le texte.

l'expression allemande : principe spirituel de l'individu ; car notre nation se laisse persuader que les Français ont un mot pour cela dans leur langue, alors que nous n'en avons pas et que nous devons le leur emprunter ; cependant eux-mêmes l'ont emprunté au Latin (*genius*) qui ne signifie rien d'autre que le principe spirituel de l'individu.

Si l'originalité exemplaire du talent est désignée par ce nom mystique, c'est que celui qui le possède ne peut pas s'en expliquer les irruptions ou comprendre comment il en est venu à créer sans aucun apprentissage. L'*invisibilité* (de la cause pour un effet) est un concept annexe de celui de principe spirituel, de *genius*, dont a été pourvu l'homme de talent dès sa naissance et dont il ne fait en quelque sorte que suivre l'inspiration. L'imagination doit provoquer dans l'esprit un mouvement harmonieux ; s'il n'en est pas ainsi, il n'y a pas animation mais perturbation réciproque, et ce mouvement harmonieux, c'est la nature du sujet | qui doit le provoquer ; c'est pourquoi on peut appeler génie, le talent « par lequel la nature donne à l'art sa règle ».

§ 58. Le monde, au total, tire-t-il un profit particulier des grands génies parce qu'ils frayent souvent de nouveaux chemins et ouvrent de nouvelles perspectives ? Ou bien les esprits mécaniques, tout en ne faisant pas époque, avec leur entendement quotidien qui s'avance lentement en s'aidant des cannes et des béquilles de l'entendement, n'ont-ils pas apporté la plus grande contribution à l'accroissement des sciences et des arts (parce que, sans susciter l'admiration, ils n'ont provoqué aucun désordre) ? Questions qu'on peut ici laisser de côté. Mais sous cette enseigne s'est imposée une espèce d'hommes appelés *géniaux* (ce sont plutôt des singes du génie) ; elle parle le langage des esprits que la nature a favorisés plus qu'à l'ordinaire ; elle tient pour gâchis les fatigues de l'apprentissage et de la recherche, allègue avoir acquis en un tournemain l'esprit des sciences et ne l'offrir que concentrée en petites doses énergiques. Cette race, comme celle des charlatans et des bateleurs, porte un grave préjudice au progrès de la culture scientifique et morale, quand du haut des chaires de la sagesse, elle tranche sur la religion, la politique ou la morale, s'entendant ainsi à cacher la misère de son esprit. Que faire contre elle que d'en rire et de poursuivre patiemment son chemin, dans l'application, l'ordre et la clarté, sans un regard pour ces cabotins ?

§ 59. Le génie semble, selon les différences de la nature et de la terre où il est né, comporter des germes originaires différents et les développer de façon diverse. Il se manifeste chez les Allemands plutôt que du côté de la *racine*, chez les Italiens vers la *frondaison*, chez les Français dans les *fleurs*, chez les Anglais dans les *fruits*.

L'esprit *universel* (qui saisit toutes les diverses sciences) diffère du génie en ce que celui-ci est inventif. Un esprit peut être universel dans le domaine de ce qui peut être appris : témoin celui qui possède, à la manière de J. C. Scaliger, la connaissance historique de ce qui a été fait dans toutes les sciences (*Polyhistor*). Le génie c'est l'homme dont l'esprit n'est pas tellement *étendu* que doué d'une *intensité* qui lui permet de faire époque dans tout ce qu'il entreprend (comme Newton, Leibniz). L'esprit *architectonique* qui saisit méthodiquement l'enchaînement de toutes les sciences et la manière dont elles se soutiennent les unes les autres n'est qu'un génie subalterne bien qu'il soit peu commun. | – Mais il y a aussi les 227 *géants* de l'érudition, qui en sont aussi les cyclopes, car il leur manque un œil : celui de la vraie philosophie qui permet à la raison d'utiliser opportunément cette masse de savoir historique qui pourrait charger cent chameaux.

Ceux dont l'esprit ne peut que suivre la nature (élèves de la nature* autodidactes) peuvent dans bien des cas passer aussi pour des génies ; c'est que, tout en ayant pu apprendre des autres beaucoup de ce qu'ils savent, ils l'ont tiré de leur propre réflexion ; et ils sont des génies dans ce qui n'est pas en soi matière à génie : ainsi, dans le domaine des arts mécaniques, bien des gens en Suisse sont des inventeurs ; mais les enfants prodiges (*ingenium praecox*) comme Henecke à Lubeck ou Baratier à Halle, font, dans leur brève existence, dévier la nature de ses règles ; ce sont des raretés pour un cabinet de naturaliste : leur précocité fait naître l'admiration, mais laisse au fond des regrets à qui les encourage.

*

L'usage complet de la faculté de connaître a besoin, pour accroître ses connaissances théoriques, de la raison qui prescrit les règles et qui seule peut favoriser son développement ; ce à quoi la raison prétend dans ce domaine peut donc se ramener à trois questions selon les trois facultés du pouvoir de connaître :

> *Qu'est-ce que je veux ?* demande l'entendement [1].
> *De quoi est-ce que cela dépend ?* demande le jugement.
> *Qu'en résulte-t-il ?* demande la raison.

Les esprits diffèrent beaucoup dans leur capacité à donner réponse à ces trois questions. La première n'exige qu'un esprit assez clair pour se comprendre lui-même ; et ce don de la nature est passablement répandu à un certain degré de culture, surtout quand l'esprit est attentif. – Il est beaucoup plus rare

---

* En français dans le texte.
1. Le vouloir est entendu ici au sens purement théorique : qu'est-ce que je veux affirmer comme *vrai*.

qu'on puisse donner une juste réponse à la seconde : car il existe bien des façons de déterminer le concept dont il est question et de résoudre au moins apparemment le problème ; quelle est la méthode exactement adaptée | dans les procès par **228** exemple, ou quand on dispose, pour un même but, de plusieurs plans d'action ? Il existe un talent de choisir ce qui convient dans certains cas (*judicium discretivum*) : talent qui, pour être souvent souhaité, n'en est pas moins rare. L'avocat, tout armé de mille raisons qui militent pour sa thèse, complique la décision du juge : car il va dans toutes les directions ; mais si, après avoir expliqué cc qu'il veut, il sait trouver le point dont cela dépend, on arrive vite à la conclusion, et la raison prononce d'elle-même sa sentence.

L'entendement est positif et dissipe les ténèbres de l'ignorance : le jugement est plus négatif ; il doit prévenir les erreurs qui naissent de cette lumière crépusculaire où apparaissent les objets. – La raison oblitère les sources de l'erreur (les préjugés) et donne une certitude à l'entendement par l'universalité des principes. – L'érudition livresque multiplie les connaissances, mais n'élargit pas le concept de la compréhension si la raison ne vient s'y ajouter. Mais celle-ci est différente de la *spéculation*, de ce jeu qui tente de se servir de la raison hors des lois de cette même raison. Posons la question de savoir si je crois aux fantômes : je peux à propos de leur possibilité *spéculer* à l'infini ; mais la raison interdit d'accepter superstitieusement la possibilité de ce phénomène sans un principe d'explication conforme aux lois de l'expérience.

En différenciant les esprits selon la manière dont ils considèrent les objets et dont ils se considèrent entre eux, en les frottant les uns contre les autres, en les associant et en les séparant, la nature forme, sur le théâtre de l'observation et de la pensée, un spectacle digne d'être vu pour son infinie diversité. Pour la catégorie des penseurs, les maximes suivantes (qui ont été citées plus haut comme conduisant à la sagesse) peuvent être prises pour d'immuables commandements :

1) Penser par *soi-même*.

2) Se mettre en pensée à la place des *autres* (dans la communication avec les autres).

3) En tout temps, penser *en accord avec soi-même*.

Le premier principe est négatif (*nullius addictus jurare in verba Magistri*) ; c'est celui de la pensée *libre de contrainte* ; le second est positif, c'est celui de la pensée *libérale*, qui s'accommode des concepts des autres, le troisième est celui de **229** la pensée *conséquente* | (logique) ; de chacun de ces principes, mais plus encore de leur contrainte, l'Anthropologie peut donner des exemples.

La révolution la plus importante dans le monde intérieur de l'homme, se produit quand « il quitte cette minorité dont il est lui-même responsable ». Ce ne sont plus les autres qui pensent pour lui, et qu'il se contente d'imiter ; il ne se laisse plus mener par la lisière ; il ose maintenant avancer lui-même, d'un pas qui est le sien, sur le sol de l'expérience, même s'il trébuche encore.

LE SENTIMENT DE PLAISIR ET DE DÉPLAISIR

I. Le *plaisir sensible*; II. Le *plaisir intellectuel*. Le premier est représenté ou bien : A. par les *sens* (la jouissance); ou bien : B. par l'*imagination* (le goût). Le second (l'intellectuel), ou bien : a) par des *concepts* qu'on peut présenter, ou bien b) par des *idées*; de même leur contraire, le *déplaisir*.

Du plaisir sensible

A. *Du sentiment de l'agréable ou du plaisir sensible dans la sensation d'un objet*

§ 60. La *jouissance* est un plaisir dû aux sens et ce qui flatte les sens est *agréable*. La *douleur* est le déplaisir dû aux sens et ce qui le produit est désagréable. Ils ne s'opposent pas l'un à l'autre comme le profit et l'absence de profit (+ et 0), mais comme le profit et la perte (+ et -), c'est-à-dire non pas simplement comme des *contradictoires* (*contradictorie s. logice oppositum*), mais aussi comme des *contraires* (*contrarie s. realiter oppositum*). Les expressions de ce qui *plaît* ou *déplaît*, avec leur intermédiaire, ce qui est *indifférent*, sont trop larges, car elles peuvent convenir aussi au domaine intellectuel : là ils ne coïncident plus avec jouissance et douleur.

231 | On peut expliquer ces sentiments par l'action que la sensation de notre état exerce sur notre esprit. Ce qui m'incite, immédiatement (par les sens), à *abandonner* mon état (à sortir de lui) m'est *désagréable* – m'est une *douleur*; ce qui, de même, m'incite à le *maintenir* (à demeurer en lui), m'est *agréable*, m'est une jouissance. Mais nous sommes sans répit emportés dans le flux du temps et dans le changement des sensations qui lui est lié. Bien que le fait de quitter un instant du temps et celui d'entrer dans un autre soient un seul et même acte (celui du changement), pourtant dans notre pensée et dans notre conscience ce changement est une succession, conforme au rapport de la cause et de l'effet. Une question se pose alors : est-ce que la conscience de quitter l'état présent, ou la perspective d'entrer dans l'instant à venir, éveille en nous la sensation de jouissance ? Dans le premier cas, la jouissance n'est que la suppression de la douleur et quelque chose de négatif; dans le second cas, ce serait la sensation anticipée d'un agrément, donc de l'augmentation du plaisir, par conséquent quelque chose de positif. On peut déjà deviner que seul le premier phénomène se produit – car le temps nous entraîne du présent vers l'avenir (et non inversement); et que nous sommes forcés de quitter le présent sans que soit déterminé dans *quel* autre présent nous allons entrer sauf que c'est un autre, qui seul peut être la cause du sentiment agréable.

La jouissance est le sentiment d'une promotion de la vie, la douleur celui d'une entrave à la vie. Mais, comme les médecins l'ont remarqué, la vie (de l'animal) est le jeu continu de leur antagonisme.

Donc, à toute jouissance, la douleur doit être antérieure; elle est toujours la première. Car la promotion continuelle de la force vitale, qui ne peut être poussée au-delà d'un certain degré, pourrait-elle avoir d'autre suite qu'une mort rapide sous l'effet de la joie?

Aucune jouissance ne peut succéder immédiatement à une autre; mais entre l'une et l'autre, il faut que la douleur s'insère. Il y a des petites inhibitions de la force vitale avec des promotions qui leur sont mêlées; elles constituent l'état de santé qu'à tort nous tenons pour un état de bien-être continuellement éprouvé; alors qu'il ne consiste qu'en sentiments agréables qui se succèdent par à-coups (toujours intercalés de douleur). La douleur est l'aiguillon de l'activité; c'est en elle, avant tout, que nous éprouvons notre vie; sans la douleur la vie viendrait à s'éteindre.

| Les douleurs qui mettent longtemps à passer (comme **232** dans la guérison progressive d'une maladie ou la lente reconstitution d'un capital perdu) n'ont pas pour conséquence une vive jouissance parce que le passage est insensible. – Je souscris, d'un plein assentiment à ces propositions du comte Véri*.

Explication par des exemples

Pourquoi le jeu (surtout lorsqu'on joue de l'argent) est-il si excitant, et, s'il n'est pas trop intéressé, la meilleure distraction et le meilleur repos après un long effort de pensée (car dans l'oisiveté, on ne se repose que lentement)? C'est qu'il est un état de perpétuelle alternance entre la crainte et l'espoir. Après le jeu, le souper est meilleur et on le prend avec plus d'appétit. – A quoi les spectacles – tragédies ou comédies – doivent-ils leur séduction? A ce que tous comportent de difficiles péripéties – appréhension et perplexité se mêlant à

---

* Pietro Verri, *Gedanken über die Natur des Vergnügens*, Leipzig, 1777, pp. 34, 56, 61 et 98.

l'espoir et à la joie – et ainsi le jeu des émotions opposées anime chez le spectateur le principe de la vie en le soumettant à un mouvement intérieur. – Pourquoi un roman d'amour se termine-t-il par un mariage, et pourquoi un volume supplémentaire, comme pour le roman de Fielding, ajouté par un gâcheur qui le continue après l'épisode du mariage, fait-il l'effet désagréable d'une faute de goût ? Parce que la jalousie, douleur des amants au milieu des joies et des espoirs, est pour le lecteur un piment avant le mariage, un poison après sa conclusion ; pour reprendre le langage des romans, « la fin des douleurs de l'amour, c'est la fin de l'amour lui-même » (il s'agit ici de l'amour accompagné d'*émotions*). Pourquoi le travail est-il la meilleure façon de jouir de la vie ? Parce que c'est une occupation pénible (en soi désagréable et rendue divertissante par le seul succès) et que le repos ne peut être éprouvé comme plaisir, comme joie, que s'il met un terme à une longue incommodité ; autrement, il n'y aurait rien en lui de bien délectable. – Le tabac qu'on fume ou qu'on prise est lié à une sensation désagréable. Mais parce que justement la nature (le nez et le palais secrétant des mucosités) supprime instantanément cette douleur, le tabac (surtout quand on le fume) forme une sorte de compagnie qui entretient et éveille de nouvelles sensations et aussi de nouvelles pensées, même si ces dernières ne sont que des vagabondages. Enfin celui

233   qu'aucune douleur positive n'incite à l'action | éprouvera en tous cas une douleur négative, l'*ennui*, absence de sensations que l'homme, habitué à leur changement, perçoit en lui-même lorsqu'il essaie de satisfaire son instinct vital ; et il l'éprouvera de telle sorte qu'il se sentira plus porté à se nuire à lui-même qu'à rester dans l'oisiveté totale.

DE L'ENNUI ET DU DIVERTISSEMENT

§ 61. Sentir sa vie, éprouver une jouissance, n'est donc rien d'autre que se sentir continuellement poussé à sortir de l'état présent (ce qui doit amener chaque fois le retour de la douleur). Par là s'explique aussi l'oppression, l'angoisse que fait peser l'ennui sur tous ceux qui portent attention à leur vie et au temps (c'est-à-dire les hommes cultivés[1]). Cette pression ou cette incitation à abandonner l'instant où nous nous trouvons et à passer au suivant, va s'accélérant et peut aller jusqu'à la décision d'en finir avec la vie; car l'homme de volupté a essayé toutes les formes de plaisir, et aucune n'est plus nouvelle pour lui; comme on le disait à Paris de Lord Mordaunt : « Les Anglais se pendent pour passer le temps ». Le vide des sensations, perçu en lui-même suscite un frisson d'horreur (*horror vacui*) et comme le pressentiment d'une mort lente qu'on tient pour plus pénible qu'un coup du destin rompant soudain le fil de la vie.

Ainsi s'explique également pourquoi tout ce qui abrège le temps est admis comme identique au plaisir; plus vite nous enjambons le temps, plus nous nous sentons réconfortés; c'est comme dans un groupe qui, au cours d'un voyage d'agrément en voiture, a fait conversation trois heures durant; | quelqu'un 234 regarde alors sa montre, et s'écrie joyeusement : « Mais

---

1. Ce qu'il y a d'inertie naturelle chez le Caraïbe l'affranchit de cette peine. Il peut rester pendant des heures, la ligne à la main, sans rien faire; l'absence de pensée est un défaut de stimulation dans l'activité; elle produit toujours une douleur : le Caraïbe en est exempt. – Notre monde de lecteurs au goût raffiné est toujours tenu en appétit par des écrits éphémères, et même dans une fringale de lecture (forme d'oisiveté), qui n'a pas pour fin la culture, mais la jouissance; de sorte que ces esprits restent toujours vides et n'ont pas à craindre d'être saturés; car ils prêtent à leur active oisiveté le vernis du travail et font par là-même miroiter à leurs propres yeux la dignité d'un passe-temps qui n'est pas plus valable toutefois que celui offert au public par le *Journal du Luxe et de la Mode*.

comme le temps a filé! », ou bien « Le temps nous a paru bien court!». Au contraire, si l'attention au temps n'était pas une attention à la douleur par-dessus laquelle on essaie de passer, on regretterait à juste titre toute perte de temps. Des conversations où l'on n'échange que de rares idées, on dit qu'elles sont *ennuyeuses* et par là-même pénibles; et un homme *divertissant* sera considéré comme un personnage important, du moins comme un convive agréable, si, dès son arrivée, il déride tous les invités qui paraissent joyeux d'échapper à une corvée.

Mais comment expliquer le phénomène suivant : un homme qui, pendant la plus grande partie de sa vie, s'est torturé d'ennui au point que chaque jour lui était *trop long*, se plaint pourtant de la *brièveté* de la vie quand elle touche à sa fin? – La cause, il faut la chercher dans l'analogie avec une observation semblable : les lieues allemandes (ni mesurées, ni pourvues de bornes comme les vestres russes) deviennent plus courtes quand on s'approche d'une capitale (Berlin par exemple) et s'allongent quand on s'en éloigne : c'est que la masse compacte des objets perçus (villages et fermes) produit dans le souvenir la conclusion fausse qu'on a parcouru une grande distance, et que par conséquent on a eu besoin de plus de temps; dans l'autre cas, le vide laisse peu de souvenirs visuels; on en conclut que le chemin a été plus court et le temps par conséquent plus bref que ne l'indique la montre. – De même la multiplicité des divisions qui partagent la dernière tranche de la vie en occupations multiples fait imaginer à l'homme d'âge que le temps déjà parcouru est plus long qu'il ne l'avait cru en comptant les années; et c'est seulement en meublant le temps par des occupations dont le développement suit un plan et atteint la fin importante qu'on s'était proposé (*vitam extendere factis*) que l'on peut être heureux de sa propre vie et parvenir du fait même à la satiété :

« Plus tu as pensé et plus tu as agi, plus longtemps (même dans ta propre imagination) tu as vécu ». – De cette manière, on conclut sa vie dans la *satisfaction*.

Mais qu'en est-il de la *satisfaction* (*acquiescentia*) pendant la vie ? – Elle n'est pas accessible à l'homme : ni dans un sens moral (être satisfait de soi-même pour sa bonne volonté) ni dans un sens | pragmatique (être satisfait du bien- être qu'on pense pouvoir procurer par l'habileté et l'intel- ligence). La nature a placé en l'homme, comme stimulant de l'activité, la douleur à laquelle il ne peut se soustraire afin que le progrès s'accomplisse toujours vers le mieux ; et même à l'instant suprême, on ne peut se dire satisfait de la dernière partie de sa vie que d'une manière relative (en partie par comparaison avec le lot des autres, en partie par comparaison avec nous-mêmes) ; mais on ne l'est jamais purement ni absolument. Dans la vie, être satisfait (absolument), ce serait, hors de toute activité, le repos et l'inertie des mobiles ou l'engourdissement des sensations et de l'activité qui leur est liée. Un tel état est tout aussi incompatible avec la vie intel- lectuelle de l'homme que l'immobilité du cœur dans un orga- nisme animal, immobilité à laquelle, si ne survient aucune nouvelle excitation (par la douleur), la mort fait suite inévitablement.

Remarque : Dans cette section, il devait être question aussi des émotions, en tant que sentiments de plaisir et de déplaisir, qui dépassent en l'homme les limites de la liberté intérieure. Mais comme ces sentiments sont souvent mêlés à des passions dont va traiter une autre section, celle consacrée à la faculté de désirer, et qu'ils sont avec elles dans un rapport de parenté, j'entreprendrai de les expliquer à l'occasion de cette troisième section.

§ 62. La disposition habituelle à l'enjouement est dans la plupart des cas, une qualité du tempérament ; mais elle peut être aussi un effet des principes : ainsi, le principe d'Épicure que d'autres appellent *principe de plaisir*, décrié pour cela même, alors qu'il devrait désigner à proprement parler le *cœur continuellement enjoué* du sage. Est *d'humeur égale* celui qui ne se réjouit ni ne se trouble ; il est fort éloigné de celui qui, face aux accidents de la vie, est *indifférent*, ayant par conséquent le sentiment émoussé. – De l'indifférence se distingue l'humeur *capricieuse* (on l'a appelée probablement à l'origine lunatique*) ; c'est une disposition à des élans de joie ou de tristesse dont le sujet ne peut pas se rendre raison à lui-même, et qu'on rencontre surtout chez les hypochondriaques. Elle est tout à fait différente du talent fantasque (d'un Butler ou d'un Sterne) qui, par cette inversion volontaire que l'homme d'esprit fait subir aux objets (il les met pour ainsi dire sur la tête), offre dans une malicieuse ingénuité, au lecteur ou à l'auditeur, le plaisir de les remettre à l'endroit. – Le fait d'avoir de la *sensibilité* ne s'oppose pas à cette égalité d'humeur : c'est une | *faculté* et une *force* qui livrent accès à un état de plaisir comme de déplaisir ou qui en protège l'esprit ; elles impliquent donc un choix. Au contraire, la *sensiblerie* est une *faiblesse* : en participant aux états des autres, qui sont capables de jouer à leur gré sur le clavier de sa sensibilité, l'homme se laisse affecter même malgré lui. Le premier de ces traits est viril : car l'homme qui veut épargner à une femme ou à un enfant difficultés ou souffrances, doit avoir le sentiment assez délié pour juger de leur sensibilité non d'après sa propre *force*, mais d'après leur *faiblesse*, et la délicatesse de sa sensibilité est nécessaire à sa grandeur d'âme. En revanche la participation inactive du sentiment qui le met par sympathie à l'unisson

236

---

* Kant risque une éymologie : *lunatisch, launisch*.

des sentiments d'autrui et n'autorise d'affection que passive n'est que niaiserie et enfantillage. – Ainsi il peut et il doit y avoir une valeur de sainteté dans la bonne humeur; ainsi on peut et on doit faire un travail pénible avec bonne humeur et même mourir dans la bonne humeur : autant de choses qui perdent leur valeur si elles sont entreprises ou subies dans la mauvaise humeur ou des dispositions chagrines.

Quand on rumine volontairement une souffrance, dans la pensée qu'elle ne doit cesser qu'avec la vie, on dit qu'on est atteint par quelque chose (par un mal) jusqu'*au fond de l'âme*. – Mais rien ne doit jamais nous atteindre jusqu'au fond de l'âme, car ce qui ne peut être modifié doit être chassé de la pensée; il serait insensé de vouloir faire que ce qui s'est produit ne se soit pas produit. Vouloir s'améliorer est bien, et c'est un devoir; mais vouloir changer en mieux ce qui est désormais hors de notre pouvoir ne rime à rien. Cependant *prendre quelque chose à cœur* – avoir le ferme propos de prendre au sérieux les bons conseils ou les enseignements – consiste à orienter volontairement sa pensée de telle sorte que le vouloir lié à un sentiment assez fort peut lui permettre de s'exercer. – La pénitence de celui qui se châtie lui-même, au lieu de transformer rapidement ses dispositions en une conduite meilleure, est une peine entièrement perdue; elle a de plus cette conséquence funeste qu'il considère comme effacé par le fait même (par le repentir) le grand livre de ses fautes, se dispensant ainsi de l'effort d'amélioration qui, raisonnablement, devrait être alors redoublé.

§ 63. Il y a *une* manière de trouver son plaisir et de se *cultiver* en même temps : celle qui accroît la capacité à jouir de ce plaisir lui-même; il en est ainsi avec les sciences et les arts. Mais il y a une *autre* manière qui au contraire *détériore* : elle rend sans cesse moins capable | d'un plaisir ultérieur. Mais **237** quel est donc le chemin sur lequel on peut toujours chercher le

plaisir ? Comme on l'a dit plus haut, c'est une maxime importante de le mesurer de telle sorte qu'on puisse toujours en
trouver un plus grand : car la satiété provoque cet état de
dégoût qui fait de la vie un fardeau pour l'homme gâté, et qui,
sous le nom de vapeurs* consume les femmes. Jeune homme
(je le répète), prend le travail en affection ; refuse les jouissances, non pour y renoncer mais pour les conserver toujours,
autant que possible, à ton horizon. N'émousse pas trop tôt par
les plaisirs la sensibilité que tu as pour eux ! La maturité de
l'âge qui ne fait jamais regretter la disparition d'une jouissance physique, te garantira, dans ce sacrifice, un capital de
satisfaction indépendant du hasard ou des lois de la nature.

§ 64. A propos du plaisir et de la douleur, nous jugeons
aussi d'après une satisfaction ou un désagrément d'un niveau
supérieur (d'ordre moral), si nous devons nous les refuser ou
nous y abandonner.

1) L'objet peut être agréable, mais le plaisir qu'on y
trouve, *désagréable*. D'où l'expression de joie amère. Quand
on a des difficultés financières et qu'on hérite de ses parents
ou d'un proche estimable et bienfaisant, on ne peut pas éviter
de se réjouir de leur mort, ni non plus de se faire reproche de
cette joie. C'est ce qui se passe dans le cœur d'un adjoint qui
conduit au tombeau, avec une sincère tristesse, son vénéré
prédécesseur.

2) L'objet peut être désagréable, mais la douleur qu'on en
éprouve, *agréable*. D'où l'expression de *douleur douce* :
celle, par exemple, d'une veuve qui a été dans l'aisance et qui
refuse les consolations. Ce qui est souvent interprété, avec
irrévérence, comme de l'affectation.

---

* En français dans le texte.

En revanche, on peut se plaire à son propre plaisir : quand les choses dont on se fait honneur de s'occuper procurent du plaisir ; s'entretenir, par exemple, sur les beaux-arts, au lieu d'y prendre seulement une jouissance sensible et se complaire en outre à être capable d'un tel plaisir. – De même une douleur peut déplaire à celui qui l'éprouve. La haine d'un homme offensé est toujours une douleur ; mais si c'est un homme de bien, il ne peut éviter de se reprocher le ressentiment qu'il éprouve même après la réparation.

| § 65. Un plaisir qu'on se procure soi-même (s'il n'est pas   238
contraire aux lois) est deux fois éprouvé : d'abord parce qu'on l'a *acquis*, ensuite parce qu'on l'a *mérité* (dans son for intérieur, on met à son compte le fait d'en être l'auteur). – L'argent gagné par le travail fait plaisir, au moins d'une façon plus durable que celui qui est gagné au jeu. Et même si on fait abstraction de ce qu'il y a pour tout le monde de dommageable dans la loterie, le gain qu'elle permet a toujours quelque chose qui doit faire honte à un homme de bien. – Un mal, qui est dû à une cause extérieure, provoque de la souffrance ; mais si on en est soi-même coupable, on est désolé et accablé.

Mais comment peut-on expliquer et concilier qu'un mal dont les autres sont la cause provoque deux sortes de réflexion ? Par exemple une des victimes dira : « Je serais content si seulement j'en étais moi-même coupable » ; et l'autre : « Ce qui me console, c'est que je n'y suis pour rien ». – Subir une souffrance dont on n'est pas responsable exaspère, car le dommage vient d'un autre. – La subir, quand on en est responsable, accable, car on se fait des reproches intérieurs. – On voit aisément que des deux attitudes, la seconde est la meilleure.

§ 66. Et voici une remarque qui n'est pas des plus flatteuses pour l'homme ; son plaisir augmente s'il le compare à la douleur des autres ; quant à la douleur, elle diminue s'il la compare à ceux qui souffrent autant ou plus que lui. Mais c'est là un effet purement psychologique (selon la loi des contrastes : *opposita juxta se posita magis eluscecunt*) et n'a pas de rapports avec la conduite morale qui fait souhaiter aux autres du mal, afin de pouvoir éprouver d'une manière plus intime le confort de son propre état. Par la médiation de l'imagination, on partage la souffrance des autres (lorsqu'on voit quelqu'un perdre l'équilibre et près de tomber, on se penche malgré soi, et bien en vain, de l'autre côté, pour le remettre en quelque sorte d'aplomb) et on est heureux de n'avoir pas le même sort[1]. C'est pourquoi le peuple accourt, avec une vive curiosité, pour voir un criminel conduit au supplice, comme si c'était un spectacle. Car les mouvements de l'esprit et les sentiments qui s'expriment sur son visage | et dans son comportement agissent d'une façon sympathique sur le spectateur et laissent, après l'angoisse née de l'imagination (la solennité en accroît encore la force), un sentiment plein de douceur mais aussi de sérieux : celui d'une détente qui rend d'autant plus sensible la jouissance de vivre qui succède.

239

En comparant sa douleur à toutes celles qui auraient pu lui arriver, l'homme la rend plus supportable. Si quelqu'un s'est cassé la jambe, on peut lui rendre son malheur plus supportable en lui montrant qu'il aurait pu se rompre le cou.

La consolation la plus profonde et la plus facile de toutes les douleurs est une pensée qu'on peut bien suggérer à un homme raisonnable : que la vie en général, pour le plaisir qui dépend des circonstances, n'a pas de valeur propre, mais que

---

1. « Suave mari magno turbanitibus aequora ventis
Et terra magnum alterius spectare laborem ;
Non quia vesari quemquam est jucunda voluptas
Sed quibus ipse malis careas quia cernere suave est. » (Lucrèce, II, v. 1-4).

seuls l'usage qu'on en fait et le but vers lequel on la dirige ont de la valeur; et celle-ci, ce n'est pas le bonheur, mais la sagesse qui peut l'assurer à l'homme. Celui qui se préoccupe anxieusement de devoir la perdre ne sera jamais content de la vie.

B. Du sentiment du Beau
c'est-à-dire du plaisir en partie sensible, en partie intellectuel dans l'intuition réfléchie, ou encore du goût

§ 67. Le *goût*, au sens propre du terme, nous l'avons déjà vu, c'est la propriété que possède un organe (la langue, le gosier, le palais) d'être affecté de manière spécifique, dans la nourriture et la boisson, par certaines matières dissoutes. Son usage peut être conçu soit comme celui d'un goût qui *différencie* soit comme celui d'un goût qui *apprécie*, par exemple : est-ce amer ou sucré? ou bien ce qui a été dégusté (amer ou sucré) est-il agréable? Dans le premier cas, le goût peut permettre un accord général sur la désignation à donner à certaines matières; dans le second cas, il ne peut jamais permettre un jugement général : à savoir que ce qui m'est agréable (l'amer par exemple) le sera aussi pour tous les autres. La raison en est claire : le plaisir et le déplaisir n'appartiennent pas à la faculté de connaître dans son rapport à l'objet; ce sont des déterminations | du sujet qui ne peuvent 240 donc être mises au compte des objets extérieurs. Le goût d'appréciation contient donc le concept d'une différenciation selon le plaisir et le déplaisir, que je lie à la représentation de l'objet dans la perception ou l'imagination.

Mais le mot *goût* est pris aussi pour une faculté sensible de juger, non pas seulement, d'après la sensation qui vaut pour moi-même, mais aussi selon certaines règles de choix qu'on se représente comme valables pour chacun. Cette règle peut être *empirique*, mais alors elle ne peut prétendre à aucune universalité véritable, et par conséquent à aucune nécessité (dans le goût le jugement de tout autre *doit nécessairement* coïncider avec le mien). Ainsi pour les repas, la règle de goût est de commencer chez les Allemands par le potage, chez les Anglais par de la nourriture solide : une habitude progressivement étendue par l'imitation en fait une règle pour l'ordonnance d'une table.

Mais il y a aussi un goût dont la règle doit être fondée *a priori* parce qu'elle proclame *une nécessité*, par conséquent une validité pour chacun, dans le jugement qu'il faut porter sur la représentation d'un objet dans son rapport au sentiment de plaisir ou de déplaisir (là par conséquent la raison se trouve mise en jeu, bien que son jugement ne puisse être déduit des principes de la raison, ni, partant, prouvé) ; ce goût, on pourrait l'appeler le goût *spéculatif*, par opposition au goût *empirique*, en tant que goût des sens (le premier est le *gustus reflectens*, le second le *gustus reflectus*). Se présenter soi-même ou présenter ce qu'on a fait avec *goût* présuppose un *état de société* (de communication) qui n'est pas toujours *sociabilité* (de participation au plaisir des autres) ; d'ordinaire, il est, à l'origine, barbare, non sociable et purement concurrentiel. En pleine solitude, personne ne portera sur soi et ne mettra dans sa maison d'ornements ni de parure ; on ne le fera pas non plus pour les siens (femme et enfants), mais seulement en face des étrangers, pour se montrer à son avantage. Dans le *goût* (celui qui choisit), c'est-à-dire dans le jugement esthétique, ce n'est pas seulement la sensation (l'élément matériel de la représentation de l'objet), mais la manière dont l'imagination libre (productrice) le compose par l'invention, c'est-à-dire la *forme*, qui engendre le plaisir ; car seule la forme est capable de prétendre | à la règle qui est universelle pour le sentiment du plaisir. De l'impression sensible, qui peut être différente selon la différence des aptitudes sensorielles du sujet, on ne doit pas

241

attendre cette règle universelle. On peut donc définir le goût de la manière suivante : « Le goût est la faculté de porter un jugement esthétique dont le choix est universellement valable ».

Le goût est donc la faculté de porter un jugement *social* sur des objets externes, à l'intérieur du domaine de l'imagination. Là l'esprit éprouve sa liberté dans le jeu des images (donc de la sensibilité) : car le rapport social avec autrui présuppose la liberté ; et ce sentiment est un plaisir. – Mais que ce plaisir soit universellement *valable* pour chacun – ce qui distingue le choix fait par goût (le choix du beau) du choix simplement sensible (de ce qui plaît d'une façon purement subjective, c'est-à-dire de l'agréable) – implique le concept de loi. C'est seulement d'après cette loi que la validité de ce qui plaît est universelle pour tous les sujets qui jugent. Or, le pouvoir de la représentation de l'universel est l'*entendement*. Donc le jugement de goût est, tout autant qu'un jugement esthétique, un jugement d'entendement, mais pensé dans la réunion de ces deux instances (et par conséquent le jugement d'entendement n'est pas pur). Quand on juge un objet par le goût, on porte un jugement sur l'accord ou la contradiction entre la liberté dans le jeu de l'imagination et la légalité de l'entendement ; on est ainsi conduit à un jugement esthétique sur la forme (a) qui unifie ses représentations sensibles, et non pas à la production de l'élément où cette forme est perçue. Car ce serait le *génie*, dont la vivacité en ébullition a souvent besoin d'être limitée et mesurée par les pudeurs du goût.

La beauté est la seule chose qui relève du goût. Le sublime appartient au jugement esthétique, mais non au goût. Pourtant la représentation du sublime peut et doit être belle en soi ; sinon, elle est rude, barbare et contraire au goût. La *présentation* du mal et du laid (par exemple, la figure de la mort personnifiée chez Milton*) peut être belle; il faut qu'elle le soit si l'objet doit être esthétiquement représenté, même s'il s'agit d'un Thersite. S'il n'en est pas ainsi, elle ne produit qu'une impression de fadeur ou de dégoût: tous deux impliquent un effort pour chasser de soi une représentation offerte pour qu'on en jouisse; la *beauté*, au contraire, enveloppe le concept d'une invitation à s'unir intimement avec l'objet, c'est-à-dire à trouver en lui une jouissance immédiate.

242 – Par l'expression de | *belle âme*, on dit tout ce qu'il est possible de dire pour en faire la fin d'une union très intime avec elle; la *force* et la *grandeur* d'âme concernent la matière (les instruments pour certaines fins); mais l'*excellence de l'âme*, la pure forme dans laquelle on doit réunir toutes les fins et qui, là où on la trouve, est comme l'Eros de la fable, originairement créatrice et supra-terrestre, cette excellence est le point central autour duquel le jugement de goût rassemble tous les jugements portant sur le plaisir sensible conciliable avec la liberté de l'entendement.

Remarque: Comment a-t-il pu se faire que les langues, surtout modernes, aient désigné la faculté de jugement esthétique par une expression (*gustus*, *sapor*) qui se rapporte à un organe de la sensibilité (la partie interne de la bouche), et désigne la différenciation aussi bien que le choix, par cet organe, des choses dont on peut se délecter? – Il n'y a pas de situation où l'unité de la sensibilité et de l'entendement dans le plaisir puisse être si longtemps maintenue et agréablement recommencée tant de fois qu'un bon repas en plaisante compagnie. – Mais ce repas n'est alors considéré que comme un moyen pour que le groupe puisse faire conversation. Le goût esthétique de l'hôte se manifeste à son habileté à faire un choix qui soit valable pour tous; mais il n'y peut point

* Milton, *Paradis perdu*, Chant II.

parvenir par sa seule sensibilité ; ses ilotes auraient choisi d'autres nourritures et d'autres boissons, chacun selon son opinion personnelle. Il ordonne donc la réunion selon le principe de la *multiplicité*, de manière que chacun puisse trouver quelque chose à son goût : ce qui conduit à une validité relativement universelle. Quant à son habileté à choisir les invités pour une conversation universelle où chacun prenne part (habileté qu'on appelle aussi le goût ; mais il s'agit de la raison dans son application au goût, et elle est différente de celui-ci), on ne peut en traiter dans l'actuel débat. Ainsi un sentiment organique a pu, à travers un sens particulier, donner son nom à un sentiment idéal, celui d'un choix sensible universellement valable. – Mais voilà plus remarquable encore : l'habileté à expérimenter par les sens si un seul et même sujet trouvera du plaisir à tel objet (et non pas si son choix a valeur universelle) – *sapor* – a également servi à désigner la sagesse (*sapientia*) sans doute parce qu'une fin inconditionnellement nécessaire n'a pas besoin qu'on y réfléchisse et qu'on la recherche : | elle 243 trouve accès immédiat à l'âme, comme si on savourait une nourriture profitable.

§ 68. Le *sublime* (sublime*), c'est la *grandeur* vénérable (*magnitudo reverenda*) par son étendue et son degré ; s'en approcher (pour se rendre adéquat à lui par ses propres forces) a quelque chose d'attrayant – mais en même temps, la crainte, si on se compare à lui, de sombrer dans l'appréciation de soi-même, le rend effrayant (par exemple, le tonnerre au-dessus de nos têtes, ou une montagne élevée et sauvage) ; quand on se trouve en sécurité, on réunit ses forces pour saisir le phénomène, on n'appréhende pas de ne pouvoir rejoindre sa grandeur, on *s'étonne* (sentiment agréable par un triomphe continuel sur la douleur).

---

* En français dans le texte.

Le *sublime* est le contrepoids, mais non la contradiction du beau : car l'effort et la tentative pour saisir l'objet (*apprehensio*) éveille chez le sujet le sentiment de sa propre grandeur et de sa propre force ; mais la représentation en pensée de cet objet, qu'il s'agisse d'une *description* ou d'une présentation, peut et doit toujours être belle ; sinon l'étonnement devient *épouvante*, et celle-ci diffère de l'*admiration* qui forme un jugement où l'homme ne se rassasie jamais de son étonnement.

La grandeur mal adaptée (*magnitudo monstrosa*) est l'énormité ; les écrivains qui ont voulu exalter l'immensité de l'empire russe ont eu tort de dire qu'il était énorme ; c'est là un reproche, comme s'il était *trop grand* pour un seul maître. – *L'aventurier*, c'est l'homme qui a tendance à se mêler à des histoires qui ressemblent à un roman quand on en fait le récit fidèle.

Le sublime n'est donc pas un objet pour le goût, mais pour le sentiment du pathétique ; cependant quand l'art le présente dans la description ou l'ornementation (dans des œuvres accessoires, *parerga*) il peut et il doit être beau ; sans quoi il serait sauvage, rude, rebutant et par conséquent contraire au goût.

244 | *Le goût comporte une tendance*
        à la promotion extérieure de la moralité

§ 69. Le goût, dans la mesure où il est une sorte de sens formel, tend à faire *partager* aux autres le sentiment du plaisir ou du déplaisir, et comporte une prédisposition, que ce partage affecte agréablement, à éprouver une satisfaction (*complacentia*) en commun avec autrui (sur le mode social). La satisfaction qui peut être considérée comme valable non seulement pour le sujet qui l'éprouve, mais aussi pour tous les autres, c'est-à-dire comme universellement valable, puisque pour pouvoir être pensée comme telle, elle doit contenir une nécessité (celle de cette satisfaction), donc un principe *a priori*, est une satisfaction qu'on prend à la coïncidence du plaisir du sujet avec le sentiment de tous les autres, selon une loi universelle; celle-ci doit être issue du principe de législation universelle du sujet qui éprouve, et par conséquent issue de la raison; c'est-à-dire que le choix qui s'opère d'après cette satisfaction obéit, quant à la forme, au principe du devoir. Donc le goût idéal comporte une tendance à la promotion extérieure de la moralité. – Rendre un homme *policé* pour la situation qu'il occupe dans la société n'a pas un sens aussi fort que le rendre *éthiquement bon* (du point de vue moral); mais cela l'y prépare par l'effort qu'il faut pour donner, dans sa situation, satisfaction aux autres (être aimé ou admiré). – Ainsi, on pourrait dire que le goût, c'est la moralité dans son phénomène extérieur, bien que cette expression, prise à la lettre, comporte une contradiction; c'est que le fait d'être policé comporte l'*apparence* et l'aspect de l'excellence éthique; il les implique même à un certain niveau; c'est-à-dire qu'il suppose l'inclination à donner valeur même à ce qui n'en est que l'apparence.

§ 70. Être policé, se bien tenir, avoir de bonnes manières, être rodé (tout ce qu'on peut avoir de rugueux ayant été poli), ce n'est encore que la condition négative du goût. La représentation de ces qualités dans le domaine de l'imagination peut être une manière de représenter avec goût, dans l'intuition extérieure, un objet ou soi-même; mais cela ne vaut que pour deux sens, l'ouïe et la vue. La musique et les arts plastiques (peinture, sculpture, architecture et art des jardins) ont des prétentions au goût : car il est susceptible d'éprouver un sentiment de plaisir pour les pures formes de l'intuition extérieure; la musique y prétend dans le domaine de l'ouïe, les arts plastiques dans le domaine de la vue. La représentation

245 discursive par la parole et | l'écriture se divise en deux formes
d'art où le goût peut se manifester : l'éloquence et la poésie.

REMARQUES ANTHROPOLOGIQUES SUR LE GOÛT

A. *Du goût dans la mode*

§ 71. L'homme incline naturellement à comparer sa
conduite à celle des gens plus importants que lui (l'enfant avec
les adultes, l'homme de peu avec les grands) et d'imiter leurs
manières. Cette imitation qui consiste à ne pas vouloir paraître
moins que les autres, là où l'utilité n'entre pas en considération, a une loi qui s'appelle la *mode*. Elle se range donc sous
l'étiquette de la *vanité* parce que sa visée est sans valeur
propre ; en même temps sous celle de la *folie* parce qu'elle
contraint à se laisser conduire servilement par le simple
exemple de la majorité. Être *à la mode* est une chose de goût ;
s'attacher *en dehors* de la mode à un usage périmé, c'est, dit-
on, être du *vieux* temps ; qui donne valeur au fait de ne pas
suivre la mode est un *original*. Cependant il vaut toujours
mieux être *fou* avec la mode que contre elle – s'il faut user de
termes aussi sévères pour une pareille vanité ; la rage d'être à
la mode mérite cependant une telle désignation si elle sacrifie
à cette vanité la véritable utilité ou le devoir. – Toutes les
modes sont par leur concept même des formes de vie qui se
modifient. Une fois fixé le jeu de l'imitation, celle-ci devient
usage et alors on ne prend plus le goût en considération. La
nouveauté est donc ce qui fait qu'on aime la mode ; il faut
pouvoir inventer toutes sortes de formes extérieures, même si
elles dégénèrent dans l'extravagance et parfois dans la
laideur, pour être dans le ton des gens de cour, surtout des
dames ; d'autres les imitent ensuite avec avidité, et les couches
les plus basses de la société s'en encombrent longtemps

encore, quand les autres en sont déjà débarrassées. – La mode n'est donc pas à proprement parler une affaire de goût (elle peut être extrêmement contraire au goût) mais de pure vanité (jouer à la personne de rang), et de concurrence (l'emporter les uns sur les autres). Les élégants de cour*, appelés encore les petits maîtres sont des fanfarons.

Au goût idéal, qui est le vrai, se rattache la *splendeur*, | et par là quelque chose de sublime qui relève en même temps de la beauté (comme par exemple la splendeur du ciel étoilé, ou, si ce n'est pas prendre son exemple trop bas, une église comme celle de Saint-Pierre à Rome). La *pompe*, étalage ostentatoire fait pour le spectacle, peut être aussi rattachée au goût, mais non sans résistance de la part de ce dernier; car la pompe est prévue pour la grande masse, qui compte la foule du bas peuple dont le goût obtus exige plus de sensation que de jugement.   **246**

B. *Du goût dans l'art*

Je ne prends en considération ici que les arts de la parole : éloquence et poésie, parce qu'elles s'adressent à une certaine disposition, qui suscite immédiatement l'activité de l'esprit; elles ont leur place, par conséquent, dans une Anthropologie pragmatique, où on cherche à connaître l'homme d'après ce qu'on peut en faire.

Le principe qui anime l'esprit par les *idées*, c'est le *principe spirituel*. Le *goût* est une simple faculté régulatrice de la forme qui lie le multiple dans l'imagination; mais le principe spirituel est la faculté productrice de la raison qui propose un *modèle* pour chaque forme *a priori* de l'imagination. Principe spirituel et goût : le premier pour produire des idées, le second pour en ajuster la forme aux lois de l'imagination

* En français dans le texte.

productrice, et ainsi les *façonner* (*fingendi*) d'une manière
originale (sans imitation). D'une œuvre qui unit en sa composition le principe spirituel et le goût, on peut dire qu'elle est
poésie en général ; et une telle *œuvre d'art*, peu importe que la
vue ou l'ouïe la présentent immédiatement aux sens ; il est
permis de l'appeler également *œuvre poétique* (*poetica in
sensu lato*) : elle peut être peinture, jardin, architecture, musique et œuvre en vers (*poetica in sensu stricto*). Mais l'*art de
la poésie* diffère de l'*éloquence* par l'ordre qui règne dans la
subordination mutuelle de l'entendement et de la sensibilité ;
la première est un *jeu* de la sensibilité ordonné par l'entendement ; la seconde est une *occupation* de l'entendement
vivifiée par la sensibilité ; mais ici et là l'orateur comme le
poète (au sens large) sont des *créateurs* et produisent d'eux-
247 mêmes | dans leur imagination de nouvelles formes (compo-
sitions d'éléments sensibles)[1].

Le don de création poétique est une aptitude artistique, et,
quand il est lié au goût, il suscite pour les beaux-arts un talent
dont le but est en partie l'illusion (illusion douce, il est vrai, et
qui souvent est indirectement salutaire) ; il est donc inévitable

---

1. La nouveauté dans la présentation d'un concept est l'exigence
essentielle des beaux-arts du coté du créateur, même si le concept lui-même
ne doit pas être nouveau. Mais pour l'entendement, indépendamment du
goût, on a les expressions suivantes pour désigner l'accroissement de nos
connaissances par une nouvelle perception. *Découvrir* quelque chose,
percevoir le premier ce qui était déjà là, par exemple l'Amérique, la force
magnétique qui se dirige vers le pôle, l'électricité atmosphérique. *Inventer*
quelque chose (faire venir à la réalité ce qui n'était pas encore là), par
exemple l'aérostat. *Mettre la main sur quelque chose*, retrouver après des
recherches ce qu'on a perdu. *Imaginer* et *concevoir* (par exemple des
instruments pour des artistes, ou des machines). *Feindre*, représenter le non
vrai, comme s'il était vrai, en en ayant conscience, comme dans les romans,
même si ce n'est que par divertissement. Mais une fiction qui est donnée pour
la vérité est un mensonge :
   *Turpiter atrum in piscem mulier formosa superne**.
   * Horace, *Art poétique*, v. 3.

qu'on n'en fasse pas dans la vie un grand usage (celui-ci est d'ailleurs souvent nuisible). – Quant au caractère du poète ou à l'influence que son activité exerce sur lui ou les autres et la manière dont on peut l'apprécier, il vaut la peine de poser à ce sujet quelques questions et de faire quelques remarques.

Pourquoi parmi les beaux-arts (ceux de la parole) la poésie l'emporte-telle sur l'éloquence, quand elles se proposent les mêmes fins ? Parce qu'elle est en même temps musique (elle peut être chantée) et timbre : elle a une sonorité qui est, en elle-même, agréable, ce qui n'est point le cas de la parole pure et simple. Même l'éloquence emprunte à la poésie une sonorité qui s'approche de ce timbre, l'accent, sans lequel le discours est dépourvu des instants de repos et de vivacité qui doivent être nécessairement alternés. La poésie toutefois ne l'emporte pas seulement sur l'éloquence, mais aussi sur toute autre forme d'art : sur la peinture (à quoi se rattache la sculpture) et même sur la musique ; car celle-ci n'est un des beaux-arts, et n'échappe au simple agrément, que parce qu'elle sert de véhicule à la poésie. Aussi bien, n'y a-t-il pas parmi les poètes autant de cervelles légères (impropres aux affaires) que parmi les musiciens ; c'est que les premiers s'adressent à l'entendement, et les autres aux sens. Un bon poème est le moyen le plus puissant de vivifier l'esprit. Et voici qui ne concerne pas seulement les poètes | mais tout homme qui pratique les **248** beaux-arts : on doit être né pour cela et on ne peut pas réussir par l'application et l'imitation ; de même l'artiste pour réussir dans son travail a besoin en outre de tomber sur un moment d'heureuse disposition, comme si c'était l'instant de l'inspiration (c'est pourquoi on l'appelle aussi *vates*) ; ce qui est fait d'après les règles et préceptes est sans principe spirituel (esclavage) ; une œuvre d'art n'exige pas simplement du goût – lequel peut être fondé sur l'imitation, – mais l'originalité d'une pensée, qu'on désigne comme *principe spirituel*, dans la mesure où c'est en elle-même qu'elle puise sa vérité.

Celui qui *peint la nature* avec le pinceau ou avec la plume (et pour ce dernier, que ce soit en prose ou en vers) n'a pas en lui un principe spirituel de la beauté, car il ne fait qu'imiter ; seul le *peintre des Idées* est maître dans le domaine de l'art.

Pourquoi entend-on d'ordinaire par poète celui qui compose des vers, c'est-à-dire un discours scandé (parlé sur un mode musical et rythmé) ? Parce qu'annonçant une œuvre d'art, il se présente avec une solennité qui doit suffire au *goût* le plus délicat (pour la forme) ; autrement, il n'y aurait point de beauté. Mais comme cette solennité est exigée surtout pour la belle représentation du sublime, une telle solennité, si elle est affectée et n'utilise pas le vers, est désignée (par Hugo Blair) comme « de la parole en délire ». La versification, d'autre part, n'est pas de la poésie s'il lui manque le principe spirituel.

Pourquoi est-ce que la rime dans les vers des poètes modernes, si elle clôt heureusement la pensée, est une exigence essentielle du goût, du moins dans nos régions ? Pourquoi y-a-t-il au contraire une répugnance contre le vers strict dans les poésies anciennes, si bien qu'en Allemand les vers sans rime plaisent peu, mais qu'un Virgile mis en rimes plaît encore moins ? Sans doute parce que, dans la poésie classique ancienne, la prosodie était déterminée, tandis qu'elle manque en grande partie aux langues modernes ; alors l'oreille est dédommagée par la rime qui clôt le vers par une identité de son avec le précédent. Dans un discours solennel en prose, une rime entre deux phrases est ridicule.

D'où la licence poétique tient-elle le droit, qui n'appartient pas à l'orateur, de refuser, de temps en temps, les lois de la langue ? C'est probablement que le poète ne doit pas être trop limité par la loi de la forme pour exprimer une grande pensée.

Pourquoi ne peut-on pas souffrir un poème médiocre alors qu'un discours | médiocre est supportable? La cause paraît 249 être en ceci que la solennité de ton dans toute œuvre poétique suscite une vive attente, et lorsque celle-ci n'est pas comblée, la chute est naturellement plus profonde encore que ne le mériterait la valeur de l'œuvre si elle était en prose. – L'achèvement d'un poème sur un vers que l'on peut retenir comme une sentence produit un plaisir qui se prolonge et redonne valeur à bien des platitudes; voilà qui fait donc également partie de l'art du poète.

Que la veine poétique se tarisse avec l'âge à un moment où les sciences promettent à un bon esprit santé et activité dans les choses sérieuses, tient à ceci: la beauté est une fleur, mais la science un fruit; c'est-à-dire que la poésie doit être un art libre qui, pour des raisons de variété, exige de la souplesse; mais avec l'âge, cette souplesse disparaît (ce n'est que juste); l'*accoutumance* à suivre le même chemin dans le domaine scientifique entretient sa propre souplesse; la poésie qui exige pour chacune de ses œuvres de l'*originalité* et de la nouveauté (et pour cela même, de la dextérité) n'est guère en harmonie avec la vieillesse; sauf, jusqu'à un certain point, pour les œuvres caustiques – épigrammes et satires – où le sérieux toutefois l'emporte sur l'amusement.

Les poètes ne réussissent pas comme les avocats et certains savants de profession; cela tient au tempérament qui est nécessaire pour être un poète de naissance: ils doivent chasser les soucis en jouant, avec les pensées, un jeu de société. – Mais il appartient à leur *caractère* d'être *sans caractère*; ils sont versatiles, capricieux, de peu de confiance (mais sans méchanceté); ils se font des ennemis de gaieté de cœur, sans pourtant haïr qui que ce soit; ils persiflent leurs amis d'une façon mordante, sans vouloir leur faire de mal; ce trait s'explique en partie par une disposition innée qui l'emporte sur la faculté pratique de juger : ils ont de l'*esprit*, mais en porte à faux.

LE LUXE

§ 72. Le *luxe* (*luxus*) associe le goût à l'exagération du confort dans la vie sociale à l'intérieur d'une communauté (il est contraire à sa prospérité). Cette exagération, quand elle est dénuée de goût, n'est que le *faste extérieur* (*luxuries*). Quant

250 aux effets | de ces deux attitudes sur l'économie, le luxe est une *dépense non nécessaire* qui appauvrit ; le faste, lui, altère la santé. Le premier est compatible avec le progrès de la culture dans le peuple (dans l'art et dans la science) ; le second gave de jouissance et suscite finalement le dégoût. L'un et l'autre sont plus faits pour l'ostentation (briller à l'extérieur) que pour la jouissance personnelle ; le premier par l'élégance (comme dans les bals et les spectacles) s'adresse au goût idéal ; le second, par l'abondance et la multiplicité, aux sens qui savourent (les sens physiques, comme par exemple au banquet du Lord-Maire). Est-il dans les attributions du gouvernement de mettre une limite à ces deux formes de conduite par des lois somptuaires ? Question dont la réponse n'a pas sa place ici. Les beaux-arts, ainsi que les arts d'agrément affaiblissent en partie le peuple et le rendent plus facile à gouverner ; le gouvernement agirait à l'encontre de son propre but, s'il voulait introduire une rudesse spartiate.

La bonne manière de vivre est d'ajuster le confort à la sociabilité (donc de l'associer au goût). On voit que le luxe lui porte préjudice et l'expression « il sait vivre » employée à propos d'un homme qui a un rang ou de la fortune, signifie qu'il est habile quand il choisit les plaisirs de sa vie mondaine ; ce qui implique la retenue (sobriété), rend le plaisir profitable à chacun et le mesure pour qu'il dure.

Puisque le luxe n'est pas à blâmer dans la vie privée, mais seulement dans la vie publique, la liberté d'émulation des citoyens et leur droit de sacrifier une part de l'utile aux parures et aux embellissements (dans les fêtes, les noces, les enterrements et jusque dans l'élégance du décor) ne saurait être limité du fait de l'État par une interdiction de dépenser : cette liberté en effet a l'avantage d'animer les arts et les frais qu'a pu occasionner une telle dépense profitent en retour à l'état.

DE LA FACULTÉ DE DÉSIRER

§ 73. Le *désir* est l'autodétermination du pouvoir d'un sujet par la représentation d'un fait futur, qui serait l'effet de ce pouvoir. Le désir sensible quand il est habituel s'appelle *inclination*. Le fait de désirer un objet, sans qu'on applique ses forces à le produire, est le *souhait*. Celui-ci peut être dirigé vers des objets que le sujet se sent incapable de se procurer, et c'est alors un *souhait stérile* (oiseux). Le souhait *stérile* d'anéantir le temps qui sépare le désir de la possession est l'impatience. Le désir sans objet déterminé (*appetitio vaga*) qui pousse seulement le sujet à sortir de son état présent, sans savoir dans lequel il veut entrer, peut être appelé souhait *capricieux* que rien ne satisfait.

L'inclination que la raison du sujet ne peut pas maîtriser ou n'y parvient qu'avec peine est la *passion*. L'émotion au contraire est le sentiment d'un plaisir ou d'un déplaisir actuel qui ne laisse pas le sujet parvenir à la réflexion (à cette représentation de la raison qui indique s'il faut s'y abandonner ou le repousser).

Être soumis aux émotions et aux passions est toujours une maladie de l'âme puisque toutes deux excluent la maîtrise de la raison. Dans l'une et l'autre, même degré de violence ; mais elles diffèrent en qualité : tant pour les prévenir que pour les guérir, un médecin aurait à employer des méthodes différentes.

252 | DES ÉMOTIONS DANS LEUR OPPOSITION AVEC LA PASSION

§ 74. Dans l'émotion, l'esprit surpris par l'impression perd l'empire de soi-même (*animi sui compos*). Elle se déroule dans la précipitation : c'est-à-dire qu'elle croît rapidement jusqu'au degré de sentiment qui rend la réflexion impossible (elle est inconsidérée). – Une absence d'émotion, qui ne diminue pas la force mobile de l'action, est le propre du *flegme*, au sens favorable du terme : qualité qui permet à l'homme courageux de ne pas perdre, sous l'effet des émotions, le calme de sa réflexion. Ce que l'émotion de la colère ne fait pas dans sa précipitation, elle ne le fera jamais ; elle a la mémoire courte. La passion de la haine au contraire prend son temps pour s'enraciner profondément et penser à l'adversaire. Un père, un maître d'école peuvent renoncer à punir, s'ils ont la patience d'entendre implorer leur pardon (et non pas présenter une justification). Quelqu'un entre chez vous en colère, et veut dans la violence de son indignation vous injurier : contraignez-le poliment à s'asseoir ; y parvenez-vous, son invective déjà sera plus douce ; car lorsqu'on est commodément assis, on éprouve une détente qui n'est pas compatible avec les cris et les gestes de menace qu'on fait quand on est debout. La passion au contraire (en tant que disposition de l'esprit relevant de la faculté de désirer) se donne le temps et, aussi puissante qu'elle soit, elle réfléchit pour atteindre son but. L'émotion agit comme une eau qui rompt la digue ; la passion comme un courant qui creuse toujours plus profondément son lit. L'émotion agit sur la santé comme une attaque d'apoplexie, la passion comme une phtisie ou une consomption. L'émotion est comme une ivresse qu'on dissipe en dormant, au prix d'une migraine le lendemain, la passion comme un poison avalé ou une infirmité contractée; elle a besoin d'un médecin qui soigne l'âme de l'intérieur ou de l'extérieur, qui sache pourtant prescrire le plus souvent, non pas une cure radicale, mais presque toujours des médicaments palliatifs.

Mais où il y a beaucoup d'émotion, il y a en général peu de passion : ainsi chez les Français qui par leur vivacité sont inconstants en comparaison des Italiens et des Espagnols (et aussi des Indiens et des Chinois) dont la rancune couve leur vengeance, ou qui s'opiniâtrent dans leur amour jusqu'au délire. Les émotions sont loyales et sincères, les passions au contraire sournoises et dissimulées. Les Chinois reprochent aux Anglais | d'être impétueux et bouillants « comme les 253 Tartares ». Mais ceux-ci leur reprochent d'être des fourbes consommés (ou de sang-froid) et ils ne se laissent pas troubler par ce reproche adressé à leur passion. – L'émotion doit être envisagée comme une *ivresse* qui se dissipe en dormant; la passion est à considérer comme un *délire* couvant une représentation qui s'implante toujours plus profondément. Celui qui *aime* peut encore rester clairvoyant; mais celui qui est *amoureux* sera irréparablement aveugle aux défauts de l'objet aimé bien que d'ordinaire il recouvre la vue huit jours après le mariage. Celui que l'émotion atteint comme un raptus ressemble, aussi bénin que soit celui-ci, à un aliéné; du moment qu'il en conçoit bientôt du regret, ce n'est qu'un paroxysme qui reçoit le nom d'*irréflexion*. Certains souhaitent de pouvoir se mettre en colère et Socrate se demandait si cela n'avait pas parfois du bon. Il paraît contradictoire de maîtriser ses émotions au point de pouvoir se demander de sang-froid si on doit ou non se mettre en colère. – Personne ne souhaite en revanche éprouver une passion. Qui consentirait à recevoir des chaînes s'il peut être libre ?

DES ÉMOTIONS EN PARTICULIER

A. *Du gouvernement de l'esprit par rapport aux émotions*

§ 75. Du principe de l'*apathie* qui veut que le sage ne soit jamais ému, même de compassion, pour les malheurs de son meilleur ami, l'école stoïcienne a fait un principe moral juste et sublime : car l'émotion rend plus ou moins aveugle. La sagesse de la nature a pourtant enraciné en nous cette disposition qui doit tenir les rênes *provisoirement*, en attendant que la raison soit parvenue au degré de force qui convient ; c'est-à-dire qu'elle a ajouté aux principes moraux qui portent au bien, la stimulation de l'attrait pathologique (sensible) comme substitut temporaire de la raison. Du reste l'émotion, prise en soi est toujours dépourvue de sagesse ; elle se rend elle-même inapte à poursuivre ses propres buts ; il est donc peu avisé de la laisser volontairement germer. – Cependant, quand elle se 254 représente ce qui est moralement bon, la raison peut | stimuler le vouloir grâce à la liaison de ses idées avec des intuitions (exemples) qui leur sont subordonnées (dans les prêches et les discours politiques qui s'adressent au peuple ou quand on se parle à soi-même) ; si elle anime l'âme à la perspective du bien, ce n'est pas qu'elle soit effet mais cause d'une émotion ; dans ce cas, la raison tient toujours les rênes : c'est elle qui suscite l'enthousiasme du bon propos ; il faut attribuer celui-ci à la *faculté de désirer*, non à celui de l'émotion, sentiment plus violent qui relève de la sensibilité.

L'apathie, lorsque la *nature* en a *gratifié* une âme suffisamment forte est, comme on l'a déjà vu, un flegme bienheureux (au sens moral). On n'est pas pour autant un sage; mais on tient de la nature cette faveur de pouvoir le devenir plus facilement qu'un autre.

En général ce n'est pas la force d'un certain sentiment qui détermine l'émotion mais le manque de réflexion pour comparer, dans l'instant, ce sentiment avec la somme de tous les autres (qu'ils soient de plaisir ou de déplaisir). L'homme riche, dont le serviteur au cours d'une fête, casse par maladresse une belle coupe de verre précieux, tiendrait pour rien cet accident, s'il comparait sur le moment cette perte d'un plaisir avec la masse de tous les plaisirs que lui offre son heureuse situation d'homme fortuné. Mais s'il s'abandonne à son seul sentiment de chagrin (sans faire rapidement ce calcul en pensée) il n'est pas étonnant qu'il ait le sentiment d'avoir perdu toute sa félicité.

B. *Des différentes émotions*

§ 76. Le sentiment qui pousse le sujet à rester dans l'état où il se trouve est *agréable*; mais celui qui le pousse à l'abandonner est *désagréable*. Quand il est lié à la conscience, le premier s'appelle *plaisir* (*voluptas*), le second *déplaisir* (*taedium*). En tant qu'émotion, le premier est joie, le second tristesse. La *joie exubérante* (que ne limite le souci d'aucune douleur) et la tristesse qui submerge (sans qu'aucun espoir ne l'adoucisse), c'est-à-dire l'*affliction*, sont des émotions qui menacent la vie. Pourtant on voit parmi | les statistiques de 255 décès que la joie provoque une mort subite plus couramment que la tristesse : c'est que l'âme s'abandonne entièrement à l'espoir qui l'émeut en l'ouvrant soudain à une joie sans mesure : et l'émotion croit jusqu'à suffoquer. Au contraire l'âme lutte toujours naturellement contre les frayeurs de l'affliction, et celle-ci ne tue qu'à longue échéance.

L'*effroi* est une crainte soudaine qui met l'âme hors d'elle-même. A l'effroi ressemble le *saisissement* qui frappe (sans affoler encore) et incite l'esprit à se recueillir pour la réflexion : il invite à l'*étonnement* qui implique déjà la réflexion. Les gens d'expérience éprouvent bien rarement ce phénomène ; mais il appartient à l'art de représenter le familier par un côté qui soit saisissant. La *colère* est un effroi qui, sur le moment-même, excite les forces à s'opposer sans délai au mal. La crainte d'un objet dont la menace est indéterminée est l'*anxiété* ; l'anxiété peut survenir sans qu'on en connaisse l'objet précis : un serrement de cœur venant de causes purement subjectives (un état pathologique). La *honte* est l'angoisse de se voir méprisé par une personne présente : et dans cette mesure, c'est une émotion. Du reste on peut éprouver une sensation de honte en l'absence de celui qui la provoque ; alors, il n'y a pas émotion, mais comme dans le chagrin, passion : celle de s'infliger, par ce mépris, une torture incessante et vaine ; la honte, quand au contraire elle est émotion, doit se déclencher sur le champ.

Les émotions sont en général des accidents pathologiques (symptômes) ; elles peuvent (par analogie avec le système Brown) être divisées en *sthéniques* (si elles sont fortes), ou *asthéniques* (si elles sont faibles). Il est de la nature des premières d'exciter la force vitale, mais par là-même, de l'épuiser souvent ; il est de la nature des secondes de la détendre, mais par le fait même d'en ménager souvent le rétablissement. – Le *rire* doublé d'émotion est une jubilation convulsive. Les *larmes* accompagnent la sensation dissolvante d'une colère impuissante devant le destin ou devant autrui, et des injures qu'ils ont fait subir ; cette sensation est le *chagrin*. Mais rire et larmes rassérènent : leurs effusions libèrent la force vitale de ce qui l'entrave (on peut pleurer de rire, si on rit jusqu'à épuisement). Le rire est *viril* ; les pleurs *féminins* (chez les hommes, | c'est une conduite *efféminée*) ; quand un homme participe généreusement, mais sans rien pouvoir, à la souffrance des autres, on peut lui pardonner ses larmes, si les pleurs lui montent aux yeux, sans qu'il les répande et sans qu'il sanglote d'une manière bruyante et désagréable.

DE LA PUSILLANIMITÉ ET DU COURAGE

§ 77. L'anxiété, l'angoisse, la terreur, l'épouvante sont des degrés de la crainte, c'est-à-dire de l'aversion pour le danger. La maîtrise de l'esprit qui les surmonte dans la réflexion est le *courage*; la *force* du sens intérieur (*ataraxia*) qui permet de n'être pas facilement effrayé, est l'*intrépidité*. Là où manque le courage, il y a *lâcheté*[1]; là où manque l'intrépidité, il y a *timidité*.

Celui qui n'a pas peur est *vaillant*; celui qui, réfléchissant au danger, ne faiblit pas, a du *cœur*; celui dont la vaillance se *maintient* au milieu des dangers, est *courageux*. L'homme de peu de réflexion qui se risque dans des dangers qu'il ne connaît pas est un *casse-cou*. Celui qui prend de tels risques tout en les connaissant est *hardi*. Celui qui s'expose aux plus grands dangers, alors que le but est visiblement hors d'atteinte, est *téméraire* (comme Charles XII à Bender). En Turquie on dit des braves (l'opium peut-être les rend tels) que ce sont des *fous*. La lâcheté est une *déshonorante couardise*.

La frayeur n'est pas l'*habitude* naturelle d'être facilement apeuré; c'est là la timidité; ce n'est qu'un *état* et une disposition accidentelle, relevant le plus souvent de simples causes physiques, à se sentir insuffisament ferme face à un danger soudain. Chez un héros, qui est en robe de chambre quand on lui annonce l'arrivée inopinée de l'ennemi, le sang

---

1. Le mot *poltron* (venu de *pollex truncatus*), a été utilisé dans le bas latin avec *murcus*, pour désigner un homme qui s'était coupé le pouce afin de ne pas aller à la guerre.

peut s'arrêter un instant dans le cœur; et un médecin avait remarqué chez un général qu'il était de peu de courage et timide lorsqu'il avait des aigreurs d'estomac. La *vaillance* est une pure qualité du tempérament. Le *courage* au contraire repose sur des principes; c'est une vertu. A l'homme résolu, la raison fournit des forces que la nature parfois lui refuse. Le
257 fait d'avoir peur dans | les combats provoque de salutaires évacuations; ce qui a fait naître une raillerie proverbiale (avoir le cœur mal accroché); mais on a remarqué que les matelots qui, à l'appel du combat, courent aux lieux sont plus courageux dans la bataille. On a observé la même chose chez le héron quand le faucon plane au-dessus de lui et qu'il prépare au combat.

Patience n'est donc pas courage. C'est une vertu féminine parce qu'elle ne fait pas appel à la force de résistance mais qu'elle espère rendre la souffrance (qu'on subit) imperceptible par l'habitude. Celui qui crie sous le couteau du chirurgien ou quand il souffre de la goutte et de la pierre n'est pas pour autant lâche ou efféminé; de même lorsqu'un homme jure parce qu'il a heurté un pavé dans la rue (avec le gros orteil, d'où le mot *hallucinari*), c'est bien plutôt une explosion de colère, dans laquelle la nature s'efforce de dissiper par les cris l'arrêt de sang dans le cœur. – C'est une patience de forme bien particulière que montrent les Indiens d'Amérique qui, s'ils sont cernés, jettent leurs armes et se laissent massacrer sans implorer merci. Y a-t-il là plus de courage que chez les Européens qui, dans ce cas, se défendent jusqu'au dernier homme? Il me semble qu'il s'agit là seulement d'une vanité barbare: maintenir l'honneur de leur tribu, par le fait que l'ennemi n'ait pas pu les contraindre à se lamenter et à gémir pour témoigner de leur soumission.

Le courage en tant qu'émotion (en tant qu'il appartient partiellement à la sensibilité) peut être éveillé par la raison et devenir une vraie bravoure (force de la vertu). Ne pas se laisser effrayer par les persiflages et les sarcasmes que l'esprit aiguise, mais qui font par là-même courir le plus grand péril à tout ce qui est digne d'honneur, suivre au contraire son chemin avec endurance, c'est là un courage moral, que plus d'un ne possède pas qui se montre un brave sur le champ de bataille ou dans un duel. Il appartient à un homme résolu d'exposer ce qui est prescrit par le droit au danger d'être raillé par les autres; c'est même là un haut degré de courage, car l'amour de l'honneur accompagne constamment la vertu; et celui qui, par ailleurs, est assez ferme en face de la violence, souvent ne se sent pas de taille à lutter contre le sarcasme, si on lui conteste, en ricanant, cette prétention à l'honneur.

La contenance qui donne une apparence extérieure de courage et qui | ne cède rien aux autres dans le domaine de la considération, c'est l'*aplomb*; elle s'oppose à l'*effacement*, sorte de timidité et de crainte de ne pas paraître à son avantage aux yeux des autres. L'aplomb n'est point blâmable tant qu'il est une juste confiance en soi-même. Cependant, cet aplomb[1] dans la contenance, qui donne l'apparence de ne tenir pour rien le jugement d'autrui sur soi, est l'*effronterie*, l'impudence, ou en termes plus modérés, l'indiscrétion; il ne relève donc pas du courage au sens moral du terme. 258

Le suicide présuppose-t-il le courage ou toujours la lâcheté? Question non pas morale mais purement psychologique. Le commet-on seulement pour ne pas survivre à son honneur, donc par *colère*? Il semble alors que ce soit du

---

1. Ce mot devrait proprement s'écrire *Draüstichkeit* (de *Dräüen*, menacer) et non pas *Dreistigkeit* : car le ton et les mines d'un homme de ce genre provoquant chez les autres la crainte qu'il puisse être aussi grossier. De même on écrit *liederliche* pour *lüderlich*, alors que pourtant le premier désigne un homme frivole, folâre, mais dont on peut dire quelque chose et qui a un bon naturel, alors que le second désigne un dévoyé qui n'inspire aux autres que dégoût (du mot *luder* : crapule).

courage ; mais si la patience dans la douleur a été épuisée par le *chagrin* qui vient à bout de toutes les patiences, le suicide est alors *lâcheté*. Il semble à l'homme que ce soit une forme d'héroïsme de regarder la mort en face et de ne pas la craindre, s'il ne peut plus aimer la vie. Mais si tout en craignant la mort, il ne peut pas cesser d'aimer la vie, à quelque condition que ce soit, et qu'il faille une angoisse qui lui perturbe l'esprit pour franchir le pas du suicide, alors il meurt par lâcheté et parce qu'il ne peut plus supporter davantage les tourments de la vie. La manière dont on se suicide permet de discerner d'une façon certaine ces dispositions de l'esprit. Si on choisit de mourir d'un coup et sans salut possible – d'un coup de pistolet, par l'effet d'un poison violent (comme ce grand monarque qui en emportait à la guerre pour le cas où il serait fait prisonnier) ou en se jetant dans une eau profonde avec une pierre au cou – alors on ne peut contester le courage du suicide. Mais quand on a recours à une corde que les autres peuvent couper, à un poison ordinaire qu'un médecin peut faire évacuer ou à une coupure à la gorge qu'on peut recoudre et guérir, – c'est une tentative à laquelle le suicidé est en général | heureux de réchapper et il ne recommence jamais ; dans ce cas, le désespoir est celui de la lâcheté ; il est issu de la faiblesse ; ce n'est pas ce désespoir énergique, qui exige, pour une telle action, la force de l'esprit.

Ce ne sont pas toujours les âmes dévoyées et sans valeur qui décident de se débarrasser ainsi du fardeau de la vie ; on n'a pas à craindre un geste pareil chez des hommes qui n'ont pas de sentiment pour l'honneur véritable. Cependant, cette action a beau rester toujours horrible, et l'homme a beau se rendre, par là, digne d'opprobre, il est remarquable que dans les périodes révolutionnaires, où l'illégalité publique est déclarée légitime (à l'époque du Comité de Salut public dans la République française), des hommes attachés à l'honneur (comme Roland) aient cherché à prévenir une exécution légale par un suicide qu'ils auraient tenu pour blâmable dans une époque constitutionnelle. En voici la raison : dans toute exécution légale il y a quelque chose d'infâmant, puisqu'elle est une punition, et, si l'exécution est injuste, celui qui sera la victime de la loi peut ne pas la reconnaître comme méritée. Et il le prouve de la manière suivante : s'il a été voué à la mort, il préfère la choisir comme un homme libre et se tuer lui-même. C'est pourquoi les tyrans (comme Néron) accordaient comme une marque de faveur la permission pour le condamné de mettre fin lui-même à ses jours : car il y avait là plus d'honneur. – Mais je n'aspire pas à défendre la moralité de cet acte (a).

Le courage du guerrier est très différent de celui du duelliste ; le duel obtient l'indulgence du gouvernement et est-il devenu, dans une certaine mesure, à l'armée, une légitime défense dans les affaires d'honneur auxquelles les Officiers ne se mêlent pas ; et pourtant la loi ne l'autorise pas publiquement. – Fermer les yeux sur le duel est un principe redoutable auquel les autorités de l'État n'ont pas assez réfléchi : car il y a des gens de rien qui mettent leur vie en jeu pour se donner de la valeur et ne songent pas du tout à prendre un risque quelconque pour le salut de l'état.

La bravoure est un courage *conforme aux lois*, dans lequel on ne refuse pas même le sacrifice de sa vie pour ce qu'exige le devoir. L'absence de peur ne suffit pas à le constituer ; il peut être aussi irréprochable moralement (*mens conscia recti*) comme le chevalier Bayard (le chevalier sans peur et sans reproche).

| DES ÉMOTIONS

QUI PARALYSENT LA FIN QU'ELLES SE PROPOSENT

(*IMPOTENTES ANIMI MOTUS*)

§ 78. Les émotions de colère et de honte ont ceci de particulier qu'elles paralysent la fin qu'elles se proposent. Elles sont le sentiment soudain d'un mal comme offense, mais leur violence est incapable d'écarter ce mal.

Qui doit-on redouter le plus : celui qu'une violente colère fait *blêmir*, ou celui qu'elle fait *rougir*? Le premier est à craindre sur le moment même; le second n'en est que plus à craindre par la suite (à cause du désir de vengeance). Dans le premier cas, l'homme mis hors de lui-même a peur d'être entraîné à quelque violence et d'avoir à le regretter. Dans le second cas, la frayeur se transforme en peur que la conscience de son incapacité à se défendre ne devienne visible. Aucune de ces deux formes de colère, si on peut les liquider en se ressaisissant aussitôt, ne porte préjudice à la santé. Mais quand ce n'est pas possible, elles sont dangereuses pour la vie elle-même; et si on retient leur explosion, elles laissent une rancœur derrière elle; on reste blessé de ne s'être pas conduit comme il faut face à une offense : ce qu'on ne peut éviter qu'en exprimant ses émotions par des paroles. Mais leur nature à toutes deux est telle qu'elles rendent muet et qu'on se montre ainsi sous un jour désavantageux.

L'*emportement* peut se corriger grâce à une discipline intérieure de l'esprit. Mais la faiblesse qui est une excessive délicatesse du sentiment de l'honneur, ne se laisse pas aussi facilement écarter. Comme Hume l'a dit (il était sujet lui-même à cette faiblesse : parler en public l'intimidait), la première tentative pour montrer son aplomb rend encore plus timide si elle échoue; le seul moyen c'est de commencer avec des personnes de son entourage dont le jugement importe peu, de se débarrasser ainsi peu à peu de l'importance qu'on prête au jugement des autres sur soi, et de se mettre intérieurement sur un pied d'égalité avec eux. Cette habitude provoque l'*aisance* qui est aussi éloignée de la *timidité* que de l'*aplomb* insolent.

Nous sympathisons avec la honte d'un autre dans la mesure où elle est une douleur, mais non pas avec sa *colère*, s'il l'éprouve encore quand il nous en *raconte* | les motifs; **261** c'est qu'on ne se sent pas en sécurité quand on prête l'oreille à un homme en colère et au récit de l'offense qu'il a subie.

L'*étonnement* (embarras de se trouver devant l'inopiné) est une excitation du sentiment qui inhibe d'abord le jeu naturel des pensées ; il est donc désagréable ; mais par la suite, il ne peut que les favoriser dans leur afflux vers la représentation inattendue et devient l'excitation agréable du sentiment. Mais cette *émotion* est *stupéfaction*, quand on ne sait absolument pas si on rêve ou veille. Novice dans le monde, on s'étonne de tout ; mais si par de nombreuses expériences on a appris à connaître le cours des choses, on se fait un principe de ne s'étonner de rien (*nihil admirari*). Celui en revanche dont le regard inquisiteur et réfléchi scrute l'ordonnance de la nature dans son immense multiplicité est stupéfait d'une sagesse à laquelle il ne s'attendait point : c'est un émerveillement auquel on ne peut s'arracher ; mais cette émotion ne peut être suscitée que par la raison ; et on éprouve une sorte de frisson sacré à voir s'ouvrir sous ses pieds l'abîme de suprasensible.

DES ÉMOTIONS PAR LESQUELLES
LA NATURE FAVORISE MÉCANIQUEMENT LA SANTÉ

§ 79. Par certaines émotions, la nature favorise mécaniquement la santé : à cette catégorie appartiennent avant tout le

rire et les *larmes*. La colère, si on a la possibilité de bien se
fâcher (sans craindre de résistance), aide d'une manière assez
sûre à la digestion, et plus d'une maîtresse de maison ne prend
pour tout exercice intérieur que la gronderie des enfants et de
la domesticité ; si les enfants et les domestiques la supportent
patiemment, elle sent une agréable détente de son énergie se
répandre uniformément dans tout son organisme : mais ce
n'est pas sans inconvénient, car elle mécontente les habitants
de la maison.

Le rire bienveillant (non pas sarcastique et mêlé d'amer-
tume) est plus plaisant et plus profitable ; ce rire aurait été
recommandé à un roi de Perse qui avait offert une récompense
262 à qui | « découvrirait un nouveau plaisir ». L'expulsion sac-
cadée (comme convulsive) de l'air (dont l'éternuement n'est
qu'un mince, mais vivifiant effet, pourvu qu'on le laisse
exploser sans contrainte) *renforce* le sentiment de l'énergie
vitale par un mouvement salutaire du diaphragme. Ce peut
être un bouffon à gages (un Arlequin) qui nous fait rire, ou un
farceur, dans un groupe d'amis, qui, sans laisser paraître de
malice ni faire voir ce qu'il a derrière la tête, sans non plus
prendre part au rire, détend brusquement, avec une apparente
simplicité, les attentions en arrêt (comme on lâche une corde
tendue). Le rire est alors toujours l'oscillation des muscles de
la digestion ; et il la favorise bien mieux que ne le ferait la
sagesse du médecin. Une grosse balourdise chez quelqu'un
qui fait une erreur de jugement peut produire le même effet,
mais bien entendu aux dépens du soi-disant sage[1].

---

1. On peut donner des quantités d'exemples de ce dernier cas. Je n'en
citerai qu'un : je l'ai entendu de la bouche de la défunte comtesse von Kg, qui
était la parure de son sexe. Le comte Sagramoso qui avait alors reçu mission
de veiller à l'installation de l'ordre de Malte en Pologne (de l'ordination
d'Ostrog) lui avait fait visite ; par hasard était également venu un maître
d'école originaire de Königsberg, mais qu'on avait pris à Hambourg pour
organiser et surveiller des cabinets d'histoire naturelle, lubie de quelques

Les *pleurs*, respiration (convulsive) doublée des sanglots, s'ils sont accompagnés de larmes, manifestent par leur rôle adoucissant une précaution de la nature pour notre santé ; une veuve qui, comme on dit, ne veut pas se laisser consoler, c'est-à-dire ne veut pas arrêter le flot de ses larmes, prend soin sans le savoir, ou à proprement parler sans le vouloir, de sa santé ; une colère qui se produirait dans cet état arrêterait vite cet épanchement, mais au détriment de la santé : il est vrai que ce n'est pas toujours le chagrin, mais aussi la colère qui jette les enfants et les femmes dans les larmes. – Car le *sentiment* qu'on est | *impuissant* en face d'un mal qui suscite une émo- 263 tion très forte (colère ou tristesse) fait appel aux signes exté-rieurs et naturels qui d'ordinaire (en vertu du droit du plus faible) désarment une âme virile. L'expression de cette fragi-lité qui désigne la faiblesse du sexe peut toucher l'homme compatissant, sinon au point de le faire pleurer, du moins de lui faire venir les larmes aux yeux ; car en pleurant, il offen-serait son propre sexe, et une telle féminité ne saurait porter protection au plus faible ; mais sans larmes il n'apporterait pas à l'autre sexe une compassion dont sa virilité lui fait un devoir, prescrivant de prendre le plus faible sous sa protection : ainsi le veut le caractère que les livres de chevalerie prêtent à l'homme courageux, et qui consiste précisément dans cette attitude de protection.

Pourquoi les jeunes gens préfèrent-ils les tragédies, et aiment-ils à les représenter quand ils fêtent leurs parents, alors que les gens d'âge préfèrent les spectacles comiques, et

riches commerçants. Le Comte, pour faire conversation lui dit en écorchant l'Allemand : « Ich ube im Amburg eine Ant geabt (j'avais une tante à Hambourg) ; mais elle est morte ». Le maître saisit le mot à la volée et demande : « Pourquoi ne la faites-vous pas vider et empailler ? ». Il prit le mot anglais *Ant* qui veut dire tante pour le mot *Ente* (cane) et s'imaginant qu'elle devait être très rare, il déplorait le dommage. On peut imaginer quel rire suscita ce malentendu.

mêmes burlesques ? Pour la première de ces préférences, la cause est en partie celle qui pousse les enfants à rechercher le danger : probablement par un instinct naturel à éprouver leurs forces ; en partie aussi, parce que dans la frivolité de la jeunesse aucune humeur sombre ne subsiste des impressions qui serrent le cœur ou suscitent l'effroi, dès que la pièce est finie, mais rien qu'une agréable lassitude, qui suit une violente agitation intérieure et qui dispose de nouveau à la joie. Au contraire chez les personnes âgées, de telles impressions ne s'effacent pas aussi facilement et ils ne peuvent pas, avec autant de facilité, recouvrer leur disposition à l'enjouement. Chez eux, un Arlequin qui a l'esprit vif provoque, par ses trouvailles, un ébranlement du diaphragme et des viscères : ce qui aiguise leur appétit pour le dîner et le rend plus vif encore par la conversation.

REMARQUE GÉNÉRALE

Certains sentiments corporels sont apparentés aux émotions ; mais ils ne sont pas cependant des émotions ; ils sont instantanés, éphémères et ne laissent pas de trace : par exemple, le *frémissement d'horreur* qui saisit les enfants quand leurs nourrices leur racontent le soir des histoires de fantômes. A cette catégorie appartient le *frisson* où on a l'impression d'être transi par une eau froide (comme sous une averse). Ce n'est pas la perception du danger, mais la pure
264 pensée du danger | (on sait bien pourtant qu'il n'existe pas) qui produit cette impression : celle-ci ne paraît pas désagréable, si elle n'est qu'un accès de peur et non point une panique.

Le vertige et même le mal de mer semblent appartenir par leurs causes à cette catégorie de dangers qui n'existent qu'en idée. On peut avancer sans chanceler sur une planche qui repose par terre ; mais si elle est au bord d'un abîme, ou, pour celui dont les nerfs sont faibles, si elle est au-dessus d'un fossé, alors l'appréhension d'un vain danger devient elle-même dangereuse. Sous un vent même modéré, un navire s'abaisse et se redresse alternativement. Quand il s'enfonce, l'effort naturel pour se relever (tout mouvement de chute emporte avec soi la représentation du danger), par conséquent le mouvement de l'estomac et des viscères de bas en haut, sont liés mécaniquement à une impulsion à vomir qui peut être accrue si le patient regarde par la fenêtre de la cabine et qu'il aperçoit à tour de rôle le ciel et la mer, ce qui renforce encore l'impression illusoire qu'on lui retire son point d'appui.

Un acteur qui lui-même est de sang-froid, grâce au jeu de son seul entendement et d'une grande puissance d'imagination, peut toucher par une émotion simulée (feinte) mieux que par une émotion vraie. Un véritable amoureux est embarrassé, maladroit et de peu de séduction en présence de la personne qu'il aime. Mais quelqu'un qui joue à l'amoureux, et qui a du talent, peut jouer son rôle avec tant de naturel qu'il amène dans ses filets la malheureuse qu'il dupe ; justement parce que, son cœur n'étant pas prévenu, sa tête demeure claire, et qu'il est donc en pleine possession de ses moyens pour imiter très naturellement l'apparence de l'amour.

Le rire bienveillant (en toute franchise) a une *valeur sociale* (dans la mesure où il appartient à l'émotion de joie) : le rire sarcastique (ricanement) a *valeur de haine*. Le distrait, à la manière de Terrasson, faisant gravement son entrée avec, sur la tête, son bonnet de nuit au lieu de sa perruque, et son chapeau sous le bras, tout plein du combat sur la prééminence des anciens et des modernes dans les sciences, suscite un rire du premier type ; on le plaisante, mais on ne se moque pas de lui pour autant. L'*original* qui n'est point sot, on en sourit plaisamment, sans qu'il lui en coûte rien : il participe au rire. – Un rire mécanique, (à qui manque tout principe spirituel) est fade, et rend insipide la compagnie des rieurs. Celui qui ne rit pas est grincheux ou pédant, Il faut habituer très tôt les

265 enfants, | singulièrement les petites filles, au sourire de bonne humeur, au sourire sans contrainte. Ainsi cette illumination des traits du visage s'imprime peu à peu jusque dans la vie intérieure et produit une *disposition* à l'enjouement, à l'amabilité, à la sociabilité que cette préparation à la vertu de bienveillance prépare très tôt.

Dans un groupe, il est bon pour l'entrain ou la bonne humeur, et aussi pour la culture de tous, qu'il y ait un homme qui fasse rebondir les jeux d'esprit sans aucune méchanceté (de l'ironie, mais pas de pointe), et en face duquel le partenaire est armé de son propre esprit pour fournir des répliques du même genre et déclencher un éclat de rire. Mais si cela se produit aux dépens d'un benêt qu'on se renvoie de l'un à l'autre comme une balle, le rire, empreint de malignité, manque de délicatesse; et quand il s'agit d'un parasite qui, pour faire bonne chère, se prête délibérément au jeu en se laissant transformer en bouffon, ceux qui en font les gorges chaudes prouvent leur mauvais goût et un sens moral bien émoussé. Quant à la situation du bouffon de cour, qui, pour chatouiller agréablement l'épigastre des gens de haute volée, doit larder de plaisanteries leurs principaux serviteurs et pimenter de rire le repas, elle est, selon la manière de les prendre au-dessus ou au-dessous de toute critique.

Des passions

§ 80. La possibilité subjective de former un certain désir qui précède la représentation de son objet est le *penchant* (*propensio*); l'*impulsion* intérieure de la faculté de désirer à prendre possession de cet objet avant qu'on le connaisse, c'est l'*instinct* (comme l'instinct sexuel, ou l'instinct parental des animaux à protéger leurs petits, etc.). – Le désir sensible servant de règle au sujet (habitude) est la *tendance* (inclination). – La tendance qui empêche que la raison ne la compare, pour faire un choix, avec la somme de toutes les tendances, c'est la *passion* (*passio animi*).

Les passions, puisqu'elles peuvent se conjuguer avec la réflexion la plus calme, qu'elle ne peuvent donc pas être irréfléchies comme les émotions et que, par conséquent, elles ne sont pas impétueuses et passagères, mais qu'elles s'enracinent et peuvent subsister en même temps que le raisonnement, portent, on le comprend aisément, le plus grand préjudice à la liberté; si l'émotion | est une ivresse, la passion 266 est une maladie, qui exècre toute médication, et qui par là est bien pire que tous les mouvements passagers de l'âme; ceux-ci font naître du moins le propos de s'améliorer, alors que la passion est un ensorcellement qui exclut toute amélioration.

On appelle aussi la passion *manie* (manie des honneurs, de la vengeance, du pouvoir), sauf celle de l'amour, quand elle ne réside pas dans le fait d'être épris. En voici la raison : quand l'ultime désir a obtenu satisfaction (par le plaisir), le désir, celui du moins qui s'adresse à la personne en question, cesse aussitôt; on peut donc appeler passion le fait d'être passionnément épris (aussi longtemps que l'autre continue à se dérober), mais non pas l'amour physique : celui-ci, du point de vue de l'objet, ne comporte pas de principe *constant*. La passion présuppose toujours chez le sujet la maxime d'agir selon un but prédéterminé par l'inclination. Elle est donc toujours associée à la raison; et on ne peut pas plus prêter des passions aux simples animaux qu'aux purs êtres de raison. La manie des honneurs, de la vengeance, etc., du moment qu'on ne peut les satisfaire complètement doivent être mises au nombre des passions comme autant de maladies qui ne connaissent point de remèdes.

§ 81. Les passions sont une gangrène pour la raison pure pratique, et la plupart du temps elles sont inguérissables : car le malade ne veut pas être guéri, et se soustrait à l'emprise du principe qui seul pourrait opérer cette guérison. La raison dans le domaine de la sensibilité pratique va de l'universel au particulier, selon le principe qu'il ne faut pas, au profit d'une seule tendance, rejeter toutes les autres dans l'ombre ou les tenir à l'écart, mais considérer que chaque tendance peut subsister avec la somme de toutes les autres. L'*ambition*, chez un homme, peut toujours être une orientation de ses tendances que la raison approuve ; mais l'ambitieux veut aussi être aimé des autres ; il a besoin d'avoir un entourage agréable, de maintenir sa fortune. Mais s'il est un ambitieux *passionné*, il est aveugle à ces fins, auxquelles le convient pourtant ses tendances ; et les autres peuvent le détester, son entourage le fuir, son faste menacer de le réduire à la ruine, il n'en tient aucun compte. C'est une folie (prendre un élément de la fin pour le tout) qui contredit la raison dans son principe formel.

267 | C'est pourquoi les passions ne sont pas simplement comme les émotions des dispositions malheureuses qui portent en elles beaucoup de mal ; elles sont sans exception mauvaises, et le désir le meilleur, même s'il s'adresse (dans sa matière) au domaine de la vertu, à la bienfaisance par exemple, devient (pour la forme), dès qu'il s'épanouit en passion, non seulement nuisible du point de vue pragmatique, mais moralement condamnable.

L'émotion porte un préjudice momentané à la liberté et à la maîtrise de soi-même. La passion en fait fi et trouve plaisir et satisfaction dans l'esclavage. Puisque, pendant ce temps, la raison ne se relâche pas dans son appel à la liberté intérieure, le malheureux soupire dans ses chaînes dont il ne peut pourtant pas se délivrer ; désormais elles sont en quelque sorte greffées sur ses membres.

Pourtant les passions ont trouvé aussi leurs apologistes (car où ne se trouvent-ils pas, une fois que la méchanceté a pris place dans les principes?); et on dit: «que jamais rien de grand dans le monde n'a été fait sans passions violentes, et que la Providence elle-même les a implantés dans la nature humaine comme autant de ressorts». – On peut bien en convenir pour les *tendances* variées dont la nature vivante (même celle de l'homme) ne peut se passer, puisqu'elles sont un besoin naturel et animal. Mais qu'elles puissent, qu'elles doivent devenir *passions*, la providence ne l'a pas voulu. On peut pardonner à un poète de les représenter de cette façon (on peut dire avec Pope: «si la raison est la boussole, les passions sont les vents»*). Mais le philosophe ne saurait pas accepter ce principe, même pour chanter dans les passions une disposition transitoire de la providence, qui intentionnellement, les aurait placées dans la nature humaine avant que la race ne fût parvenue au degré suffisant de culture.

DIVISION DES PASSIONS

Elles se divisent en passions relevant des tendances *naturelles* (innées) et en passions relevant des tendances nées de la *culture* humaine (acquises).

Les passions de la première espèce sont la *tendance à la liberté* et la | *tendance à la reproduction* qui sont liées toutes 268 les deux à une émotion. Les passions de la seconde espèce sont la *manie de l'honneur*, du *pouvoir* et de la *possession* qui ne sont pas liées à la fougue d'une émotion, mais à l'opiniâtreté d'une maxime établie pour certains buts. Les premières peuvent être dites passions *ardentes* (*passiones ardentes*); les secondes, comme l'avarice, passions froides (*frigidæ*). Mais

---

* Pope, *Essay on man*, chap. II, 108.

les passions ne sont toujours que des désirs d'hommes à hommes, et non pas d'hommes à choses ; pour un champ fertile, pour une vache prolifique, on peut avoir une inclination, qui, à vrai dire, est recherche du profit ; mais on ne peut avoir pour eux d'affection (celle-ci consiste en une tendance à former communauté avec d'autres), encore moins de passion.

A. *La tendance à la liberté comme passion*

§ 82. C'est la plus violente de toutes les passions chez l'homme de nature, en un état où il est inévitable que les hommes élèvent les uns à l'égard des autres des prétentions réciproques.

Celui dont le bonheur dépend du choix d'un autre (aussi bienveillant qu'on puisse l'imaginer) se sent à juste titre malheureux : quelle assurance a-t-il en effet que le jugement de son puissant voisin sur le bien coïncidera avec le sien propre ? Le sauvage qui n'est pas encore habitué à la soumission ne connaît pas de plus grand malheur que celui d'y tomber ; et il a raison, aussi longtemps qu'une loi publique ne lui donne pas de sécurité : et ceci jusqu'à ce que la discipline lui ait appris progressivement la patience. Il vit donc dans un état de guerre perpétuelle afin de maintenir les autres aussi éloignés que possible et de vivre isolé dans des étendues inhabitées. A la différence des autres animaux, l'enfant à peine arraché au sein de sa mère, accompagne d'un cri son entrée dans le monde, pour cette seule raison semble-t-il qu'il éprouve comme une contrainte son incapacité à se servir de ses membres : et il annonce ainsi d'emblée sa prétention à la liberté (dont aucun autre animal n'a de représentation)[1].

---

1. En poète, Lucrèce donne un autre sens à ce phénomène réellement remarquable dans le domaine animal :
   « Vagituque locum lugubri complet, ut æquomst

Les peuples nomades, | puisqu'aucune terre n'attache ces 269
pasteurs – les Arabes en sont un exemple – tiennent si fort à
leur manière de vivre, bien qu'elle ne soit pas entièrement
libre de contrainte, et ont tant de hauteur dans leur mépris pour
les peuples sédentaires, que la misère inséparable de leur état
n'a pu pendant des siècles les en détourner. Les peuples
purement chasseurs (comme les Olenni-Tungusi) se sont
réellement ennoblis par ce sentiment de la liberté (qui les a
séparés des tribus parentes). Ainsi le concept de liberté, entre
toutes les lois morales, éveille une émotion appelée enthou-
siasme ; même la représentation purement sensible de la
liberté extérieure suscite la tendance à s'y attacher ou à
l'étendre, par analogie avec le concept de droit, jusqu'à la
passion violente.

Chez les simples animaux, la tendance la plus violente (par
exemple la tendance sexuelle) ne prend pas le nom de
passion : c'est qu'ils ne possèdent pas la raison qui seule fonde
le concept de liberté et qui s'oppose à la passion ; c'est donc
chez l'homme seul qu'elle surgit. Il est vrai qu'on dit des

Quoi tantum in vita restit transire malorum »*. *De Natura rerum*,
V, 227-8.
    Cette perspective, l'enfant nouveau-né ne peut l'avoir ; que toutefois ce
sentiment de malaise provienne en lui non d'une douleur corporelle, mais
d'une idée obscure (ou d'une représentation qui lui est analogue) de la liberté
et de ce qui l'entrave, (l'*injustice*), c'est ce que démontre l'addition des
larmes au cri quelques mois après la naissance : par là se manifeste une sorte
d'irritation, quand l'enfant s'efforçant d'approcher de certains objets, ou
seulement de modifier son état en général, sent qu'il en est empêché. Cette
impulsion à avoir sa volonté propre et à éprouver comme une offense ce qui
lui fait obstacle, se signale aussi par le ton qu'il prend, qui laisse apparaître
une méchanceté que la mère se voit obligée de punir, mais à laquelle il
réplique en général par des cris encore plus violents. La même chose se
produit quand il tombe par sa propre faute. Les petits des animaux jouent ;
ceux de l'homme se querellent très tôt et c'est comme si un certain concept de
droit (qui se rapporte à la liberté extérieure) se développait en même temps
que l'animalité, sans avoir à être progressivement appris.

hommes qu'ils aiment certaines choses *passionnément* (la boisson, le jeu, la chasse) ou qu'ils les haïssent *passionnément* (le musc ou l'alcool de vin). Mais ces différentes répulsions, on ne les appelle pas pour autant passions – car ce ne sont qu'autant d'instincts différents, c'est-à-dire autant de modes purement passifs de la faculté de désirer ; il ne vaut donc pas la peine de les classer selon les objets de la faculté de désirer en tant que choses (leur nombre est indéfini), | mais selon le principe d'usage ou d'abus que les hommes font entre eux de leur personne ou de leur liberté, en traitant autrui comme un simple moyen pour leur fin. – Les passions ne s'adressent à proprement parler qu'aux hommes, et ne peuvent être satisfaites que par eux.

270

Ces passions sont la manie de l'honneur, du pouvoir et de la possession.

Comme ces tendances visent seulement la possession de moyens qui satisfassent toutes les tendances directement intéressées à un objet, elles ont dans cette mesure un vernis de raison : elles s'orientent en effet vers l'idée d'un pouvoir lié à la liberté qui permettrait d'atteindre en général les buts qu'on se propose. La possession de moyens pour des fins quelconque a bien plus d'ampleur que ce qui incline à une tendance singulière et à sa satisfaction (a). – C'est pourquoi elles peuvent être appelées tendances délirantes, ce qui consiste en ceci : établir une équivalence entre la valeur réelle des choses et la simple opinion qu'en ont les autres.

B. *Le désir de vengeance comme passion*

§ 83. Étant donné que les passions ne peuvent être que des tendances dirigées de l'homme vers l'homme, selon qu'elles s'orientent vers des fins convergentes ou opposées, elles sont amour ou haine ; mais puisque le concept de droit, immédiatement issu du concept de la liberté extérieure, est une stimulation bien plus vive et bien plus efficace de la volonté que celui de la bienveillance, la haine née d'une injustice subie – c'est-à-dire le *désir de vengeance* – est une passion qui naît irrésistiblement de la nature humaine, et aussi mauvaise que cete passion puisse être, la maxime de la raison en vertu du *désir légitime de justice* dont elle est l'analogie se trouve mêlée à cette tendance; elle est, par elle-même, une des passions les plus violentes, et qui pousse les racines les plus profondes; même quand elle paraît se relâcher, elle laisse toujours subsister une haine appelée *rancune*, qui couve comme un feu sous la cendre.

Le *désir* d'être avec autrui dans une situation ou un rapport où chacun puisse recevoir ce que veut le *droit*, n'est assuré- ment pas une passion, mais une détermination | fondamentale 271 du libre arbitre par la raison pratique. Mais si ce désir ne peut être *mis en jeu* que par le seul amour de soi-même, c'est-à-dire pour un avantage personnel et non en faveur d'une législation universelle, c'est alors un penchant sensible à la haine non de l'injustice, mais de ce qui nous fait tort; cette tendance (à persécuter et à détruire) puisqu'elle est fondée sur une idée, égoïstement appliquée toutefois, transforme le désir de justice contre l'offenseur en passion de revanche; celle-ci souvent pousse la violence jusqu'au point du délire qui fait qu'on s'expose à périr, pourvu que l'ennemi n'échappe pas; et cette haine devient (dans la vengeance du sang) un héritage des peuples; s'il n'est pas encore vengé, le sang de l'offensé, comme on dit, crie jusqu'à ce que ce sang innocemment versé soit lavé dans un autre, fût-ce dans celui d'un descendant irresponsable.

C. *De la tendance à pouvoir exercer*
en général une influence sur les autres hommes

§ 84. Cette tendance est celle qui s'approche le plus de la raison technique et pratique, c'est-à-dire des maximes de prudence. – Régner sur les tendances des autres, de manière à les infléchir et à les déterminer selon ses propres intentions, équivaut presque à s'emparer d'eux pour en faire de simples instruments de sa volonté. Rien d'étonnant si cet effort pour acquérir une influence sur les autres devient une passion.

Ce pouvoir comporte trois forces : l'*honneur*, la *puissance*, et l'*argent*; si on les possède (au moins deux d'entre elles), on a prise sur les gens et on peut les utiliser à ses propres fins. Les tendances qui s'y rapportent, quand elles se transforment en passion, sont la *manie de l'honneur*, la *manie de la domination* et la *manie de la possession*. A vrai dire l'homme devient alors le jouet (la dupe) de ses propres tendances et l'utilisation de tels moyens lui fait manquer le but final : et nous ne parlons pas ici de la sagesse qui n'autorise aucune passion, mais seulement de l'intelligence avec laquelle on peut manipuler les fous.

Mais les passions en général, aussi violentes qu'elles puissent être | comme mobiles sensibles, sont pourtant des faiblesses manifestes à l'égard de ce que la raison prescrit à l'homme. C'est pourquoi l'homme adroit peut d'autant moins les utiliser pour ses propres fins qu'est plus forte passion qui domine les autres.

La manie de l'honneur est cette faiblesse des hommes qui permet d'influer sur eux par leur opinion; la manie de la domination est celle qui permet d'influer sur eux par la crainte; la manie de la possession, par leur intérêt. Dans tous les cas, c'est une situation d'esclavage qui permet à un autre d'utiliser un homme, par l'intermédiaire de ses tendances, pour ses propres fins à lui. Mais la conscience de ce pouvoir et de la possession des moyens pour satisfaire ses tendances, éveille la passion plus vivement que leur utilisation réelle.

a. *Manie de l'honneur*

§ 85. Il ne s'agit pas de la *passion de l'honneur* c'est-à-dire la haute estime qu'un homme est en droit d'attendre des autres à cause de sa valeur personnelle (morale), mais de l'effort pour se faire une *réputation honorifique*, à laquelle suffit l'apparence. Cet orgueil (qui prétend forcer les autres à s'apprécier moins que nous, folie qui agit contre ses propres fins), cet orgueil, dis-je, il suffit de le flatter, et par cette passion on a barre sur le sot. Les flatteurs [1] et toute la claque qui laissent toujours le dernier mot à un homme important donnent un aliment à cette passion, qui fait sa faiblesse ; et ils corrompent ainsi les grands et les puissants qui s'abandonnent à ce sortilège.

L'*arrogance* est un appétit d'honneur qui manque son but et agit contre ses propres fins ; on ne peut pas la considérer comme un moyen délibéré d'utiliser | les autres pour ses **273** propres fins (elle les écarte au contraire) ; l'arrogant est plutôt l'instrument des filous : on dit que c'est un *niais*. Un commerçant, homme loyal et de raison, me demanda un jour : « Pourquoi y a-t-il toujours de la bassesse chez l'arrogant ? » (Il avait remarqué qu'un homme, tirant vanité de sa richesse et de sa haute situation dans le commerce, ne se fait pas scrupule de ramper au moment des revers). Voici mon opinion : puisque l'arrogant prétend réduire les autres au mépris de soi, quand ils se comparent à lui, une pareille pensée ne peut venir

---

1. Le mot flatteur a dû être originairement *Schmiegler* : quelqu'un qui se plie et qui s'incline pour conduire à sa guise, par son orgueil, un homme qui se croit puissant ; tout comme le mot *Heuchler* – tartufe – (qui devrait plutôt s'écrire *Haüchler*) a du désigner un menteur qui joue le rôle de l'humilité devant un prêtre puissant en entrecoupant ses discours de profonds soupirs*.
* Kant suppose que *Heuchler* dérive de *Hauchen* : souffler, soupirer.

qu'à celui qui se sent prêt à la bassesse ; et l'arrogance est en soi un signe qui la fait présager, sans jamais tromper.

b. La manie de la domination

Cette passion est en elle-même injuste et, extériorisée, elle suscite une opposition générale. Elle commence par la crainte d'être dominé par les autres, et elle veille à prendre sur eux en temps utile l'avantage de la force ; c'est un moyen bien douteux et bien injuste d'utiliser les hommes pour ses fins personnelles : d'un côté, on soulève leur opposition, ce qui n'est pas adroit, et de l'autre, on va à l'encontre de cette liberté dans les lois à laquelle chacun peut prétendre – ce qui est injuste. – Quant aux méthodes *indirectes* de domination (l'art des femmes, par exemple, pour utiliser les hommes à leurs fins propres, grâce à l'amour qu'elles leur inspirent), elles n'ont pas leur place dans ce paragraphe. C'est qu'elles n'impliquent pas la force, mais savent maîtriser et enchaîner leurs victimes par leurs propres tendances. Non que le sexe féminin, dans notre espèce, soit libre de toute tendance à régner sur les hommes (c'est le contraire qui est vrai) ; mais pour y arriver les femmes ne se servent pas du même moyen que les hommes ; au lieu d'utiliser le privilège de la *force* (celle qu'implique le mot : *dominer*), elles se servent de leur *attrait* qui comporte que l'autre sexe ait tendance à être dominé.

274 | c. La manie de posséder

L'argent fait tout ; et celui que Plutus favorise voit s'ouvrir devant lui toutes les portes qui demeurent fermées à un plus pauvre. L'invention de ce moyen qui n'a pas (ou du moins ne doit pas avoir) d'autre utilité que de servir simplement à la circulation des produits de l'activité humaine, et donc de tous les biens matériels, a provoqué, surtout après avoir été représenté par du métal, une manie de posséder ; cette manie, même si on ne jouit pas de ce qu'on possède, et même si on renonce à s'en servir (comme l'avare), suppose une puissance dont on croit qu'elle suffit pour remplacer toutes celles qui manquent. Cette passion entièrement dépourvue de principe spirituel, sans être toujours moralement condamnable bien qu'elle soit purement mécanique, cette passion qui s'attache de préférence à l'âge (manière de récompenser ainsi l'affaiblissement naturel), et qui a fait attribuer à l'instrument de son influence le simple mot de « moyens », est une passion qui ne peut plus être modifiée une fois qu'elle est installée.

Et si la première de ces trois passions provoque la *haine*, la seconde la *crainte*, la troisième, elle, provoque le *mépris*[1] (a).

DE LA TENDANCE QUI PROCÈDE DE L'ILLUSION, EN TANT QU'ELLE EST UNE PASSION

§ 86. Par illusion comme mobile des désirs, j'entends l'*égarement* intérieur, qui dans l'ordre de la pratique tient pour objectif ce qu'il y a de subjectif au principe de l'action. La nature cherche de temps en temps à stimuler plus vivement la force vitale et à animer ainsi l'activité de l'homme afin qu'il ne perde pas, dans la simple jouissance, le sentiment de la vie. A cette fin, d'une manière très sage et bienfaisante, elle a fait miroiter aux yeux de l'homme naturellement paresseux des objets selon son imagination, comme autant de fins réelles (manières de se procurer honneur, pouvoir et argent) qui fournissent assez de besogne à son inertie pour les *choses sérieuses*, | et le font beaucoup travailler *sans rien faire*. **275**

---

1. Il faut comprendre ici le mépris au sens moral, car au sens social, s'il arrive que suivant l'expression de Pope « le diable, dans la pluie d'or des cinquante pour cent, se glisse dans la poche de l'usurier et s'empare de son âme »*, la grande masse admire plutôt l'homme qui a montré tant d'habileté dans les affaires.

* Pope, *Moral Essays*, chap. III, 371.

L'intérêt qu'on y prend est un intérêt de pure illusion; la nature joue réellement avec l'homme, et l'aiguillonne (lui, le sujet) vers sa fin : cependant que l'homme se maintient (objectivement) dans la conviction de s'être fixé à lui-même sa propre fin. – Ces tendances relevant de l'illusion, précisément parce que la fantasmagorie est autocréatrice, sont susceptibles de devenir hautement *passionnées*, si elles reposent sur une *émulation* des individus entre eux.

Les enfants qui jouent à la balle, à la lutte, à la course, aux soldats, l'homme plus tard qui joue aux échecs et aux cartes (là on se propose l'exercice du pur privilège de l'entendement, ici un simple gain), le citoyen enfin qui dans des sociétés publiques tente sa chance au faro ou aux dés, sont sans le savoir aiguillonnés par la nature, qui, dans sa plus grande sagesse, les incite à risquer leurs forces dans la rivalité d'un combat : afin que l'énergie vitale, en général, soit protégée contre l'épuisement et maintenue en état d'excitation. Deux personnes qui luttent ainsi croient jouer l'une avec l'autre ; en fait, c'est la nature qui joue avec elles ; ce dont la raison peut les convaincre clairement, s'ils réfléchissent que les moyens choisis par eux conviennent bien mal à leurs fins. Mais le bien-être qu'on éprouve au cours d'une pareille excitation, parce qu'il est intimement lié à des idées illusoires (idée étant pris au mauvais sens) suscite pour cette raison même, un penchant à une passion d'une grande violence et d'une longue durée[1].

Les tendances relevant de l'illusion rendent superstitieux l'homme faible, et rendent faible le superstitieux : c'est-à-dire qu'elles l'inclinent à attendre des circonstances qui ne peuvent pas être *causes naturelles* (quelque objet de crainte ou

---

1. Un Hambourgeois qui, dans sa ville avait perdu au jeu une fortune considérable, passait son temps à regarder les autres jouer. On lui demanda ce qu'il éprouvait lorsqu'il songeait à la fortune qu'il avait autrefois possédée : « si je la possédais encore, je ne saurais l'utiliser plus agréablement ».

d'espoir) des effets qui l'intéressent. Chasseurs, pêcheurs, joueurs également (surtout joueurs de loterie) sont superstitieux et l'illusion conduisant à cet égarement qui prend le subjectif pour l'objectif, la détermination du sens interne pour la connaissance de la chose elle-même, rend compréhensible ce penchant à la superstition.

| DU BIEN PHYSIQUE SUPRÊME   276

§ 87. La plus grande jouissance sensible, qui ne se mêle d'aucun dégoût, consiste, quand on est en pleine santé, à se reposer *après le travail*. Le penchant à prendre du repos sans avoir travaillé, quand on est en bonne santé, s'appelle *paresse*. On peut cependant ne pas vouloir reprendre ses *occupations* pendant un bon moment et se livrer à la douceur du farniente, où l'on rassemble ses forces, sans être un paresseux ; on peut alors (même si on joue) avoir des *occupations* agréables et utiles en même temps ; un changement dans la nature du travail est à bien des égards un repos ; en revanche il faut une assez grande détermination pour revenir à un travail pénible qu'on a laissé inachevé.

Parmi les trois vices : *paresse*, *lâcheté*, *fausseté*, le premier semble mériter le plus de mépris. Mais on peut être souvent injuste quand on porte un jugement de paresse. Car cette répugnance au travail ininterrompu, la nature l'a sagement placée, pour plus d'un homme, dans un instinct qui lui est salutaire tout autant qu'aux autres : on ne supporterait pas sans épuisement une dépense de force trop longue ou trop souvent répétée ; on a besoin des récréations. Demetrius aurait bien fait de bâtir un autel pour cette mégère : sans la *paresse*, l'infatigable méchanceté ferait encore plus de mal dans le monde qu'elle n'en fait ; si la *lâcheté* ne la prenait en pitié, la soif de sang et les guerres extermineraient bientôt les hommes ; sans *fausseté* (puisque parmi les innombrables comploteurs, il y a toujours, sur la masse, comme celle d'un régiment par exemple, quelqu'un qui trahit) la méchanceté innée à la nature humaine ruinerait des états entiers.

Les pulsions les plus fortes de la nature, qui représentent une force invisible dirigeant le genre humain selon une raison supérieure et veillant au bien physique du monde en général (la raison de celui qui régit le monde) sans que la raison humaine ait à intervenir, sont l'amour de la vie et l'amour sexuel; le premier doit conserver l'individu, le second l'espèce; car par l'union des sexes, la vie de notre espèce raisonnable progresse en son ensemble, indépendamment de la destruction à laquelle elle travaille elle-même par les

277   guerres; cette destruction n'empêche pas | qu'au milieu des guerres, les créatures raisonnables dans le développement continu de leur culture, offrent au genre humain, pour les siècles à venir la perspective sans ambiguïté d'un état bien-heureux d'où on ne déchoit jamais.

Du bien physique et moral suprême

§ 88. Les deux sortes de bien, le physique et le moral, ne peuvent être mêlés : car ils se neutralisent et seraient sans efficacité pour atteindre la fin de la vraie félicité : mais les tendances au *bien-être* et à la vertu en lutte l'une contre l'autre et la limitation du principe de la première par le principe de la seconde déterminent dans le heurt de leur rencontre toute la fin de l'homme de bien, être sensible pour une part, être moralement intellectuel pour une autre; mais celui-ci – le mélange étant à l'usage difficile à éviter – a besoin de le dissocier par des agents contraires (*reagentia*) pour connaître quels sont les éléments et les proportions du mélange, qui, réunis, procurent la jouissance d'une félicité ayant *valeur morale*.

La façon de penser l'unification du bien-être avec la vertu dans le commerce avec autrui, est l'*humanité* ; elle ne dépend pas du degré de bien-être, car tel exigera peu, tel autre beaucoup suivant ce qui lui paraît nécessaire, mais elle dépend de la forme du rapport, de la manière dont la tendance au bien-être est limitée par la loi de la vertu.

La facilité dans les contacts est aussi une vertu ; mais il peut y avoir là un penchant qui devient souvent une passion. Mais si ce plaisir à être en société devient faste et prodigalité, cette fausse facilité dans les contacts cesse d'être une vertu et n'est qu'une manière de bien vivre, qui porte préjudice à l'humanité.

La musique, la danse et le jeu constituent une société sans langage (car le peu de mots nécessaires pour le jeu ne permettent pas la conversation, qui exige l'échange des pensées). Le jeu qui, dit-on, ne doit servir qu'à remplir le vide | de la **278** conversation après le repas est pourtant, d'une façon générale, l'essentiel ; c'est un moyen de gagner qui excite vivement les passions, où on établit une certaine convention de profit individuel, pour se dévaliser les uns les autres avec la plus grande politesse, et où un égoïsme total, aussi longtemps que dure le jeu, constitue un principe que personne ne récuse : une telle conversation, dans toute culture qui la met à la mode, ne pourrait encourager que bien difficilement l'unification du bien-être social avec la vertu, c'est-à-dire la véritable humanité.

*

La forme de bien-être qui paraît s'accorder le mieux avec l'humanité est un *bon repas* en *bonne compagnie* (et autant que possible variée); Chesterfield disait qu'elle ne devait pas être inférieure au nombre des Grâces et ne pas excéder celui des Muses[1].

Prenons un groupe de convives[2] constitué d'hommes de goût (réunis avec élégance): dans la mesure où ils n'ont pas seulement pour intention de prendre un repas en commun, mais de profiter mutuellement de leur présence (leur nombre alors ne doit pas dépasser beaucoup le nombre des Grâces), ce petit groupe ne doit pas chercher tellement la satisfaction physique (chacun peut la trouver seul), mais le plaisir social dont chaque individu doit sembler n'être que le véhicule; alors un tel nombre est suffisant pour que la conversation ne soit pas paralysée, et pour qu'on ne fasse pas groupe à part avec son voisin. Le plaisir de la conversation n'est certainement pas | la chose la moins importante: il est un facteur de culture, chacun parlant avec tous (et non pas simplement avec son voisin); au contraire les soi-disant festins solennels (banquets et agapes) sont complètement insipides. Il va de soi

279

---

1. Dix à une table: car l'hôte qui sert les invités ne se compte pas lui-même.
2. Dans un repas solennel, où la présence des dames maintient la liberté des hommes dans la limite de la décence, un soudain silence qui se prolonge fait peser la menace de l'ennui et personne ne se risque à quelque nouveau sujet qui permette de poursuivre la conversation; car il ne faut pas le choisir au hasard mais l'emprunter à un événement actuel et intéressant; une seule personne avant toute autre, la maîtresse de maison, peut empêcher ces silences et maintenir continuellement le cours de la conversation; ainsi, comme dans un concert, elle se termine dans l'enjouement de tous; elle n'est que plus profitable, comme au banquet de Platon dont un hôte disait: «Tes repas ne sont pas agréables seulement quand on les goûte, mais chaque fois qu'on y pense».

que dans tous les repas de groupe, même à une table d'hôte, les propos publics d'un commensal contre un absent ne doivent pas être utilisés hors du groupe, ni rapportés. Car toute réunion autour d'une table comporte, sans contrat particulier, un certain devoir sacré : il faut taire ce qui pourrait, ensuite et au-dehors, porter tort à un convive ; sans cette confiance, le plaisir que l'on prend dans une telle société, et qui est profitable à la culture morale, serait anéanti. Devant ce qu'on appelle le public (*un groupe de convives* a beau être aussi grand qu'on veut, il est toujours privé ; seule la société des citoyens en général, est, dans son idée, publique), si on tenait des propos désagréables sur un de mes amis, je me ferais son avocat, et je me chargerais de sa défense à mes risques et périls ; je le ferais avec sincérité et âpreté ; mais je ne permettrais pas qu'on se serve de moi comme d'un instrument pour répandre ces médisances et les rapporter à l'homme qu'elles concernent. Ce qui doit guider la conversation, ce n'est pas simplement un certain *plaisir* social, mais aussi des principes qui, au moment où les hommes échangent franchement leurs pensées avec leur entourage, doivent servir de condition restrictive à leur liberté.

Dans la confiance qui règne entre les convives d'une même table, il y a quelque chose d'analogue à d'antiques usages, à ceux des Arabes par exemple ; chez eux un étranger, dès qu'il a pu obtenir sous leur tente quelque chose à consommer (un verre d'eau), peut se sentir en sûreté ; quand les députés de Moscou, venant à sa rencontre, tendent à l'impératrice de Russie le *pain* et le *sel* et qu'elle en a fait usage, le droit d'hospitalité la tient assurée contre toutes les embûches. Manger à la même table est considéré comme la formalité d'un tel contrat de sécurité.

280   Manger seul (*solipsismus convictorii*) est malsain | pour un philosophe[1]. Il ne se restaure pas (surtout s'il fait bombance tout seul), il se fatigue; c'est une occupation qui épuise et non pas un jeu qui vivifie les pensées. L'homme en train de manger, s'il est seul à table et s'il rumine ses pensées perdra progressivement sa belle humeur, mais il la recouvre si un convive lui fournit, par des trouvailles variées, des thèmes nouveaux qui le réveillent sans effort de sa part.

Quand une table est bien garnie et que la multiplicité des services n'a pour but que de prolonger la réunion des convives (*coenam ducere*) l'entretien passe en général par trois étapes : 1) le récit; 2) le raisonnement; 3) la plaisanterie. A) Les nouvelles du jour, celles de l'intérieur et celle de l'extérieur, transmises par les lettres privées ou par les journaux. B) Le premier appétit satisfait, le groupe est déjà plus vivant; comme il est difficile d'éviter, dans les raisonnements, des différences dans la manière de juger les questions, et que nul ne fait fi de son propre jugement, il s'élève un débat qui, donnant faim et soif, rend l'appétit plus salutaire selon la vivacité du débat et la part qu'on y prend. C) Mais puisque le

---

1. Car celui qui *philosophe* doit avoir continuellement en tête ses pensées, pour découvrir enfin, après bien des essais, à quel principe il doit les lier systématiquement; et les idées, puisqu'elles ne sont pas des intuitions, flottent pour ainsi dire en l'air devant lui. L'historien ou le mathématicien peut les installer droit devant lui, et ainsi, la plume à la main, en suivant les règles générales de la raison, les ordonner empiriquement comme des faits; et comme ce qui précède est établi avec certitude, il peut continuer son travail, le lendemain, là où il l'a laissé. – Quant au *philosophe* on ne peut pas considérer qu'il *travaille* à la construction des sciences, c'est-à-dire qu'il est un savant; mais il faut considérer qu'il *recherche la sagesse*. C'est la pure idée d'une personne qui se propose pour objet, dans le domaine pratique et (à ce même effet aussi) dans le domaine théorique, le but final de tout savoir; on ne peut pas utiliser ce nom au pluriel, mais au singulier seulement (le Philosophe porte tel ou tel jugement), parce qu'il caractérise une pure idée mais parler des Philosophes serait indiquer une pluralité dans ce qui est unité absolue.

raisonnement exige toujours une sorte de travail et de tension des forces, celle-ci devient finalement pénible par la consommation assez copieuse qui l'accompagne; alors tout naturellement la conversation glisse à un simple jeu d'esprit; c'est, pour une part, qu'il faut plaire | aux femmes présentes; les **281** plaisanteries légères et enjouées qu'on peut diriger contre leur sexe sans les choquer leur permettent de montrer leur esprit sous un jour favorable, et le repas se termine dans le rire. Si c'est un rire franc et de bonne humeur, la nature a voulu que par les mouvements du diaphragme et des viscères, il favorise singulièrement la digestion, et le bien-être physique qui l'accompagne; cependant les convives s'imaginent découvrir avec étonnement combien la culture de l'esprit entre dans les intentions de la nature. – Une musique de table pendant un banquet de personnages importants est l'absurdité la plus dénuée de goût que la débauche ait pu inventer.

Les règles d'un repas de bon goût où la compagnie est animée sont : *a*) choisir un sujet qui intéresse tout le monde et donne à chacun l'occasion d'y prendre convenablement sa part; *b*) ne pas laisser s'établir dans la conversation des temps morts, mais des repos d'un instant; *c*) ne pas changer de sujet sans nécessité, et ne pas sauter d'un thème à l'autre; car, à la fin d'un repas, comme à la fin d'un drame (il en est de même pour toute la vie qu'un homme de raison a parcourue), l'esprit cherche inévitablement à se souvenir des différents épisodes de la conversation; et s'il ne peut pas retrouver le fil de leur enchaînement, il se sent perdu et s'aperçoit avec dépit qu'au lieu d'avoir fait des progrès dans le domaine de la culture, il a plutôt rétrogradé. Il faut presque épuiser le sujet de l'entretien avant de passer à un autre, et au moment où la conversation s'arrête, essayer de mettre sur le tapis, sans que le groupe s'en aperçoive, un autre thème voisin du premier : de cette manière un seul des convives, sans qu'on le remarque et qu'on en prenne ombrage, peut tenir le fil de la conversation ; *d*) ne pas laisser naître et s'installer chez soi ou chez les autres convives la manie d'ergoter ; puisque cette conversation ne doit pas être une occupation sérieuse, mais un simple jeu, détourner plutôt ce sérieux ne peut être évité, maintenir ses émotions dans une discipline telle que respect et bienveillance réciproques apparaîtront toujours ; ce qui dépend beaucoup plus du ton (il ne faut pas crier ni être cassant) que du contenu de la conversation, de manière qu'aucun des convives ne quitte la réunion et ne rentre chez lui brouillé avec un autre.

282 | Ces lois du raffinement humain ont beau paraître insignifiantes, si on les compare avec la loi purement morale, tout ce qui favorise les rapports sociaux et ne consiste qu'en maximes pour plaire et manières de plaire, recouvre cependant la vertu d'un vêtement qui l'avantage et qu'il faut recommander même du point de vue le plus sérieux. – Le *purisme* du *cynique*, et la *macération* de l'*anachorète* sans le bien-être social sont des formes grimaçantes de la vertu et qui n'engagent pas à la pratiquer ; délaissées par les Grâces, elles ne peuvent prétendre à l'humanité.

La Caractéristique anthropologique
De la manière de connaître l'homme intérieur à partir de l'homme extérieur

1) Le caractère de la personne ; 2) le caractère du sexe ;
3) le caractère du peuple ; 4) le caractère de la race.

A. LE CARACTÈRE DE LA PERSONNE

Du point de vue pragmatique, la théorie générale, *naturelle* (non sociale), des signes (*semiotica universalis*) se sert du mot *caractère* dans une double acceptation : on dit : un homme a *tel* ou *tel* caractère (physique) ; et d'autre part il a *du* caractère (caractère moral) ; ce caractère existe et il est seul, ou alors il n'existe pas du tout. Au premier sens, il s'agit d'un signe de différenciation de l'homme en tant qu'être sensible ou naturel ; au deuxième, il s'agit d'un signe distinctif de l'homme en tant qu'être raisonnable doué de liberté. L'homme de principe, à propos duquel on sait en toute certitude ce qu'on peut attendre, non de son instinct, mais de sa volonté, a du caractère. C'est pourquoi dans une Caractéristique sans tautologie, on peut, pour ce qui appartient à la faculté de désirer (pour ce qui est pratique) diviser le domaine de la Caractéristique en 1) *naturel* ou disposition de la nature ; 2) *tempérament* ou type de sensibilité ; 3) *caractère* par excellence ou principe de pensée. Les deux premières dispositions indiquent ce qu'on peut faire de l'homme, la troisième ce que l'homme est prêt à faire de lui-même.

I. Du naturel

«Cet homme a un bon *naturel*» signifie : il n'est pas entêté, il cède volontiers ; il est à vrai dire sujet à l'irritation, mais il se calme facilement et | ne garde pas rancune (il est négativement bon). – Au contraire, l'expression «il a bon *cœur*» a beau désigner un certain type de sensibilité, elle veut dire bien davantage. C'est une impulsion au bien pratique, bien qu'exercé hors des principes ; si bien qu'un homme de bon naturel et un homme de bon cœur sont tous deux des gens dont, avec un peu de ruse, on peut faire ce qu'on veut. Ainsi le naturel concerne (subjectivement) le sentiment du plaisir et du déplaisir que les hommes peuvent éprouver les uns en face des autres (c'est en cela que le naturel peut avoir quelque chose de caractéristique), plus qu'il ne concerne (objectivement) *la faculté de désirer* ; c'est qu'en celle-ci la vie ne se manifeste pas *intérieurement* par le simple sentiment, mais aussi *extérieurement* par l'activité, bien qu'elle ne fasse que suivre les mobiles de la sensibilité. C'est dans ce rapport que consiste le *tempérament*, qui doit être distingué d'une disposition coutumière (suscitée par l'habitude) : car l'habitude ne se fonde pas sur une disposition de nature, mais seulement sur des causes occasionnelles.

II. Du tempérament

Du point de vue *physiologigue*, on entend, lorsqu'on parle de tempérament, la *constitution corporelle* (force et faiblesse des solides) et la *complexion corporelle* (les fluides, l'élément que la force vitale met régulièrement en mouvement dans le corps ainsi que le chaud et le froid qui participent à l'élaboration de ces liqueurs).

Envisagées du point de vue *psychologiques*, c'est-à-dire comme tempéraments de l'*âme* (de la faculté de sentir et de désirer), ces expressions empruntées à la qualité du sang ne sont proposées que d'après l'analogie du jeu des sentiments et des désirs avec les causes corporelles du mouvement (le sang en est la principale).

Dans ces conditions, les tempéraments que nous attribuons à l'âme peuvent bien avoir, en secret, pour causes concomitantes, l'élément corporel; en outre, puisqu'on peut établir d'abord une division générale en tempéraments du *sentiment* et de l'*activité*, et qu'ensuite chacun de ceux-ci peut être associé à une excitabilité (*intensio*) ou à une relaxation (*remissio*) de la *force vitale*, on ne peut établir que quatre tempéraments simples (comme dans les quatre figures du syllogisme, par le *medius terminus*): le *sanguin*, le *mélancolique*, le *colérique*, le *phlegmatique*; | ce qui permet de **287** conserver les anciennes formes tout en leur donnant un sens qui s'accorde mieux à l'esprit de cette théorie des tempéraments.

C'est pourquoi l'expression de qualité du sang ne sert pas à indiquer *la cause* de ce qui se passe lorsqu'un homme éprouve une affection sensible (selon une pathologie humorale ou nerveuse) mais seulement à classer les individus selon les effets observés. Car pour attribuer sans erreur à un homme l'étiquette d'une classe particulière, il n'est pas nécessaire de connaître au préalable le mélange chimique du sang qui autorise la désignation de telle propriété du tempérament, mais les sentiments et les tendances dont la combinaison a été observée chez lui. Voici donc quelle peut être la division générale de la théorie des tempéraments : tempéraments du *sentiment* et tempéraments de l'*activité*; distinction qui, à son tour, peut se subdiviser en deux : ce qui au total donne quatre tempéraments : – Parmi les tempéraments du sentiment, je compte le *sanguin* A, et au contraire le *mélancolique* B. Le premier a cette particularité que la sensation fait une impression rapide et forte, mais sans marquer profondément (sans durer); dans le second, la sensation a moins de vigueur, mais elle s'enracine profondément. C'est cela, et non le penchant à la joie ou à la tristesse, qui permet de distinguer les tempéraments du sentiment. Car si la frivolité du sanguin le dispose à l'enjouement, la gravité, qui conserve en soi les impressions, ôte à la gaieté ce qu'elle a de légèreté instable sans rendre triste pour autant. – Mais comme la diversion, quand on en reste maître, donne à l'esprit en général vie et force, l'homme qui accepte d'un cœur léger tout ce qui lui arrive n'est peut-être pas plus sage, mais à coup sûr il est plus heureux que celui qui s'accroche à des sensations qui paralysent sa force vitale.

I. *Tempéraments du sentiment*

A. *Le tempérament sanguin de celui qui a le sang léger*

Le sanguin extériorise son type de sensibilité et le donne à reconnaître de la manière suivante : il est sans souci et toujours plein d'espoir; sur le moment même, il donne | à toutes choses une grande importance; mais à l'instant suivant, il peut n'y plus penser. Il promet, en toute honnêteté, mais ne tient pas parole; car il ne s'est pas demandé à l'avance s'il pourrait la tenir. Il a assez bon cœur pour aider les autres, mais c'est un mauvais débiteur qui demande toujours des délais. Sociable, spirituel, de bonne humeur, il n'aime pas à donner à quoi que ce soit une grande importance (vive la bagatelle ! *) et il a tout le monde pour amis. Ce n'est pas en général un homme méchant, mais c'est un pécheur difficile à convertir, qui a, il est vrai, de vifs regrets, mais les oublie vite (son regret ne devient jamais affliction). En pleine occupation il se lasse, et pourtant, il s'occupe sans répit à ce qui n'est que jeu : c'est que

288

---

* En français dans le texte.

le jeu implique le changement et la persévérance n'est pas son fort.

B. *Le tempérament mélancolique de celui qui a le sang lourd*

Celui qui est *disposé* à la mélancolie (non pas le mélancolique : c'est là un état, et non un simple penchant à un état) donne à tout ce qui lui arrive une grande importance ; il trouve partout des raisons de se faire du souci, et il dirige son attention d'abord sur les difficultés, tout comme le sanguin, lui, débute par l'espérance du succès. C'est pourquoi l'un pense en profondeur, l'autre en superficie. Il promet difficilement, car il attache du prix à tenir parole, et se soucie de pouvoir le faire. A tout cela point de raisons morales (il est question ici de mobiles sensibles), mais c'est que la contrariété le met dans l'embarras, le rend soucieux, méfiant et pensif, et par là-même inaccessible à la gaieté. – Du reste cette disposition de l'âme, quand elle est habituelle, s'oppose, au moins par ce qui la provoque, à la philanthropie, qui est plutôt l'apanage du sanguin ; car on n'autorise pas facilement chez les autres une joie dont il faudra se passer soi-même.

| II. *Les tempéraments de l'activité*   **289**

C. *Le tempérament colérique de celui qui a le sang chaud*

On dit de lui : il est *ardent*, il flambe aussi vite qu'un feu de paille, il suffit que les autres cèdent pour qu'il se calme ; sa colère est sans haine, et il n'aime que davantage celui qui a vite fait de lui céder. Son activité est prompte, mais ne persiste pas. Il est actif, mais n'aime pas se charger lui-même d'occupations, précisément parce qu'il ne s'y fixe pas ; il joue volontiers le donneur d'ordres qui dirige mais n'exécute pas lui-même. C'est pourquoi sa passion dominante est le désir des honneurs ; il aime à s'occuper des affaires publiques et veut en être loué bien haut. Il aime l'apparence et la pompe du cérémonial ; il prend volontiers les autres sous sa protection ; non par amour, mais par orgueil : c'est à lui-même que va, de préférence, son amour. – Il tient à l'ordre, ce qui le fait paraître plus avisé qu'il n'est. Il est avide de posséder pour n'être pas ladre ; il est poli avec son entourage, mais d'une façon cérémonieuse, raide et maniérée ; il aime à avoir un quelconque flatteur qui lui permette de faire ressortir son esprit ; il est plus mortifié, si on s'oppose à ses orgueilleuses prétentions, que l'avare si on s'oppose à son avidité ; car le nuage de son importance se laisse dissiper par un esprit un peu caustique, tandis que le gain sera toujours pour l'avare un dédommagement. – En un mot le tempérament colérique est de tous le moins heureux, car c'est celui qui suscite le plus d'opposition.

D. *Le tempérament flegmatique de celui qui a le sang froid*
Flegme signifie absence d'*émotion*, mais non pas *indolence* (inertie) ; et de l'homme qui a beaucoup de flegme, on ne doit pas dire, du fait même, qu'il est flegmatique, ni le placer dans la catégorie des fainéants.

Le flegme, en tant que *faiblesse* est un penchant à être inactif, à résister même aux mobiles les plus puissants de s'occuper. Cette incapacité | à être impressionné est volonté d'être inutile ; on n'a d'inclination que pour la nourriture et le sommeil.

290

Le flegme en tant que force est au contraire la volonté de ne pas laisser se déclencher en soi des mouvements faciles et hâtifs, mais seulement des mouvements qui soient durables, même au prix d'une certaine lenteur. Celui dont le mélange humoral comporte une dose convenable de flegme, met plus longtemps à s'échauffer, mais conservera cette chaleur plus longtemps. Il ne se met pas facilement en colère, mais il se demande d'abord s'il doit se mettre en colère : tandis que le colérique pourrait avoir un accès de fureur à ne pouvoir faire sortir de son sang-froid un personnage aussi stable.

Avec une dose ordinaire de raison, mais aussi de flegme, sans éclat, en procédant à partir des principes et non de l'instinct, l'homme qui a le sang froid n'a rien à regretter. Son tempérament heureux lui tient lieu de sagesse, et dans la vie courante, on dit souvent de lui qu'il est philosophe. Cela le place au-dessus des autres, sans que leur vanité en soit morti-fiée. On dit aussi souvent de lui qu'il est *retors*; car on peut lui lancer tous les projectiles qu'on voudra : ils rebondiront comme sur un sac de laine. C'est un époux conciliant; il sait établir son autorité sur sa femme et ses parents, alors qu'il paraît suivre la volonté des autres; c'est que par sa volonté inflexible, mais réfléchie, il s'entend à ramener celle des autres à la sienne; les corps de peu de masse mais de grande vitesse transpercent le corps qu'ils heurtent, alors que ceux de moins grande vitesse mais de plus grande masse emportent avec sans le briser l'obstacle qu'ils rencontrent.

Si, comme on le croit généralement, un tempérament doit être associé à un autre, de la manière suivante par exemple,

A .... B
Le sanguin   Le mélancolique
+   +
+   +
+   +
C .... D
Le colérique   Le flegmatique

ou bien ils *s'opposent*, ou bien ils se *neutralisent*. Il y a opposi-tion s'il faut considérer le sanguin uni au mélancolique chez une seule et même personne; de même | s'il s'agit du colérique **291** et du flegmatique. Car A et B (de même que C et D) sont en contradiction l'un avec l'autre. Il y a neutralisation s'il y a *mélange* (en quelque sorte chimique) du sanguin avec le colé-rique, et du mélancolique avec le flegmatique (A et C, B et D). Car la gaieté avec sa bienveillance ne peut se concevoir comme formant corps, en un seul et même acte, avec la colère et ses terreurs ; ni non plus le tourment de celui qui se torture lui-même avec la tranquillité satisfaite d'une âme qui trouve en soi son contentement. – Si l'un de ces deux états doit se mêler avec l'autre chez quelqu'un, il n'en résulte que de simples humeurs passagères, et non pas un tempérarnent déterminé.

Donc il n'y a pas de tempérament composé, par exemple de tempérament sanguin – colérique (que tout fanfaron veut avoir, jouant au seigneur indulgent et pourtant sévère) ; il n'y en a que quatre et chacun est simple ; et quand un homme s'attribue un tempérament mixte, il est impossible de savoir qu'en faire.

Les différences entre gai et léger, grave et chimérique, orgueilleux et entêté, froid et inerte, sont des effets seulement du tempérament, qu'il faut rattacher à leurs causes [1].

III. *Du caractère comme mode de pensée*

Pouvoir dire d'un homme tout simplement : il a du caractère, ce n'est pas seulement en dire beaucoup, c'est aussi 292 | en faire un grand éloge, car c'est là une chose rare qui éveille respect et admiration.

Si on désigne par cette expression ce qu'on a à attendre d'un homme, en bien ou en mal, on a l'habitude de préciser : il a *tel* ou *tel* caractère, et par là on vise un *mode de sensibilité*. –

---

1. L'influence que la diversité des tempéraments a sur les affaires publiques et inversement (par l'action que la pratique familière de celle-ci exerce sur eux), on pense l'avoir demêlée, en partie par l'expérience, en partie en spéculant sur la probabilité de certaines causes. On dit par exemple qu'en matière de religion le colérique est orthodoxe, le sanguin libre penseur, le mélancolique exalté, le flegmatique indifférent. Mais ce ne sont là que des jugements lancés un peu au hasard, qui ne valent pour la caractérologie que ce qu'autorise l'esprit de plaisanterie (*valent quantum possunt*).

Mais avoir tout simplement du caractère signifie cette propriété de la volonté par laquelle le sujet se lie lui-même à des
principes pratiques déterminés qu'il s'est indéfectiblement
prescrits à lui-même par le moyen de sa propre raison. Bien
que ces principes puissent être faux et défectueux, l'élément
formel d'une volonté en général qui veut agir selon des principes fermes (et non pas, comme un essaim de moucherons,
voler de ci de là) comporte quelque chose de précieux, qui
mérite même l'admiration : car c'est chose exceptionnelle.

Il n'est pas question ici de ce que la nature fait de l'homme,
mais de ce que l'homme fait de lui-même ; cela relève du tempérament (dans lequel le sujet est en grande partie passif) et
c'est ceci seulement qui donne à connaître que l'homme a du
caractère.

Toutes les autres qualités positives et utilisables de
l'homme ont un prix et peuvent s'échanger contre d'autres qui
ont autant d'utilité ; le talent a un *prix marchand* parce que le
souverain et le seigneur peuvent utiliser de toutes sortes de
façons un homme qui en est doué ; le tempérament a un prix
affectif, car il permet d'entretenir de bons rapports, et il est
d'agréable compagnie ; mais le caractère a une *valeur*[1] interne
qui l'élève au-dessus de tout prix.

---

1. Un marin écoutait un groupe de savants qui discutaient de leurs
préséances selon la Faculté à laquelle ils appartenaient. Il trancha le débat à sa
manière : combien un homme, par lui capturé lui aurait rapporté d'argent sur
le marché d'Alger ? De théologiens et de juristes, personne n'en a besoin ;
mais le médecin connaît un métier, et il vaut son argent comptant. – Sa nourrice adressait à Jacques Ier cette prière : faire de son fils un gentilhomme (un
homme distingué), Jacques répondit : « Cela je ne le peux pas ; je peux bien en
faire un comte, mais un gentilhomme, il faut qu'il le devienne lui-même ». –
Une anecdote prétend que Diogène le Cynique fut capturé au cours d'un
voyage en Crète, et mis sur le marché dans une vente publique d'esclaves :
« Que peux-tu faire, que sais-tu faire ? » lui demande le marchand qui avait
mis sur lui une enchère : « Je sais gouverner » dit le philosophe « et toi,
cherche-moi un acheteur qui ait besoin d'un maître » ; le marchand réfléchit à

293 | Des qualités qui proviennent seulement de ce que
            l'homme a du caractère ou n'en a pas

1. L'*imitateur* (dans le domaine moral) est sans caractère ; le caractère consiste dans l'originalité du mode de pensée. Il a ouvert lui-même les sources auxquelles il puise sa conduite. Mais l'homme de raison ne doit pas pour cela être un *original* ; et il ne le sera jamais, car il s'appuie sur des principes qui valent pour tout le monde. L'original ne fait que *singer* l'homme de caractère. Les bonnes dispositions qui tirent leur origine du tempérament ne sont qu'un badigeon, et non pas un trait de caractère ; mais c'est une moquerie sacrilège contre l'homme de vrai caractère, que d'en faire une caricature, car, ne participant pas au mal qui est devenu monnaie courante (qui est à la mode), il est présenté comme un original.

2. Il est moins grave d'avoir, par tempérament, de mauvaises dispositions, que d'en avoir de bonnes mais sans caractère ; car le caractère peut toujours prendre le dessus de mauvaises dispositions. Même un homme dont le caractère est mauvais (comme Sylla) peut bien exciter la répulsion par la violence de ses maximes les plus fermes ; il n'en est pas moins en même temps un objet d'admiration ; il en est de même pour la *force d'âme* en général, quand on la compare avec la *bonté d'âme* ; ces deux qualités doivent se rencontrer chez un sujet pour constituer ce qui est plutôt un idéal qu'une réalité : pour mériter le titre de *grandeur d'âme*.

---

cette étrange prétention et se l'adjugea en faisant cet étrange marché : il lui confia son fils pour le former, et faire de lui ce qu'il voulait ; lui-même alla faire du commerce en Asie pendant plusieurs années ; il retrouva son fils, garçon jadis mal dégrossi, transformé en un homme d'intelligence, de morale et de vertu. C'est ainsi à peu près qu'on peut mesurer l'échelle de valeur des hommes.

3. La rigidité, l'inflexibilité dans une décision prise (à peu près comme chez Charles XII) est une disposition de nature qui favorise le caractère, mais ce n'est pas un caractère déterminé : sont requises en outre des maximes qui ont leur origine dans la raison et dans des principes moraux et pratiques ; c'est pourquoi on n'a pas le droit de dire : la méchanceté de cet homme est une qualité de son caractère ; car elle serait diabolique ; l'homme ne consent jamais au mal qui est en lui : donc point | de méchanceté qui vienne des principes, mais **294** seulement de leur abandon.

*

Il vaut donc mieux exposer négativement les principes qui concernent le caractère. Les voici :

1) Ne pas dire intentionnellement le faux ; donc parler avec circonspection, pour ne pas s'attirer la honte d'une rétractation.

2) Ne pas dissimuler ; ne pas avoir l'air bien disposé pour les autres en leur présence et leur être hostile quand ils ont le dos tourné.

3) Ne pas manquer à une promesse (licite) ; ce qui implique encore honorer le souvenir d'une amitié désormais rompue, et ne pas abuser par la suite de la confiance et de l'ouverture que les autres vous ont autrefois accordées.

4) Ne pas avoir commerce, par dilection, avec des hommes méchants, et gardant en mémoire le « noscitur ex socio », limiter leur fréquentation aux seules affaires.

5) Ne pas prêter l'oreille à ce que peuvent raconter les autres dans leurs jugements superficiels et malveillants ; y porter attention trahit déjà de la faiblesse ; modérer également la crainte de faire une infraction à la mode – qui est labile et changeante – et si son influence est déjà d'un certain poids, ne pas étendre son empire jusqu'au domaine de la moralité.

L'homme qui a conscience d'avoir du caractère dans son mode de pensée, ne tient pas ce caractère de la nature ; il doit l'avoir acquis. On peut admettre aussi que l'acte qui fonde ce caractère, à la manière d'une seconde naissance, constitue une promesse solennelle que l'homme se fait à lui-même ; cet acte, et l'instant où il se produit, sont, comme une ère nouvelle, inoubliable pour lui. Cette vigueur et cette fermeté dans les principes ne peuvent pas être produites peu à peu par l'éducation, les exemples, et l'enseignement, mais par une sorte d'explosion, qui résulte tout d'un coup d'un dégoût pour les fluctuations de l'instinct. – Peut-être sont-ils rares ceux qui ont tenté cette révolution avant leur trentième année, et plus rares encore ceux qui l'ont définitivement assise avant la quarantaine. – C'est une vaine tentative que de vouloir devenir progressivement meilleur ; car une impression s'efface pendant le temps qu'on applique à une autre ; | l'acte qui fonde le caractère est unité absolue du principe intérieur de la conduite en général.

On dit aussi que les poètes n'ont pas de caractère : ils blesseraient leurs meilleurs amis plutôt que de renoncer à un trait d'esprit ; ce n'est pas non plus chez les gens de cour, obligés de se plier à toutes sortes de formes, qu'il faut chercher le caractère ; quant aux hommes d'église, qui d'un même cœur, font leur cour au maître du ciel et aux maîtres de la terre, il ne faut guère compter sur la fermeté de leur caractère, avoir au fond d'eux-mêmes du caractère (caractère moral) n'est chez eux qu'un vœu pieux. Mais peut-être les philosophes en sont-ils responsables, car ils n'ont jamais encore délimité ce concept avec assez de clarté et de lumière ; ce n'est que par fragments et jamais dans la beauté de sa forme *totale* qu'ils ont cherché à représenter la vertu et à la rendre intéressante pour tous.

En un mot se donner pour maxime suprême d'être véri-
dique dans l'aveu intérieur et dans la conduite à l'égard des
autres, c'est la seule preuve de caractère que peut se donner la
conscience d'un homme ; et puisque c'est là le minimum
qu'on puisse exiger d'un homme raisonnable, mais aussi le
maximum de sa valeur interne (de la dignité humaine), être un
homme de principes (avoir un caractère déterminé) doit donc
être possible à la raison humaine la plus commune et doit
l'emporter par la dignité sur le plus grand talent.

DE LA PHYSIOGNOMONIE

C'est l'art de juger un homme d'après ce qu'on peut voir
de son physique, et par conséquent de juger l'intérieur par
l'extérieur – qu'il s'agisse de son type de sensibilité ou de
pensée. – Ici on ne juge pas l'homme en état pathologique,
mais en pleine santé ; non pas dans l'agitation, mais dans le
calme de son esprit. – Il va de soi que si un homme jugé dans
cette perspective se rend compte qu'on l'observe et qu'on épie
ce qui se passe en lui, il n'a pas l'esprit en repos ; il est dans un
état de contrainte et d'agitation intérieure, allant jusqu'à la
répugnance à se voir exposé à la censure d'autrui.

Une montre, dit un célèbre horloger, a beau avoir un joli
boîtier, on ne peut pas en déduire avec certitude que l'intérieur
est de même qualité ; mais si le boîtier est mal façonné on peut
| avec une certitude suffisante conclure que l'intérieur, lui **296**
aussi, ne vaut rien : car l'artisan n'exposera pas au discrédit un
ouvrage soigneusement travaillé, en négligeant ce qui coûte
moins de travail. – Mais il ne serait pas sensé de raisonner sur
l'inconnaissable créateur de la nature par analogie avec un
artisan humain, ni de dire qu'il a attribué à une belle âme un
beau corps pour recommander sa créature aux autres et lui
assurer le succès ; ou qu'au contraire il ait voulu effrayer les

hommes les uns par les autres (par le « hic niger est ; hunc, tu, Romane, caveto » *). Car le goût implique qu'il n'y ait de fondement que subjectif au plaisir et au déplaisir qu'on prend aux autres (selon leur beauté ou leur laideur) ; il ne peut donc pas servir à la sagesse de fil directeur pour admettre que le corps et l'âme, ces deux éléments hétérogènes, sont unifiés chez l'homme en une seule et même fin ; car la sagesse a objectivement pour but l'existence de chacun d'eux avec certaines caractéristiques de nature, but que nous ne pouvons absolument pas pénétrer.

COMMENT LA NATURE NOUS CONDUIT À LA PHYSIOGNOMONIE

Quand nous devons faire confiance à quelqu'un, aussi bien recommandé qu'il puisse être auprès de nous, nous regardons d'abord son visage, nous le regardons surtout dans les yeux pour y chercher ce que nous pouvons attendre de lui : c'est la nature même qui nous y pousse et ce qui nous rebute ou nous attire dans sa physionomie décide de notre choix, ou nous rend circonspects, avant même d'être renseignés sur sa valeur morale ; on ne peut contester qu'il y ait une caractérologie physiognomonique ; mais elle ne peut jamais devenir une science ; car la particularité d'un physique humain qui donne des indications sur certaines tendances ou facultés du sujet observé ne peut être cernée par une description conceptuelle, mais par la reproduction et la représentation dans l'intuition ou par l'imitation ; c'est ainsi que s'offre au jugement le physique humain en général, dans toutes ses variétés, dont chacune doit indiquer une particularité de l'individu dans le domaine intérieur.

* Horace, *Satires*, I, 4, v. 85.

Longtemps après que furent tombées dans l'oubli les
caricatures de figures humaines par lesquelles Baptista Porta
entendait représenter des têtes d'animaux analogiquement
rapprochées de certains visages humains caractéristiques et
conclure de là à une | ressemblance des dispositions naturelles 297
dans les deux règnes*; peu de temps après qu'on eût aban-
donné cette mode à laquelle Lavater avait donné tant d'exten-
sion avec ces silhouettes dont on avait pendant un temps fait
une marchandise bon marché et appréciée; après qu'on n'ait
plus guère conservé que cette remarque ambiguë (de M. von
Archenholz*): quand, pour soi seul, on grimace pour imiter
un visage, on éveille certaines pensées ou sensations qui
s'accordent avec son caractère; après tout cela, la Physiogno-
monie, en tant qu'art de déceler la vie intérieure de l'homme
par l'intermédiaire de certains signes extérieurs involontairement donnés, est sortie du domaine des recherches et il n'en
est rien resté, sauf un art de cultiver le goût, qui ne concerne
pas, à vrai dire, les choses mais les mœurs, les manières, les
usages, et qui, par une critique qui serait nécessaire au
commerce des hommes et à la connaissance de l'être humain,
pourrait venir en aide à cette connaissance.

Division de la physiognomonie

De l'élément caractéristique : 1) dans la forme du visage;
2) dans les traits du visage; 3) dans la mimique habituelle du
visage (la mine).

A. De la forme du visage

Il est remarquable que les artistes grecs aient eu dans
l'esprit une forme idéale de visage (pour les dieux et les

* Porta, *De humana Physiognomonia*, 1580.
* J.W. von Archenholz, *Literatur und Völkerkunde*, t. IV, p. 859.

héros); elles devaient exprimer dans les statues, les camées et les intailles, l'éternelle jeunesse et un calme affranchi de toute émotion, sans que s'y ajoute aucun attrait supplémentaire. – La perpendicularité du *profil grec* enfonce les yeux plus profondément qu'ils ne devraient l'être pour notre goût (qui est sensible à ce qui est attrayant); et même une Vénus médicéenne n'a pas un pareil profil. – En voici, peut-être, la cause : l'idéal doit être une norme déterminée et inamovible : or un nez qui se dégage du visage en formant avec le front un angle plus ou moins ouvert ne présenterait aucune *règle déterminée* comme l'exige tout ce qui relève d'une norme. D'ailleurs le visage des Grecs, indépendamment de la beauté de leur corps, n'offre pas | ce profil perpendiculaire, ce qui semble prouver cette idéalité des œuvres d'art prises comme *formes originaires*. Selon ces modèles mythologiques, les yeux sont plus profondément enfoncés et sont placés comme dans l'ombre à la racine du nez; au contraire on trouve plus de beauté chez les hommes de maintenant – ceux qui sont considérés comme beaux – avec leur visage où le nez forme un léger ressaut sous le front (la racine du nez un peu enfoncée).

298

Observons les hommes tels qu'ils sont réellement : il apparaît qu'une exacte *conformité aux règles* désigne en général un homme très ordinaire, à qui le principe spirituel fait défaut. La *mesure moyenne* semble être la mesure fondamentale et la base de la beauté; mais il s'en faut de beaucoup que ce soit la beauté elle-même : elle exige en effet un élément caractéristique. – Mais on peut rencontrer cet élément caractéristique hors de toute beauté dans un visage qui vaut par son expression – sous un autre rapport cependant, moral et esthétique; c'est-à-dire que dans un visage, ceci ou cela, le front, le nez, le menton, la couleur des cheveux, peut être sujet à critique, mais on y reconnaît un signe plus favorable pour la personnalité que s'il était d'une régularité parfaite : c'est que celle-ci en général implique une absence de caractère.

Quant à la *laideur*, on ne peut pas la reprocher à un visage, si ses traits ne trahissent pas l'expression d'une âme pervertie par un vice ou par un penchant à s'y livrer, qui pour être naturel n'en est pas moins regrettable ; par exemple : parler toujours, avec un rictus sarcastique ; ou regarder l'autre dans les yeux avec une effronterie que n'atténue aucune douceur, et montrer par là qu'on tient pour rien son jugement. – Il y a des hommes, dont le visage, selon l'expression française, est *rébarbatif**, un visage, comme on dit, à envoyer les enfants au lit ; d'autres ont un visage grotesque et grêlé de petite vérole, ou comme disent les Hollandais, *wanschapenes* (comme s'il était imaginé dans un délire, dans un rêve). Et pourtant, ils montrent en même temps assez de bonne humeur et de gaieté pour plaisanter sur leur propre visage ; on ne peut alors absolument pas parler de laideur ; ils ne se fâchent pas cependant si une femme dit d'eux comme de Pelisson, membre de l'Académie française : «Pelisson abuse de la permission qu'ont les hommes d'être laids». Mais voici plus méchant et plus sot : c'est quand un homme, qu'on peut croire homme de bien, | fait reproche à un infirme, comme le fait le bas peuple, **299** de son défaut physique qui souvent ne fait qu'exalter les qualités de son esprit ; ce reproche, si on l'adresse à des gens qui ont été frappés de ce malheur pendant leur jeunesse («espèce de chien aveugle, de chien estropié»), les rend réellement méchants et les aigrit petit à petit contre les gens qui, pour être bien bâtis, se croient supérieurs.

D'ailleurs pour les gens qui ne sont jamais sortis de leur pays, les visages singuliers des étrangers auxquels ils ne sont point habitués leur donnent communément occasion de

---

* En français dans le texte.

plaisanter. Les enfants Japonais courent après les commerçants hollandais, qui vont là-bas faire du commerce, en criant :
« Quels grands yeux, quels grands yeux ! ». Les Chinois
trouvent repoussants les cheveux roux de certains Européens
qui visitent leur pays et ridicules leurs yeux bleus.

Quant au crâne et à la structure qui lui donne sa forme,
celui des Nègres, des Kalmucks, des Indiens des mers du Sud,
décrits par Camper et surtout par Blumenbach, les remarques
qui le concernent relèvent plus de la géographie physique que
de l'anthropologie pragmatique. Voici une notation qui peut
être intermédiaire entre ces deux domaines : chez nous, le
front de l'homme est plat, d'ordinaire celui de la femme est
plus rond.

Une verrue sur le nez indique-t-elle quelqu'un de
moqueur ? – La forme particulière du visage des Chinois, dont
on dit que la mâchoire inférieure dépasse un peu la supérieure,
est-elle un signe d'entêtement ? – Chez les Américains, le
front couvert de cheveux jusque sur deux tempes indique-t-il
un déficit inné de l'esprit ? Autant de conjectures qui
n'autorisent qu'une interprétation sans certitude.

B. *De l'élément caractéristique dans les traits du visage*

Ce n'est pas un défaut pour un homme, même dans l'opinion des femmes, d'avoir été défiguré par des taches ou par les
cicatrices de la petite vérole, et d'avoir perdu son charme ; si
dans ses yeux brille la bienveillance et dans son regard
l'expression d'un courage conscient de sa force et pénétré de
calme, il peut toujours être aimé et aimable, et passer pour tel
d'une façon générale. – On fait des plaisanteries sur de tels
300   hommes et leur aimable physique (*per antiphrasim*) ; | mais
une femme peut être fière d'avoir un tel mari. Un pareil visage
n'est pas une *caricature* ; celle-ci est le dessin volontairement
exagéré (grimace) d'une émotion ; elle est concertée pour faire

rire et elle constitue une mimique; il faut plutôt mettre ce visage au compte des variétés naturelles, et on ne doit pas alors parler d'un masque grotesque (qui serait effrayant); il peut éveiller l'amour sans avoir attrait; et sans être beau, il n'est pas laid [1].

C. *De l'élément caractéristique de la mimique*

La mimique, ce sont les traits du visage mis en jeu, et ce jeu est dû à une émotion plus ou moins forte à laquelle l'homme est enclin par un trait qui le caractérise.

Il est difficile de ne pas traduire par une mimique l'impression d'une émotion; celle-ci se trahit par la contrainte pénible de la physionomie et du ton, et chez celui qui est trop faible pour maîtriser ses émotions, le jeu de la mimique (contre le gré de sa raison) découvrira ce que, au-dedans de lui-même, il aimerait cacher et dérober aux yeux des autres. Mais ceux qui sont maîtres dans cet art, quand on les a découverts, ne sont plus considérés comme des partenaires en qui on puisse avoir confiance, surtout s'ils feignent d'habitude une mimique qui contredit ce qu'ils font.

---

1. Heidegger, musicien allemand de Londres, avait un physique bizarre; mais il avait de la vivacité et on le craignait; les grands aimaient sa compagnie à cause de sa conversation. – Un jour dans une beuverie, il lui prit d'affirmer contre un Lord qu'il était la figure la plus laide de Londres. Le Lord réfléchit et paria de lui présenter un visage encore plus laid; il fit appeler une ivrognesse; quand on la vit, tout le monde pouffa et s'écria : « Heidegger, vous avez perdu votre pari ». – « Pas si vite », répondit-il, « que cette femme mette ma perruque, je mettrai sa coiffe, nous verrons ». Quand ce fut fait, on s'étrangla de rire : car la femme ressemblait à un homme de bonnes manières et l'homme à une sorcière. Preuve que pour dire de quelqu'un qu'il est beau, ou passablement beau, on ne doit pas juger dans l'absolu, mais relativement, et qu'un homme n'a pas à être jugé laid parce qu'il n'est pas beau. – Seules les difformités repoussantes du visage peuvent justifier un pareil avis.

301 | L'art d'interpréter la mimique qui trahit involontairement ce qu'on pense, et qui est, par là-même, intentionnellement mensonge, peut donner occasion à bien des remarques ; je n'en ferai qu'une. – Si quelqu'un, qui n'est pas strabique, regarde, en faisant un récit, vers la pointe de son nez, ce qu'il raconte est toujours un mensonge. – Mais il faut mettre à part celui chez qui le strabisme est une infirmité et qui peut n'être pas un menteur.

D'ailleurs il y a des gestes établis par la nature et grâce auxquels les hommes de toutes les espèces et de tous les climats se comprennent sans dialogue. Ainsi la *tête qu'on incline* (dans l'affirmation), la *tête qu'on secoue* (dans la négation), la *tête qu'on relève* (dans le défi), la *tête qu'on hoche* (dans l'admiration), le *nez qui se fronce* (dans la raillerie), le *sourire moqueur* (ricanement), le *visage qui s'allonge* (quand on n'obtient pas ce qu'on attend), le *front qui se plisse* (dans la contrariété), *la bouche qu'on ouvre et qu'on ferme rapidement*, la *main pour faire signe* de s'approcher ou de s'éloigner, les *mains qu'on frappe au-dessus de sa tête*, les *poings qu'on serre* (dans la menace), le *corps qu'on incline*, le *doigt qu'on met sur la bouche* (*compescere labella*) pour imposer silence, le *sifflement*, etc.

Remarques dispersées

Des mimiques souvent répétées, accompagnant même d'une façon involontaire les mouvements de l'âme, deviennent peu à peu des traits permanents du visage, mais ils disparaissent quand on meurt ; c'est pourquoi comme le remarque Lavater, le visage effrayant qui dans la vie trahit la méchanceté, s'anoblit en quelque sorte (d'une manière négative) dans la mort ; tous les muscles s'étant relâchés, ne demeure que l'expression d'un calme innocent. – Il peut arriver qu'un homme, qui pendant toute sa jeunesse s'est préservé de la corruption, prenne avec les années, et tout en se bien portant, un autre visage dû à sa vie libertine; mais il n'en faut pas déduire des dispositions naturelles.

On parle d'un visage *commun* par opposition à un visage *distingué*. Cette dernière expression ne désigne qu'un air d'importance, associé aux manières insinuantes de la cour : attitude qui ne se développe que dans les grandes villes où les hommes, en se frottant les uns aux autres dégrossissent leur rudesse. C'est pourquoi les fonctionnaires nés et élevés à la campagne, quand, avec leur famille, ils accèdent à des emplois considérables en ville, | ou quand leur rang les y 302 qualifie, montrent quelque chose de commun, non seulement dans leurs manières mais aussi dans l'expression de leur visage. C'est que dans leur ancienne fonction, ils n'éprouvaient aucune gêne, n'ayant presque affaire qu'à leurs subordonnés; les muscles de leur visage n'ont donc pas acquis la souplesse qui, avec les supérieurs, les inférieurs ou les égaux, permet de cultiver la mimique adaptée à leur commerce et aux émotions qui y sont liées; cette mimique sans abandon est requise pour être reçu dans la société. Au contraire des gens de la même catégorie, s'ils ont été habitués aux manières de la ville, du moment qu'ils ont conscience d'avoir une supériorité sur les autres, impriment définitivement cette conscience sur leur visage, si une longue pratique l'a rendue habituelle.

Les *dévôts*, s'ils sont depuis longtemps rompus aux mécanismes des exercices de piété, et qu'ils s'y sont comme figés, apportent, dans les limites de la religion ou du culte dominant, des traits nationaux qui leur donnent un caractère physiognomonique. Ainsi M. Fr. Nicolaï parle des visages bavarois marqués par la fatalité de la prédestination*, alors que le John

---

* Nicolaï, *Beschreibung einer Reise durch Deutschland und die Schweiz im Jahre*, 1781, VI, p. 544.

Bull de la vieille Angleterre porte déjà sur son visage la liberté d'être impoli partout à l'étranger ou chez lui à l'égard des étrangers. Il existe donc une physionomie nationale sans que celle-ci puisse passer pour innée. – Il y a dans les sociétés des traits caractéristiques que la loi regroupe quand elle punit. A propos des prisonniers du Rasphuis d'Amsterdam, de Bicêtre à Paris, de Newgate à Londres, un médecin allemand, voyageur et homme entendu, remarquait qu'ils étaient en majorité osseux et qu'ils étaient conscients de leur supériorité; d'aucun pourtant il n'était possible de dire avec l'acteur Quin : « Si ce garçon n'est pas un coquin, le créateur n'écrit pas de façon lisible ». Pour tenir un langage aussi énergique, il faudrait pouvoir distinguer, mieux que ne le peut un mortel, le jeu de la nature avec les figures qu'elle forme pour produire les divers tempéraments, et ce que, par là, elle fait ou ne fait pas pour la morale.

*

303 | B. Le caractère du sexe

Il doit y avoir de l'art dans toute machine qui accomplit autant de travail qu'une autre mais avec une force moindre. C'est pourquoi on peut admettre d'emblée que la prévoyance de la nature dans l'organisation du sexe féminin a mis plus d'art que dans celle du sexe masculin; elle a en effet doté l'homme de plus de force que la femme pour les amener tous les deux à l'union *corporelle* la plus intime, mais aussi, en tant qu'êtres *raisonnables*, au but qui lui est le plus cher, à savoir le maintien de l'espèce; en outre elle les a munis, en cette qualité (en tant qu'animaux raisonnables), de tendances sociales qui permettent de transformer leur communauté sexuelle en union domestique durable.

Pour l'unité et l'indissociabilité d'une union, la rencontre occasionnelle de deux personnes n'est pas suffisante; un élément doit être *soumis* à l'autre, et, réciproquement celui-ci doit être supérieur pour pouvoir commander et gouverner. Car si deux personnes qui ne peuvent se passer l'une de l'autre élèvent d'*égales* prétentions, l'amour propre provoque des disputes. Dans le progrès de la civilisation, la supériorité d'un élément doit s'établir de façon hétérogène : l'homme doit être supérieur à la femme par la force corporelle et le courage, la femme par la faculté naturelle de se soumettre à l'inclination que l'homme a pour elle; au contraire dans un état qui n'est pas encore celui de la civilisation, la supériorité ne se trouve que du côté de l'homme. – C'est pourquoi, dans l'Anthropologic, la nature particulière de la femme est objet d'étude pour le philosophe bien plus que celle de l'homme. Dans l'état de sauvagerie naturelle, il est impossible de reconnaître cette nature particulière : ainsi les pommes et les poires sauvages ne découvrent leur multiplicité que par la greffe ou l'inoculation; la civilisation ne produit pas ces qualités féminines, mais leur donne l'occasion de se développer, et dans ces conditions de s'ouvrir à la connaissance.

On appelle faiblesse les traits de féminité. On en plaisante, les sots en font raillerie, mais les gens raisonnables voient bien que ce sont des leviers pour diriger les hommes et les utiliser au gré des femmes. Il est facile d'analyser l'homme; la femme, elle, | ne trahit pas ses secrets, tout en gardant fort mal 304 celui des autres (à cause de son bavardage). L'homme aime la *paix domestique*, et se soumet facilement à son gouvernement, pour n'être pas gêné dans ces affaires; la femme ne répugne pas à la *guerre domestique*, où la langue est son arme; et à cet effet la nature lui a fait don du bavardage et de cette volubilité passionnée qui désarme l'homme. Il s'appuie sur le droit du plus fort pour commander à la maison, puisqu'il la défend contre les ennemis extérieurs ; elle s'appuie sur le droit du plus faible, le droit à être protégée par le sexe masculin contre les hommes, et, versant les pleurs de l'amertume, elle désarme l'homme en lui reprochant son absence de générosité.

Mais dans l'état de sauvagerie naturelle, il en est autrement : la femme n'est qu'un animal domestique. L'homme marche en tête, les armes à la main, et la femme le suit chargée des ustensiles. Mais même là où une constitution barbare de la société rend légale la polygamie, la femme sait établir dans sa geôle (appelée harem) sa domination sur l'homme et celui-ci a bien de la peine à obtenir un calme tolérable parmi toutes ces femmes qui disputent à propos de *la seule d'entre elles* qui doit régner sur lui.

Dans l'état de société civile, la femme ne s'abandonne pas au plaisir de l'homme en dehors du mariage, et ne le fait que dans la forme de la *monogamie* ; là où la civilisation ne s'est pas élevée jusqu'à la *galanterie* (avoir publiquement pour amants d'autres hommes que son mari), l'homme punit la femme si elle menace de lui donner un rival [1]. Mais lorsque la galanterie devient à la mode, et la jalousie ridicule (ce qui est 305 inévitable en période de luxe), alors | le caractère féminin se découvre : avec leur aide mais contre les hommes prétendre à

---

1. On considère généralement comme fable la tradition qui veut que les femmes Russes soupçonnent leurs maris de les tromper s'ils ne les battent pas de temps à autre. Voici néanmoins ce qu'on trouve dans les voyages de Cook : un matelot anglais voyant un marin d'Otahiti battre sa femme voulut faire le galant et se jeta sur lui en le menaçant ; la femme se tourna aussitôt vers l'Anglais et lui demanda en quoi cela le regardait : le mari devait faire cela. – On constate également que si une femme mariée se livre ostensiblement à la galanterie et que son mari, sans y prêter attention, se dédommage en buvant, en jouant ou en faisant la cour à d'autres femmes, l'épouse ressent non seulement du mépris mais aussi de la haine : car la femme reconnaît alors que son mari ne lui accorde plus aucune valeur et qu'il l'abandonne aux autres comme un os à ronger.

la liberté et à la conquête de ce sexe tout entier. – Cette inclination, bien que le nom de coquetterie lui fasse une fâcheuse
réputation, ne manque pas de fondement pour la justifier. Car
une jeune femme risque toujours de devenir veuve ; et pour
cette raison elle fait valoir ses attraits auprès de tous les
hommes dont les circonstances pourraient faire d'éventuels
époux ; afin que, le cas échéant, elle ne puisse manquer de
prétendants.

Pope croit qu'on peut caractériser le sexe féminin (bien
entendu dans ses éléments cultivés) par deux traits : la
tendance à *dominer* et la tendance à *plaire*. – A propos de cette
dernière, il faut entendre la tendance à plaire non pas chez soi,
mais en public, qui permet de se montrer à son avantage et de
se distinguer ; par le fait même, la seconde inclination revient à
la première : ne pas le céder à ses rivales pour l'agrément, mais
les vaincre toutes par le goût et l'attrait. – Mais l'inclination à
dominer, comme toute inclination en général, n'a pas de
valeur pour caractériser une classe de l'humanité dans son
comportement à l'égard des autres ; car l'inclination pour ce
qui nous est avantageux est commune à tous les hommes,
ainsi, par conséquent, que celle qui cherche la plus grande
domination possible ; c'est pourquoi elle ne *caractérise* pas.
Mais la querelle perpétuelle du sexe féminin avec lui-même,
les bons rapports qu'il entretient au contraire avec l'autre sexe
pourraient servir à le caractériser, si ce n'était pas la suite
naturelle de la rivalité des femmes entre elles, pour conquérir
la meilleure part dans la faveur et l'attachement des hommes.
Car la tendance à *dominer* est leur but véritable, et la volonté
de *plaire en public*, en élargissant l'empire de leur charme,
n'est qu'un moyen de donner effet à cette première
inclination.

On ne peut pas caractériser le sexe féminin par le but que
nous nous proposons nous-même, mais en se servant de ce qui

était le *but de la nature* dans la constitution de la féminité ; puisque ce but, par l'intermédiaire de la folie humaine, doit être sagesse selon les intentions de la nature, ces fins supposées pourront servir à indiquer le principe de cette caractéristique ; ce principe ne dépend point de notre choix, mais d'une intention plus élevée concernant la sexualité humaine.

306 Il s'agit : *a*) de la conservation de l'espèce ; | *b*) de la culture de la société et de son affinement par la société.

I. – Comme la nature a confié au sein de la femme son gage le plus cher, l'espèce, en ce fruit des entrailles qui permet à l'espèce de proliférer et de se perpétuer, elle a éprouvé comme une crainte pour le maintien de l'espèce, et a enraciné cette *crainte* dans la nature de la femme, – crainte devant les atteintes *corporelles*, et timidité devant les dangers physiques ; cette faiblesse autorise les femmes à demander protection aux hommes.

II.– Comme la nature voulait inspirer des sentiments plus raffinés qui relèvent de la culture, c'est-à-dire ceux de la sociabilité et de la bienséance, elle a donné au sexe féminin maîtrise sur les hommes, par la moralité, l'aisance de la parole et de l'expression ; elle lui a donné un bon sens très précoce, et la prétention à recevoir des hommes un accueil fait de douceur et de politesse ; si bien que ceux-ci se trouvent, par leur propre générosité, enchaînés sans s'en apercevoir par un enfant et conduits par là, sinon à la moralité, du moins à ce qui la revêt, à cette bienséance des mœurs qui lui sert de préliminaires et de recommandation.

Remarques dispersées

La femme veut dominer, l'homme être dominé (surtout avant le mariage), d'où la galanterie de l'ancienne chevalerie. Très tôt, elle acquiert l'assurance de plaire. Le jeune homme a

toujours peur de déplaire, et c'est pourquoi il est embarrassé
(gêné) dans la compagnie des dames. Cet orgueil de la femme,
qui lui fait écarter, par le respect qu'elle inspire, toute
importunité de la part de l'homme, et le droit d'exiger de la
considération même si elle ne la mérite pas, s'affirment chez
elle au nom même de son sexe. – La femme *refuse*, l'homme
demande; quand elle concède, c'est une faveur. – La nature
veut que la femme soit recherchée; c'est pourquoi elle ne doit
pas être aussi délicate dans le choix (celui du goût), que
l'homme plus grossièrement construit par la nature, et qui
plaît à la femme pourvu que son physique témoigne de sa
vigueur et de sa capacité à la défendre; si, pour pouvoir
tomber amoureuse, elle était difficile et raffinée dans son
choix de la beauté masculine, elle devrait se montrer en situation de demande, et l'homme en situation de refus : ce qui
avilirait même aux yeux masculins la valeur de son sexe.
| – Elle doit se montrer froide, l'homme au contraire plein   **307**
d'émotion dans l'amour. Ne pas répondre à une demande
amoureuse paraît déshonorant à un homme, mais y répondre
facilement paraît déshonorant à une femme. – Le désir chez
une femme de jouer de son attrait auprès de tous les hommes
raffinés est de la *coquetterie*; l'affectation de paraître
amoureux de toutes les femmes, c'est la *galanterie*; l'une et
l'autre peuvent être une simple pose devenue une mode sans
conséquence sérieuse; de même c'est une affectation de
liberté chez la femme mariée d'avoir un *sigisbée* ou d'être une
courtisane, comme on en trouvait autrefois en Italie (dans
l'*Historia Concilii Tridentini*, on lit entre autres : *erant etiam
200 honestae meretrices, quas cortegianas vocant*); on
raconte que ces courtisanes manifestaient dans leur commerce
public si policé plus de culture raffinée qu'on n'en pouvait
trouver dans les sociétés mêlées chez les particuliers. –
L'homme dans le mariage ne sollicite que l'inclination de sa

femme; la femme, celle de tous les hommes; elle ne se pare que pour les yeux de son sexe et par jalousie; elle veut dépasser les autres femmes par le charme ou la distinction; l'homme au contraire se pare pour le sexe féminin, si du moins c'est parure que d'avoir une mise qui ne fasse pas honte à sa femme. – L'homme juge les fautes de la femme avec indulgence; la femme les juge très sévèrement en public, et les jeunes femmes, si elles avaient le choix, pour juger de leur inconduite, entre un tribunal d'hommes et un tribunal de femmes, choisiraient certainement le premier. – Quand le raffinement du luxe a atteint un degré élevé, la femme ne se montre vertueuse que par contrainte, et elle ne se cache pas de souhaiter être un homme pour pouvoir donner au jeu de ses inclinations plus de champ et plus de liberté; aucun homme en revanche ne souhaitera être une femme.

La femme ne se pose pas de questions sur la continence de son mari avant le mariage; mais pour l'homme, la même question à propos de sa femme, est infiniment importante. – Dans le mariage, les femmes ironisent sur l'intolérance (sur la jalousie des hommes en général); mais c'est pure plaisanterie; la femme *qui n'est pas mariée* en juge avec beaucoup de rigueur. En ce qui concerne les femmes savantes, elles en usent avec leurs livres comme avec leurs *montres* : elles la portent pour montrer qu'elles en ont une, bien qu'à l'ordinaire elle soit arrêtée, ou ne soit pas réglée sur le soleil.

La vertu ou l'inconduite féminine ne diffère pas tellement de celle de l'homme par la manière, mais par le mobile. Elle doit être *patiente*; il doit être *tolérant*; elle est *sensible*, il est **308** *impressionnable.* | – Le système économique de l'homme est l'*acquisition*, celle de la femme est l'*épargne*. – L'homme est jaloux *quand il aime*; la femme également, sans qu'elle aime; car tous les soupirants qui ont été conquis par d'autres femmes sont perdus pour son cercle d'adorateurs. – L'homme a du goût pour *lui-même*, la femme se constitue comme objet de goût pour *chacun*. – « Ce que dit le monde est vrai, ce qu'il fait est bien » est un principe féminin qui se concilie difficilement avec un *caractère* au sens strict du terme. Il y a pourtant des femmes courageuses qui chez elles ont affirmé avec éclat un caractère à la hauteur de leur destinée. – Sa femme disait à Milton qu'il devait accepter la place de secrétaire latin qu'on lui offrait après la mort de Cromwell, bien qu'il fût contraire à ses principes de reconnaître pour légal un gouvernement qu'il avait jusqu'alors représenté comme illégitime : « Ah ma chère, répondit-il, vous et les autres de votre sexe, vous voulez rouler carosse, moi je dois être un homme d'honneur ». – La femme de Socrate, et peut-être celle de Job, étaient de la même façon réduites à l'extrémité par le courage de leur mari, mais une vertu virile s'affirmait dans leur caractère, sans retirer pourtant à leur vertu de femme le mérite d'un tel caractère dans la situation où elles étaient placées.

Conséquences pragmatiques

Le sexe féminin doit se former et se discipliner dans le domaine pratique ; le sexe masculin n'y entend rien.

Un époux, quand il est jeune, règne sur sa femme, si elle est plus âgée. Phénomène fondé sur la jalousie : celui des deux qui est inférieur dans le domaine sexuel, appréhende de voir l'autre défier ses droits et se trouve contraint d'etre satisfait de la complaisance et de l'attention qu'il lui porte. – Toute femme expérimentée déconseillera le mariage avec un jeune homme, même s'il est du *même âge* que la jeune fille ; car, les années passant, la femme vieillit plus vite que l'homme, et même abstraction faite de cette inégalité, on ne doit pas avoir confiance dans la concorde fondée sur une pareille égalité ; un mariage entre une femme jeune, compréhensive, et un homme bien portant, mais notablement plus âgé, sera plus heureux.

309 – Mais un homme qui, | avant de se marier a gaspillé, dans la débauche, ses facultés sexuelles, sera un grotesque dans sa propre maison : car il ne peut exercer sa domination domestique que s'il ne fait pas défaut dans les justes exigences.

Hume a remarqué que les femmes (même les vieilles filles), sont plus contrariées par les satires sur l'*état de mariage* que par les plaisanteries sur leur *sexe*. Car ces dernières ne peuvent jamais être sérieuses, alors que dans ces satires, il pourrait y avoir quelque chose de sérieux, si on y mettait en pleine lumière les misères de cet état auxquelles échappe le célibataire. Le scepticisme, dans ce domaine, devrait avoir de funestes conséquences pour tout le sexe féminin ; car celui-ci serait rabaissé jusqu'à n'être plus pour l'autre sexe qu'un pur moyen de satisfaction pour ses tendances – satisfaction qui peut conduire au dégoût et à l'inconstance. – C'est par le mariage que la femme devient libre ; avec lui, l'homme perd sa liberté.

Détecter les qualités morales d'un homme avant son mariage, surtout s'il est jeune, n'est jamais le fait d'une femme. Elle croit pouvoir l'améliorer ; une femme raisonnable, dit-elle, peut ramener au bien un homme qui s'est égaré ; en jugeant ainsi, elle se leurre misérablement. Il en est de même de ces gens confiants qui croient pouvoir faire abstraction des dérèglements de cet homme avant son mariage, sous prétexte qu'il peut s'acquitter, auprès de sa femme, de ce qui touche à l'instinct sexuel, si sa santé n'est pas entièrement délabrée. Ces braves gens ne pensent pas que la débauche dans ce domaine consiste précisément dans le changement de plaisir, et que l'uniformité du mariage le ramènera bientôt à sa vie antérieure[1].

Qui doit exercer l'autorité suprême à la maison ? Car il faut une seule personne pour coordonner les occupations selon une fin unique et qui est la sienne. – Je dirai dans le langage de la galanterie (et pourtant non sans vérité) : la femme doit régner, l'homme doit gouverner ; car l'inclination règne, mais l'entendement gouverne. Le comportement du mari doit montrer que le bien | de sa femme lui tient à cœur plus que tout. Mais puisque l'homme est le mieux placé pour connaître sa situation avec ses limites, il sera comme un ministre pour un roi qui, soucieux de son seul plaisir, organise une fête ou entreprend la construction d'un palais ; il commence par lui expliquer toute la déférence qu'il lui doit ; mais que par exemple il n'y a pas pour l'instant d'argent dans les caisses, que certaines nécessités plus urgentes doivent être d'abord satisfaites ; de telle sorte que ce maître tout puissant fait tout ce qu'il veut, à cette condition pourtant que son ministre lui suggère cette volonté.

310

Puisque la femme doit être recherchée (ainsi le veut l'attitude de réserve nécessaire à ce sexe), elle doit chercher à plaire en général même quand elle est mariée : devenue veuve encore jeune, elle doit pouvoir toujours trouver des prétendants. – L'homme dépouille de pareilles prétentions avec les liens du mariage. C'est pourquoi il n'a pas tort d'être jaloux puisque les femmes désirent plaire.

Mais l'amour dans le mariage est par nature intolérant. Les femmes raillent parfois cette intolérance, mais comme on l'a déjà noté, par plaisanterie. Car un mari, qui supporterait avec

---

1. En voici la conséquence, comme dans le *Voyage de Scarmentado* de Voltaire : « Je résolus », dit-il, « de ne plus voir que mes Pénates. Je me mariai chez moi ; je fus cocu, et je vis que c'était l'état le plus doux de la vie »*.

* Voltaire, *Contes et Romans* , éd. de la Pléiade, p. 104.

indulgence les entreprises d'un étranger contre son droit d'époux s'attirerait mépris, et bientôt, haine.

D'ordinaire les pères gâtent leurs filles, et les mères leurs fils, et parmi ces derniers, c'est le plus indiscipliné, s'il est entreprenant, que la mère gâte de préférence. La raison en est, semble-t-il, dans les besoins éventuels des parents au cas où l'un des deux mourrait ; si un homme devient veuf, sa fille aînée le soutient en prenant soin de lui ; au cas où une femme perd son mari, son fils, s'il est adulte et généreux a le devoir et la tendance naturelle de la vénérer, de la secourir et de lui rendre agréable sa vie de veuve.

*

Je me suis étendu sur ce paragraphe de la *Caractéristique* plus que je n'ai paru le faire proportionnellement pour les autres sections de l'Anthropologie ; mais la nature, dans son économie, a placé un si riche trésor de dispositions pour une fin qui n'est rien de moins que la conservation de l'espèce, 311 qu'à l'occasion de recherches | plus précises on y trouvera matière à suffisamment de problèmes pour admirer, et utiliser dans la pratique, la sagesse des dispositions naturelles qui se développent progressivement.

C. Le Caractère du peuple

Par le terme de *peuple* (*populus*), on entend la masse des hommes réunis en une contrée, pour autant qu'ils constituent un tout. Cette masse, ou les éléments de cette masse à qui une origine commune permet de se reconnaître comme unie en une totalité civile, s'appelle *nation* (*gens*) ; la partie qui s'exclut de ces lois (l'élément indiscipliné de ce peuple) s'appelle la *plèbe* (*vulgus*)[1] ; quand elle se coalise contre les lois, c'est la *révolte* (*agere per turbas*) : conduite qui la déchoit de sa qualité de citoyen.

Hume pense que si dans une nation chacun s'efforce de prendre un caractère particulier (comme chez les Anglais), la nation elle-même n'a pas de caractère : il me semble qu'il se trompe ; car l'affectation d'un caractère est précisément le caractère du peuple auquel Hume appartient : ce caractère est le mépris de tout étranger, pour cette raison, entre d'autres, qu'il croit pouvoir se vanter d'une véritable constitution qui associe la liberté civile à l'intérieur avec la puissance à l'extérieur. – Un tel caractère est une orgueilleuse *grossièreté*, par opposition à la *courtoisie* qui se fait volontiers familière ; c'est une conduite arrogante avec tout le monde, qui prend pour prétexte une indépendance qui permettrait de n'avoir pas besoin d'autrui, et de se dispenser de toute amabilité à son égard.

Ainsi, l'Angleterre et la France, les deux peuples les plus civilisés de la terre[2], que le contraste de leur caractère oppose et entre qui sans doute il entretient une hostilité perpétuelle, | sont peut-être par leur caractère inné (leur caractère artificiel 312 et acquis n'en est que la conséquence) les seuls peuples dont on puisse admettre qu'ils ont un caractère déterminé et inaltérable, aussi longtemps que la force des armes ne leur impose pas de mélange. – Que le français soit devenu la langue universelle de la *conversation* surtout chez les femmes du monde, mais que l'anglais soit la langue des affaires la plus

---

1. Le nom injurieux de « canaille » du peuple a probablement son origine dans *canalicola*, une foule désœuvrée errant le long du canal dans l'ancienne Rome, et narguant les gens occupés (*cavillator et ridicularius*, vid. *Plautus, Curcul*).

2. Il va de soi que, dans cette classification, on fera abstraction du peuple allemand : en faisant son éloge, l'auteur, qui est allemand, ferait son propre éloge.

répandue pour le commerce[1], ce fait est dû à la différence de leur situation, l'une continentale, l'autre insulaire. Quant à leur naturel, tel qu'il existe aujourd'hui, et à son développement par le langage, il faudrait le déduire du caractère inné du peuple primitif dont ils sont issus ; mais les documents nous manquent. – Dans une Anthropologie du point de vue pragmatique, une seule chose nous importe : présenter le caractère de ces deux peuples tels qu'ils sont aujourd'hui, et dans la mesure du possible d'une manière systématique, ce qui permet de juger ce que chacun d'eux peut attendre de l'autre et comment l'un peut utiliser l'autre à son avantage.

On peut bien exprimer la tournure d'esprit d'un peuple par des aphorismes traditionnels ou devenus naturels par le long usage qui les a ancrés ; ils ne sont que des efforts pour classer les divers penchants naturels des peuples en leur ensemble, plutôt d'une manière empirique pour les géographes que d'après les principes de la raison pour les philosophes[2].

---

1. L'esprit commerçant manifeste son orgueil de différentes façons et lui donne divers tons d'emphase. L'Anglais dit : « Cet homme vaut un million » ; le Hollandais : « il commandite un million » ; le Français : « il possède un million ».

2. Les Turcs appellent l'Europe chrétienne le Frankestan ; s'ils voyageaient pour apprendre à connaître les hommes et le caractère des peuples (ce que ne fait aucun peuple en dehors des Européens et ce qui montre combien la part de tous les autres est limitée), ils y feraient peut-être les distinctions suivantes, d'après les défauts du caractère : 1) Le pays de la mode (France) ; 2) le pays des caprices (Angleterre) ; 3) le pays de la noblesse (Espagne) ; 4) le pays du faste (Italie) ; 5) le pays des titres (l'Allemagne) avec le Danemark et la Suède en tant que pays germaniques ; 6) le pays des seigneurs (la Pologne) où chaque citoyen est un seigneur, mais où personne de ces seigneurs ne veut être sujet, en dehors de celui qui n'est pas citoyen. La Russie et la Turquie d'Europe, qui sont en grande partie d'origine asiatique, seraient placées au-dessus du Frankestan : la première d'origine slave, la seconde d'origine arabe, appartiennent à deux souches de peuples qui ont à un moment donné étendu leur domination sur une plus grande partie de l'Europe que n'importe

| Dire que le caractère d'un peuple dépend tout entier de la 313 forme de son gouvernement, c'est une affirmation qui n'est pas fondée et n'éclaire rien ; en effet, d'où le gouvernement tient-il son caractère particulier ? – Le climat et le sol ne peuvent par eux-mêmes servir de clef ; car les migrations de peuples entiers ont montré que leur nouveau séjour ne modifiait pas leur caractère. J'esquisserai leur portrait par le biais de leurs défauts et de ce qui les fait dévier de la règle plutôt que par leur bon côté (sans pourtant tomber dans la caricature) ; en effet, outre que la flatterie corrompt et qu'en revanche le reproche améliore, le critique heurte moins l'amour-propre des hommes s'il se borne à leur reprocher leur défaut sans faire d'exception, que s'il suscite, en louant plus ou moins, l'envie réciproque de ceux qu'il juge.

I. *La nation française* se caractérise entre toutes par son goût de la conversation ; elle est à ce point de vue un modèle pour les autres nations. Elle est *courtoise,* surtout à l'égard de l'étranger qui la visite, bien qu'il soit passé de mode maintenant d'avoir des manières de *cour.* Le Français est communicatif non par intérêt, mais par une exigence immédiate de son goût. Puisque ce goût concerne le commerce avec les femmes du grand monde, la conversation des dames est devenue le langage commun des gens de ce milieu ; et une pareille tendance, il n'y a pas à le contester, doit avoir son effet sur la complaisance à rendre service, sur la bonne volonté à venir en aide, et peu à peu sur une philanthropie universelle fondée sur des principes : elle rend un tel peuple *aimable* en son ensemble.

L'envers de la médaille, c'est une vivacité que des principes réfléchis ne maîtrisent pas suffisamment et à côté d'une

---

quel autre peuple ; ils sont tombés dans un état politique où il n'y a pas de liberté et où, par conséquent, il n'y a pas de citoyens.

raison clairvoyante, une frivolité qui ne conserve pas longtemps certaines formes, pour la seule raison qu'elles sont vieillies ou simplement qu'on s'en est engoué outre mesure, même si elles ont donné toute satisfaction ; de plus un esprit de liberté qui est contagieux, qui entraîne dans son jeu la raison elle-même, et provoque dans les rapports du peuple | à l'État un enthousiasme capable de tout ébranler, et d'aller au-delà même des extrêmes. – Les qualités de ce peuple, poussées au noir, mais d'après la vivante réalité, peuvent être représentées au total et sans autre description par des fragments jetés dans le désordre, comme des matériaux pour une caractéristique.

Les mots « Esprit (au lieu de « bon sens »), frivolité, galanterie, petit maître, coquette, étourderie, point d'honneur, bon ton, bureau d'esprit, bon mot, lettre de cachet » ne se laissent pas facilement traduire dans une autre langue parce qu'ils caractérisent le tour d'esprit particulier de la nation qui les emploie plutôt que l'objet qui se présente à l'esprit de celui qui pense.

2. *Le peuple anglais*. La vieille race des Bretons[1] (un peuple celtique) paraît avoir été une souche d'hommes valeureux, mais les invasions des Allemands et de peuples de race française (car la courte présence des Romains n'a pas laissé de trace visible) ont effacé, comme le montre leur langue mêlée, l'originalité de ce peuple ; et comme sa situation insulaire, qui le protège assez bien contre les attaques extérieures et l'invite plutôt à prendre l'offensive, en a fait un peuple de commerçants navigateurs, son caractère est celui qu'il s'est créé lui-même, alors que la nature ne lui en avait pas donné en propre. Par conséquent le caractère anglais ne peut signifier rien d'autre qu'un principe acquis par un

1. *Briten* comme l'écrit avec raison le professeur Büsch (d'après le mot *britanni*, non *brittanni*).

enseignement et des exemples précoces ; l'Anglais doit avoir un tel caractère, c'est-à-dire affecter de l'avoir ; c'est que l'inflexibilité avec laquelle on se tient à un principe librement accepté, sans dévier d'une certaine règle (quelle qu'en soit la valeur), donne à un homme cette valeur qui est d'importance : on sait ce qu'on a à attendre de lui, et lui des autres.

Et voici pourquoi ce caractère est plus opposé à celui du peuple français qu'à n'importe quel autre : il renonce à l'égard des autres, et même à l'égard de lui-même, à toute amabilité – cette qualité qui est la principale chez le peuple français – et ne prétend qu'à l'estime ; ce faisant, chacun, d'ailleurs, veut vivre à sa seule fantaisie. – Pour ses compatriotes l'Anglais fonde de grands | établissements de bienfaisance que les **315** autres peuples ne connaissent point. Mais l'étranger que le destin a jeté sur son sol et qui est tombé dans une grande misère peut bien mourir sur le fumier : il n'est pas Anglais, c'est-à-dire qu'il n'est pas un homme. Mais l'Anglais même dans sa propre patrie s'isole, là où il peut manger pour son argent. Il aime mieux, pour la même somme d'argent, manger seul dans sa chambre qu'à la table d'hôte ; c'est que dans le dernier cas, une certaine politesse est requise ; et à l'étranger, par exemple en France où les Anglais ne voyagent que pour proclamer exécrables tous les chemins et auberges (comme D. Sharp*), ils ne s'y réunissent que pour se tenir mutuellement compagnie. Et voici qui est singulier : alors que les Français, en général, aiment la nation anglaise, lui marquant de la considération et chantant ses louanges, l'Anglais qui n'est jamais sorti de son pays a pour les Français, dans leur ensemble, haine et mépris ; ce n'est pas la rivalité du voisinage qui en est responsable (car l'Angleterre se voit sans contestation supérieure à la France), mais bien l'esprit de

---

* Samuel Sharp, *News Hamburger Magazin*, II, 1767, p. 259.

commerce qui rend insociables les marchands anglais en leur laissant supposer qu'il leur donne la prééminence[1]. Puisque ces deux peuples sont proches l'un de l'autre et que leurs côtes ne sont séparées que par un canal (on a beau dire que c'est une mer), la rivalité donne à leur conflit un caractère qui est différent : l'*appréhension* d'un côté et la *haine* de l'autre ; ce sont là les deux formes de leur incompatibilité, l'une ayant pour but la *conservation de soi-même*, l'autre la *domination*, sinon la destruction totale de l'autre.

Quant à la caractérisation des autres peuples dont la singularité nationale serait à déduire, non pas tellement comme pour les deux peuples précédents, du type de leur culture respective, mais de la disposition de leur nature, par le mélange de souches originairement différentes, nous pouvons maintenant l'esquisser rapidement.

316 | 3. L'*Espagnol* né du mélange du sang européen et arabe (maure) montre dans son comportement privé et public, une certaine *solennité* ; et même devant les grands auxquels la loi le soumet, le paysan manifeste la conscience de sa dignité. – La Grandezza des espagnols, et la grandiloquence qu'on trouve même dans leur conversation indique une noble fierté nationale. De là son hostilité à l'engouement familier du Français. L'Espagnol est un homme mesuré, tempéré, attaché aux lois, surtout à celles de leur antique religion. Tant de gravité ne l'empêche pas de s'amuser aux jours de fête (par exemple à l'ouverture des moissons avec des chansons et des

---

1. L'esprit de commerce en général, est, par lui-même antisocial, comme l'esprit de noblesse. Une maison (c'est ainsi qu'un marchand appelle son comptoir) est séparée de l'autre par ses affaires, comme une résidence seigneuriale par un pont-levis, ce qui proscrit un commerce amical sans cérémonie ; ce commerce ne pourrait exister qu'avec des gens protégés par la même maison, mais, dans ces conditions, ils ne pourraient plus être considérés comme membres de cette maison.

danses), et quand, un soir d'été, retentit le fandango, il ne manque pas de gens du peuple, oisifs à cette heure, pour danser dans les rues au son de la musique. Tel est leur bon côté.

Voici le mauvais : l'Espagnol n'apprend rien des étrangers, il ne voyage pas pour apprendre à connaître d'autres peuples[1] ; il a, dans les sciences, des siècles de retard ; rétif à toute réforme, il est fier de n'avoir pas à travailler ; son esprit est d'humeur romantique ; comme le montrent les courses de taureaux, il est cruel (à preuve les anciens auto-da-fe), et ce goût prouve que son origine est en partie hors d'Europe.

4. L'*Italien* unit la vivacité française (gaieté) au sérieux espagnol (fermeté), et ce qui le caractérise dans le domaine esthétique, c'est un goût qui s'associe à l'émotion ; ainsi la vue, qui plonge du haut des Alpes italiennes vers le charme des vallées, inspire d'un côté le courage, de l'autre un plaisir calme. Ce n'est pas que son tempérament soit mêlé ou incohérent (ce qui ne lui donnerait aucun caractère), mais il s'agit d'une disposition de la sensibilité à éprouver le sentiment du sublime, dans la mesure où il est compatible avec celui du beau. – Le jeu de ses sensations s'exprime avec vivacité dans sa mimique et son visage est expressif. A la barre du tribunal, les avocats italiens plaident avec tant d'émotion qu'ils ont l'air de déclamer une scène.

Comme le Français l'emporte par le goût dans les conversations, l'Italien l'emporte par le *goût dans les arts*. Le premier préfère les | réjouissances *privées*, l'autre les réjouissances *publiques* : pompe des défilés, processions, grands 317

---

1. La limitation d'esprit de tous les peuples qui n'ont pas la curiosité désintéressée de connaître de leurs propres yeux le monde extérieur, encore moins de s'y transplanter comme citoyens du monde, permet de caractériser ce qui distingue à leur avantage, Français, Anglais et Allemands, des autres peuples.

spectacles, carnavals, mascarades, splendeur des édifices publics, peintures, mosaïques, antiquités romaines de haut style; il aime à *voir* et à *être vu* au milieu d'une nombreuse compagnie. – Ajoutons (car il ne faut pas oublier l'intérêt personnel) la découverte du *change*, des *banques* et de la *loterie*. – Tel est leur bon côté, auquel il faut ajouter la *liberté* que les gondoliers et les lazzaronni peuvent se permettre de prendre à l'égard des grands.

Mais voici le mauvais côté : comme dit Rousseau*, ils font la conversation dans de somptueux salons, et dorment dans des nids à rats. Leurs conversations ont tout l'air d'un marché : la maîtresse de maison fait circuler quelques dégustations parmi les nombreux convives; en passant de ci de là on se communique les nouvelles du jour; l'amitié n'est alors aucunement requise, et avec un petit groupe qu'on a choisi on mange jusqu'à la nuit. – Mais il y a pire : l'usage du couteau, les bandits, les assassins qui se réfugient dans les lieux saints, la négligence de la police : ce qui n'est pas à mettre au compte des romains eux-mêmes, mais à celui de leur gouvernement bicéphale. – Cependant je ne peux pas prendre sous ma responsabilité ces accusations; ceux qui les colportent sont en général les Anglais qui n'aiment d'autre régime que le leur.

5. Les *Allemands* ont la réputation d'avoir un bon caractère, c'est-à-dire d'être loyaux et aptes à la vie d'inté- rieur : qualités qui ne vont pas de pair avec le brillant. – Parmi tous les peuples civilisés, l'Allemand s'adapte le plus faci- lement et de la façon la plus durable au gouvernement sous lequel il se trouve; la plupart du temps il ignore la soif de la nouveauté et de l'opposition à l'ordre établi. Son caractère est le flegme associé à l'entendement; il n'ergote pas sur l'ordre établi, ne veut en inventer un autre. C'est pourquoi il est

* Rousseau, *Contrat Social*, III, 8.

l'homme de tous les pays et de tous les climats, il émigre facilement, et il n'est pas attaché passionnément à sa patrie. S'il va dans les pays étrangers comme colon, il forme aussitôt avec ses compatriotes une sorte d'association que l'unité de langue et en partie de religion fixe en un petit peuple ; sous l'autorité supérieure, il constitue un groupe organisé dans le calme et la moralité ; son activité, sa propreté, son économie le distingue à son avantage de toutes les autres colonies. | Tels sont les **318** éloges que les Anglais eux-mêmes font aux Allemands d'Amérique du Nord.

Le flegme (pris au bon sens du terme) est le tempérament de la réflexion froide et de l'endurance ; il peut poursuivre un but et supporter en même temps les difficultés qui lui sont liées ; ainsi on peut attendre de son juste entendement et de la réflexion profonde de sa raison, autant que de tout autre peuple capable de la plus grande culture, sauf dans le domaine de l'esprit et de la culture artistique, où il n'est peut-être pas égal aux Français, Anglais et Italiens. – Il a son bon côté, dans tout ce qui peut être exécuté par l'*application* obstinée et là où le *génie*[1] n'est pas requis. Ce dernier n'est pas aussi utile, il s'en faut de beaucoup, que l'application des Allemands associée à un entendement sain. Dans le commerce avec

---

1. Le *génie* est le talent de la *découverte* de ce qui ne peut pas être appris ou enseigné. On peut bien apprendre des autres comment on doit faire de bons vers mais non pas comment on doit faire un bon poème ; car un bon poème doit jaillir de la nature même de son auteur. C'est pourquoi, il ne faut pas l'attendre d'une commande et contre une bonne rétribution comme un produit fabriqué, mais plutôt comme une inspiration dont le poète ne peut pas même dire d'où elle lui vient, c'est-à-dire d'une disposition occasionnelle dont la cause lui est inconnue (*scit genius, natale comes qui temperat astrum*). C'est pourquoi le génie brille comme un phénomène instantané qui se montre par intervalles et disparaît à nouveau ; il n'apparaît pas comme une lumière allumée à volonté et brillant aussi longtemps qu'on le désire, mais comme une étincelle éblouissante qu'une crise heureuse de l'esprit tire de l'imagination productive.

autrui, le caractère des Allemands est la timidité. Plus que tout autre peuple il apprend les langues étrangères, il est (comme le dit Robertson) le commerçant en gros de l'érudition ; et dans le champ des sciences, il est le premier à tracer des sillons que d'autres utilisent ensuite à grand tapage ; il n'a pas d'orgueil national, et, cosmopolite, il n'est pas attaché à sa patrie. Mais chez lui, il est plus hospitalier à l'égard de l'étranger que n'importe quelle autre nation (comme l'avoue Boswell). Il inculque à ses enfants la moralité avec beaucoup de rigueur de même que, conformément à son penchant pour l'ordre et la règle, il se soumet au despotisme plutôt que de s'engager dans des nouveautés (surtout dans des réformes arbitraires du gouvernement). – C'est son bon côté.

319 Le côté négatif, c'est son penchant à l'imitation et le peu de confiance qu'il a dans son originalité (par opposition | à l'arrogance de l'Anglais) et surtout une certaine manie de la méthode qui refuse entre citoyens un principe de rapprochement égalitaire, mais veut un classement méticuleux selon les niveaux de la préséance et selon une hiérarchie ; dans cette échelle des rangs et dans l'invention des titres (être de la noblesse, de la haute noblesse, de bonne, de haute, d'excellente naissance), ils sont inépuisables et serviles par pur pédantisme ; ce qui, bien sûr, doit être mis au compte du régime allemand ; mais il n'en faut pas moins remarquer que ce style pédantesque a son origine dans l'esprit même de la nation et dans le penchant naturel de l'Allemand à établir entre celui qui doit commander et celui qui doit obéir une échelle dont chaque degré est caractérisé par l'indice de considération qui lui est afférent, et où celui qui n'a pas de métier, ni par conséquent, de *titre*, n'est rien ; l'État, qui accorde ces titres en tire profit ; mais, sans qu'on l'ait cherché, cette situation suscite chez les sujets la prétention à limiter dans l'opinion l'importance des autres. Voilà qui paraît risible aux autres

peuples ; en fait, dans cette méticulosité, et ce besoin d'un partage méthodique pour saisir le tout sous un concept, se trahissent les limites de leur talent naturel.

*

La *Russie* ne réunit pas *encore* ce qui permettrait de déterminer quelles dispositions sont prêtes à se développer chez elle ; la *Pologne* ne le possède *plus* ; les éléments nationaux de la *Turquie* d'Europe n'ont jamais réalisé et ne réaliseront jamais ce qu'on peut exiger pour qu'un peuple entre en possession d'un caractère déterminé ; on peut donc, en bonne justice, les passer sous silence.

En général, puisqu'il est ici question de caractère inné, naturel, qui a pour ainsi dire son siège dans la composition du sang humain, et puisqu'il ne s'agit pas de caractériser ce qu'il y a d'acquis, d'artificiel (de factice) dans les nations, il faut être très circonspect.

Dans le caractère des *Grecs*, la violente pression des *Turcs* et celle, guère moins violente de leurs *Caloyers*, n'a pas fait disparaître leur type de sensibilité (vivacité et légèreté) plus que leur allure physique, la structure et les traits de leur visage ; mais ces particularités | se traduiraient à nouveau dans **320** les faits, si, par un événement heureux, la forme de la religion et du gouvernement leur donnait la liberté de se reconstituer. – Chez un autre peuple chrétien, les *Arméniens*, règne un esprit de commerce bien particulier ; ils vont à pied des frontières de la Chine jusqu'au Cap Corso sur la Côte de Guinée, pour faire du commerce : preuve que ce peuple raisonnable et diligent a une origine particulière ; suivant une ligne du Nord-Est au Sud-Ouest, il s'étend à travers presque tout l'Ancien Continent et sait se faire accueillir pacifiquement par tous les peuples chez lesquels il se rend, témoignant un caractère supérieur à celui du Grec d'aujourd'hui, inconstant et obséquieux, où nous ne pouvons plus retrouver sa forme première. – Voici le jugement qu'on peut porter avec vraisemblance : le mélange des souches (par les grandes conquêtes), en effaçant peu à peu les caractères, ne sont pas profitables au genre humain – indépendamment de toute prétendue philanthropie.

D. Caractère de la race

A ce sujet, je peux m'en rapporter à ce que M. H. R. Girtanner a fort bien et profondément expliqué et développé dans un ouvrage où il se conforme à mes principes*; je ne veux faire qu'une remarque sur le *rameau familial*, et les variétés ou nuances qu'on peut remarquer dans une seule et même race.

Alors que la nature s'est fixée pour but l'*assimilation* dans le mélange des différentes races, ici elle s'est imposée une loi exactement contraire : dans un peuple d'une seule race (par exemple la race blanche), au lieu de laisser les traits caractéristiques se rapprocher continuement et sans interruption de manière à ne former finalement qu'une seule et même figure, comme celle qu'on obtient par l'impression d'une gravure, elle se diversifie à l'infini, du point de vue corporel et spirituel, dans le même rameau, et jusque dans la même famille. – Il est vrai que les nourrices pour flatter les parents disent : « Il a ceci de son père et cela de sa mère »; si c'était vrai, toutes les formes de la génération humaine seraient depuis longtemps 321 épuisées | et puisque la *fécondité* dans les unions est renouvelée par l'hétérogénéité des individus, la propagation serait interrompue. – Ainsi la couleur grise (*cendrée*) des cheveux, n'est pas le résultat de l'union d'un brun avec une blonde,

---

* Girtanner, *Ueber das Kantische Prinzip für die Naturgeschichte*, 1796.

mais caractérise une certaine variété familiale et la nature a
assez de réserve pour ne pas, faute de formes de rechange,
envoyer dans le monde un homme qui s'y est déjà trouvé; la
proximité de la parenté produit, on le sait, la stérilité.

E. LE CARACTÈRE DE L'ESPÈCE

Veut-on caractériser les êtres d'une certaine espèce ? Il est
requis de les réunir avec d'autres, déjà connus de nous, sous
un seul et même concept; mais ce par quoi ils se distinguent
les uns des autres sera donné et utilisé comme propriété
(proprietas) qui permet de les distinguer. – Mais si on veut
comparer un type d'êtres que nous connaissons (A), avec un
autre (non A) que nous ne connaissons pas, comment peut-on
attendre ou exiger alors l'indication d'un caractère pour le
premier alors que le terme moyen (*tertium comparationis*)
nous manque ? – Il se peut bien que le concept de l'espèce la
plus élevée soit celui d'être *terrestre* raisonnable; mais alors
nous ne pouvons en désigner aucun caractère, car nous
n'avons pas, d'êtres raisonnables non *terrestres*, une connaissance qui permettrait d'indiquer leur propriété et de caractériser ainsi cette espèce terrestre parmi les autres espèces
raisonnables en général. Il semble donc que l'indication du
caractère de l'espèce humaine soit un problème de toute façon
insoluble; car on ne peut donner de solution qu'en comparant
dans l'*expérience* deux *espèces* d'êtres raisonnables. Or ceci
n'est pas possible.

Pour assigner à l'homme sa classe dans le système de la
nature, et pour le caractériser, il ne reste que ceci : il a un
caractère qu'il se crée à lui-même, car il a le pouvoir de se
perfectionner selon des buts qu'il a choisis lui-même. C'est
pourquoi à partir d'un animal *capable de raison* (*animal
rationabile*), il peut faire de lui-même un *animal raisonnable*

(*animal rationale*); et par là, en premier lieu, il se conserve, lui
et son espèce; deuxièmement, | il donne à cette espèce une
pratique, un enseignement, et une éducation qui le destine à la
société familiale; troisièmement, il la gouverne comme un
tout systématique (ordonné selon les principes de la raison)
qui est nécessaire à la société. Mais si on la compare à l'idée
des êtres raisonnables possibles sur la terre, voici ce qui
caractérise, par excellence, l'espèce humaine : la nature a
placé en elle le noyau de la *discorde* et voulu que sa propre
raison en tire la *concorde*, ou du moins ce qui en approche
constamment; cette concorde est dans l'idée le *but*, la discorde
est, selon le plan de la nature, le *moyen* d'une sagesse très
haute, pour nous impénétrable : il s'agit de perfectionner
l'homme par le progrès de la culture bien qu'au prix de plus
d'un sacrifice dans les joies de la vie.

Parmi les *vivants qui habitent la terre*, on peut facilement
reconnaître que l'homme, par sa disposition *technique* (aptitude mécanique doublée de conscience), par sa disposition
pragmatique (utiliser habilement les autres hommes à ses
fins) et par sa disposition *morale* (agir à l'égard de soi et des
autres selon le principe de la liberté, conformément à des lois)
est visiblement distinct des autres êtres naturels : et l'un de ces
trois niveaux suffit à caractériser l'homme par opposition aux
autres habitants de la terre.

I. *La disposition technique* : l'homme à l'origine était-il
destiné à marcher à quatre pattes (comme le suggère Moscati,
peut-être à titre de simple thèse pour une dissertation) ou sur
deux pieds ? – Le Gibbon, l'Orang-Outang ou le Chimpanzé
ont-ils cette destination (sujet de polémique entre Linné et
Camper) ? – L'homme est-il un animal qui mange des fruits ou
de la viande (puisqu'il a un estomac membraneux); n'ayant ni
griffes, ni crocs, donc aucune arme (en dehors de la raison),
est-il par nature un animal de proie ou un animal pacifique ? –

La réponse à ces questions ne doit pas nous arrêter. En tous cas on peut aussi proposer celle-ci : l'homme est-il par nature un animal social ou un animal solitaire que le voisinage effarouche ? Cette seconde hypothèse est la plus vraisemblable.

Un premier couple humain, complètement formé et installé par la nature au milieu de ce qui pourra le nourrir, mais à qui n'aurait pas été accordé en outre un instinct naturel qui n'existe plus dans notre nature actuelle, est inconciliable avec la prévoyance de la nature pour le maintien de l'espèce ; le premier homme se serait | noyé dans le premier étang qu'il | 323 aurait vu ; car nager est une technique qu'il faut apprendre, il aurait consommé des fruits et des racines empoisonnés et aurait couru un danger constant. Mais si la nature a *implanté* cet instinct dans le premier couple humain, comment fut-il possible qu'il ne l'ait pas transmis à ses enfants ? Ce qui ne se produit jamais actuellement.

Il est vrai que les oiseaux chanteurs apprennent à leurs petits certains chants, et les perpétuent ainsi par la tradition ; si bien qu'un oiseau isolé, ôté encore aveugle à son nid, puis élevé, ne chante qu'à l'âge adulte : de naissance, il ne possède qu'un certain vocal. D'où vient donc le premier chant [1] ? Car il

---

1. Voici, concernant l'archéologie de la nature, l'hypothèse qu'on peut accepter avec le chevalier de Linné : de l'océan universel qui couvrait toute la terre, une île, sous l'équateur, a d'abord émergé comme une montagne ; là se sont établis peu à peu tous les degrés climatiques de la température, depuis la chaleur sur les rives les plus basses, jusqu'au froid arctique sur le sommet, en même temps que les animaux et les plantes qui y sont adaptés ; de sorte que parmi toutes les espèces d'oiseaux, les oiseaux chanteurs répétaient le son vocal inné de tant de divers ramages, et chacun selon ce que sa gorge lui permettait s'associait aux autres, ainsi chaque espèce a formé son propre chant que l'un a transmis à l'autre par l'enseignement (comme pour une tradition) ; on voit aussi que les pinsons et les rossignols présentent des chants différents selon les pays.

n'en a pas enseigné, et s'il avait une origine instinctive, pourquoi les petits n'en hériteraient-ils pas?

Ce qui caractérise l'homme comme animal raisonnable se trouve dans la forme et l'organisation de sa *main*, de ses *doigts* et de ses *dernières phalanges* et réside en partie dans leur structure, en partie dans la délicatesse de leur sensibilité; en cela la nature a rendu l'être humain capable, non d'un seul type mais de toutes les formes de manipulation, et l'a rendu par conséquent susceptible d'utiliser la raison, montrant par là que sa disposition technique ou son habileté sont celles d'un animal *raisonnable*.

II. *La disposition pragmatique* est d'un niveau plus élevé; il s'agit du progrès de la civilisation par la culture, surtout la culture des qualités sociales et du penchant naturel dans l'espèce à échapper par les rapports sociaux à la brutalité de la force solitaire, et à devenir un être policé (pas encore moral cependant) et destiné à la concorde. – Cet homme est susceptible et a besoin d'une éducation aussi bien sous la forme de l'enseignement que de la répression | (discipline). Une question se pose alors (avec ou contre Rousseau): est-il plus facile de découvrir le caractère de l'espèce humaine selon ses dispositions naturelles, dans la *rusticité* de sa nature ou dans les *artifices de la culture* dont on ne peut apercevoir le terme? – Avant tout, il faut remarquer que chez tous les autres animaux livrés à eux-mêmes, chaque individu atteint sa destination entière; mais chez les hommes, seule l'espèce peut atteindre ce résultat: de telle sorte que la race humaine ne peut s'efforcer vers sa destination que par le *progrès* au long d'une série d'innombrables générations. Pour elle le but demeure toujours en pespective; et malgré bien des entraves cette tendance vers un but final ne fait jamais retour en arrière.

III. *La disposition morale*. La question est de savoir si l'homme par nature est *bon* ou *mauvais*, ou si par nature, il peut être l'un ou l'autre selon la main qui l'a façonné (*cereus in vitium flecti etc.*). Dans ce cas, *l'espèce* elle-même n'aurait pas de caractère. – Mais il y a là une contradiction ; car un être doué d'une faculté de raison pratique, et de la conscience que sa volonté est libre (cet être est une personne) se voit dans cette conscience même, au milieu des représentations les plus obscures soumis à la loi du devoir et affecté du sentiment (qu'on appelle le sentiment moral) qu'il est objet ou instrument de la justice et de l'injustice. Tel est le caractère *intelligible* de l'humanité en général, et dans cette mesure l'homme, selon ses dispositions innées, est *bon* par nature. Pourtant l'expérience montre un actif désir de l'illicite, bien qu'on sache que c'est illicite, c'est-à-dire un désir du mal ; penchant qui s'éveille infailliblement aussitôt que l'homme commence à faire usage de sa liberté : pour cette raison, on peut considérer ce penchant comme inné ; ainsi l'homme à cause de son caractère sensible peut être considéré comme méchant par nature si on parle du *caractère de l'espèce* ; car on peut considérer que sa destination naturelle consiste dans le progrès continu vers le mieux.

Voici au total à quoi parvient l'anthropologie pragmatique en ce qui concerne la destination de l'homme et les caractères de son perfectionnement. L'homme est destiné par sa raison à former une société avec les autres et dans cette société à *se cultiver*, à *se civiliser* et à *se moraliser* par l'art et par les sciences ; aussi fort | que soit son penchant animal à s'aban- **325** donner passivement aux attraits du confort et du bien-être, qu'il appelle félicité, sa raison le destine au contraire à se rendre digne de l'humanité dans l'actif combat contre les obstacles qu'oppose la grossièreté de sa nature.

Il faut donc à l'homme une *éducation*; mais celui qui a tâche de l'éduquer est aussi un homme, affecté par la grossièreté de sa nature, et il doit produire chez l'autre ce dont il a lui-même besoin. C'est pourquoi l'homme dévie constamment de sa destination et qu'il y revient toujours à nouveau. Indiquons les difficultés de la solution de ce problème et les obstacles qui s'y opposent.

A. La première destination physique consiste dans l'impulsion chez l'homme à maintenir sa race comme race animale. – Mais les phases naturelles du développement de l'homme ne coïncident pas avec les phases sociales. D'après les *premières* l'homme à l'état de nature se trouve au moins dès sa quinzième année *poussé* par l'instinct sexuel, et capable de reproduire son espèce et de la maintenir. D'après les *secondes*, c'est une audace qu'il peut difficilement avoir (en moyenne) avant vingt ans. Car même si le jeune homme a assez tôt, en tant que citoyen du monde, la capacité de satisfaire ses inclinations et celles d'une femme, il n'a pas la faculté en tant que citoyen d'un état d'entretenir sa femme et ses enfants. – Il doit apprendre un métier, acquérir l'expérience nécessaire pour fonder un foyer avec une femme; dans les classes les plus raffinées, la vingt-cinquième année peut passer avant que l'homme soit mûr pour sa destination. Comment remplit-il toute cette période intermédiaire où la continence est nécessaire sans être naturelle? Le plus souvent par les vices.

B. L'impulsion pour la science, prise comme une culture qui annoblit l'humanité, est, pour l'ensemble de l'espèce, hors de proportion avec la durée de la vie. Le savant, s'il a assez avancé dans la culture pour pouvoir en élargir le champ, est rappelé par la mort, et sa place est prise par un disciple qui, peu avant la fin de sa vie, après avoir fait lui aussi un pas de plus,

cède à son tour | sa place à un autre. – Quelle masse de 326
connaissances, quelles découvertes de nouvelles méthodes
auraient pu être emmagasinées si un Archimède, un Newton
ou un Lavoisier, avec leur application et leur talent avaient
reçu de la nature de vivre sans que diminue leur force vitale ?
Mais le progrès de l'espèce dans les sciences n'est jamais que
fragmentaire (dans le temps), et n'est pas assuré contre un
retour en arrière : aussi bien se trouve-t-il menacé par des
périodes intermédiaires de bouleversements et de barbarie.

C. De même pour cette *félicité* vers laquelle il s'efforce
continuellement sous l'impulsion de sa nature, alors que sa
raison pose comme condition limitative de la mériter, c'est-à-
dire d'être moral, l'espèce humaine paraît ne pas atteindre sa
destination. – Quand au tableau hypochondriaque (en sombres couleurs), que Rousseau trace de l'espèce humaine se
risquant à sortir de l'état de nature, il ne faut pas y voir le
conseil d'y revenir et de reprendre le chemin des forêts ; ce
n'est pas là son opinion véritable ; il voulait exprimer la difficulté pour notre espèce d'accéder à sa destination en suivant la
route d'une approche continuelle ; une telle opinion n'est pas à
considérer comme une histoire en l'air : l'expérience des
temps anciens et modernes doit embarrasser tout individu qui
réfléchit et rendre pour eux douteux le progrès de notre espèce.

Rousseau a consacré trois écrits aux dommages qu'ont
provoqué : 1) le passage de notre espèce de la nature à la
culture par l'affaiblissement de nos forces ; 2) la *civilisation*,
par l'inégalité et l'oppression mutuelle ; 3) la prétendue *mora-
lisation*, par une éducation contraire à la nature et une défor-
mation de la pensée ; ces trois écrits qui représentaient l'état de
nature comme un état d'*innocence* (le gardien du Paradis,
avec une épée de feu empêche qu'on y revienne) doivent
simplement servir de fil conducteur dans le *Contrat Social*,
l'*Émile*, le *Vicaire Savoyard* pour sortir du labyrinthe du mal

où notre espèce s'est enfermée par sa faute. – Rousseau ne pensait pas que l'homme dût revenir à l'état de nature, mais qu'il devait jeter sur lui un regard rétrospectif à partir du **327** niveau qu'il atteint | aujourd'hui. Il admettait que l'homme est bon par *nature* (la nature telle qu'elle est transmise par l'hérédité); mais d'une manière négative, c'est-à-dire qu'il ne serait pas méchant de lui-même et d'une manière intention- nelle il serait en danger d'être contaminé et corrompu par des guides mauvais ou maladroits. – Mais alors on aurait besoin d'hommes de bien, éduqués eux-mêmes à cette fin et dont aucun ne serait corrompu (que ce soit par naissance ou par éducation): le problème de l'éducation morale pour notre *espèce* demeure donc sans solution en raison du principe et pas seulement pour une question de degré; car un mauvais penchant inné en l'espèce peut être blâmé par la raison humaine universelle, en tous cas freiné, mais jamais extirpé.

*

Même dans une république, qui représente le dévelop- pement le plus haut des bonnes dispositions de l'espèce humaine pour la fin dernière de sa destination, l'*animalité* est, dans ses manifestations, antérieure à la pure *humanité* et au fond plus puissante qu'elle; c'est seulement par son *affaiblis- sement* que l'animal domestique est plus utile à l'homme que la bête sauvage. La volonté individuelle est toujours prête à se déclarer hostile aux voisins; elle s'efforce toujours, dans sa prétention à la liberté inconditionnelle, d'être non seulement indépendante, mais souveraine à l'égard d'êtres qui lui sont égaux par nature : chose qu'on remarque aussi chez les tout **328** petits enfants[1]; car chez eux la nature va | vers la moralité par

---

1. Le cri de l'enfant qui vient de naître n'a pas le ton de la plainte, mais de l'indignation et de la colère qui explose; ce n'est pas qu'il ait mal, mais il est

la culture, et elle ne part pas (comme le prescrit la raison) de la moralité et de sa loi, pour conduire à une culture qui lui serait adaptée; ce qui ne peut manquer de provoquer une perversion de la tendance et de la retourner contre son but : par exemple, quand l'enseignement de la religion, qui doit être nécessairement une culture *morale* est amorcé par la culture *historique* (simple culture de la mémoire) et s'efforce en vain d'en déduire la moralité.

L'éducation du genre humain, pris dans le *tout* de son espèce, c'est-à-dire *collectivement* (*universorum*) et non dans la somme de ses individus (*singulorum*) où la masse ne constitue pas un système mais un agrégat d'éléments juxtaposés, et l'effort vers une constitution républicaine, qui doit se fonder sur le principe de la liberté mais aussi de la contrainte légale, l'homme ne les attend que de la *Providence*, c'est-à-dire d'une sagesse qui n'est pas la sienne, mais l'idée impuis-

---

contrarié; probablement parce qu'il veut se mouvoir et qu'il éprouve son impuissance comme une entrave qui lui retire sa liberté. Quelle est donc l'intention de la nature quand elle accompagne d'un cri la naissance de l'enfant, ce qui pour lui et sa mère est le plus extrême danger dans le *pur état de nature*? Cela pourrait attirer un loup ou un porc, et les exciter à dévorer l'enfant quand la mère est absente ou affaiblie par les couches. Aucune bête en dehors de l'homme tel qu'il est maintenant n'annonce ainsi son existence au moment où il naît; et la sagesse de la nature semble l'avoir voulu ainsi pour le maintien de l'espèce. On doit donc admettre qu'aux premières époques de la nature pour cette classe d'animaux (à l'époque de la rusticité) l'enfant ne criait pas à sa naissance. | Ensuite seulement vint une seconde époque où les deux parents accédèrent à cet état de culture qui est nécessaire à la vie familiale, sans que nous sachions comment ni par le concours de quelle cause la nature a pu organiser un pareil développement. Réflexion qui entraîne loin, jusqu'à cette idée par exemple; est-ce qu'à cette seconde époque dans les grandes révolutions de la nature n'en doit pas succéder une troisième lorsqu'un Orang-Outang ou un Chimpanzé développera les organes qui servent à marcher, à manier les objets, à parler, jusqu'à la formation d'une structure humaine, contenant en son élément le plus intérieur un organe pour l'usage de l'entendement et se développant peu à peu par une culture sociale ?

sante (par sa faute à lui) de sa propre raison; cette éducation qui vient d'en haut est saine, mais rude et sévère : elle passe par bien des incommodités et par une réforme de la nature qui atteint presque la destruction de toute l'espèce; il s'agit de produire le *Bien* que l'homme ne s'est pas proposé, mais qui se maintient une fois qu'il est là, sur fond du *mal* toujours divisé intérieurement contre lui-même. La Providence signifie précisément cette même sagesse que nous percevons avec admiration dans le maintien de l'espèce d'êtres organisés, travaillant perpétuellement à sa destruction et pourtant la préservant, sans que nous admettions cependant dans cette prévoyance de principe supérieur à celui que nous avons coutume d'admettre pour la conservation des plantes et des animaux. – Du reste, l'espèce humaine *peut* et *doit* être elle-même créatrice de son bonheur; cependant, le fait qu'elle le

329   sera | ne se laisse pas déduire des dispositions naturelles que nous connaissons en elle, mais de l'expérience et de l'histoire, et l'attente de ce résultat est aussi fondée qu'il est nécessaire pour ne pas désespérer de ses progrès vers le mieux, et pour que chacun, autant qu'il est en lui, favorise de toute sa sagese et d'une morale exemplaire l'approche vers ce but.

On peut donc dire que le premier trait de caractère de la race humaine est le pouvoir de l'homme, en tant qu'être raisonnable, de se créer un caractère en général pour sa personne et la société dans laquelle la nature le place; ce qui suppose en lui une disposition favorable de la nature et un penchant au bien; car le mal (puisqu'il comporte une contradiction en soi-même et qu'il n'autorise aucun principe qui demeure) est à proprement parler sans caractère.

Le caractère d'un être vivant est ce qui permet de connaître à l'avance sa destination. – Pour les fins de la nature, voici ce qu'on peut admettre comme principe; elle veut que chaque créature atteigne sa destination, donc que toutes les dispositions se développent conformément à ce dessein, afin que ce but soit atteint sinon par l'individu, du moins par l'espèce. – Résultat que les animaux sans raison atteignent réellement ; et c'est la sagesse de la nature ; chez l'homme cette fin est atteinte par l'espèce dont nous ne connaissons, parmi les êtres terrestres raisonnables, qu'une seule : l'espèce humaine ; et dans celle-ci nous ne connaissons qu'une seule tendance vers ce but : s'employer soi-même à mener jusqu'à son terme le développement du bien à partir du mal ; cette perspective, si les révolutions de la nature ne la font pas tourner court, peut être attendue avec une *certitude* morale (suffisante pour créer le devoir de contribuer à cette fin). Car ce sont des hommes, c'est-à-dire des êtres d'un naturel méchant mais raisonnables, capables d'invention mais doués aussi d'une disposition morale, qui, dans l'accroissement de la culture, éprouvent d'autant plus vivement les maux qu'ils se font les uns aux autres par égoïsme ; ils ne voient là pas d'autres moyens de soumettre bien contre leur gré l'intérêt privé (de l'individu) à l'intérêt commun (qui réunit tout le monde) et à sa discipline (contrainte de la société) ; mais ils ne s'y soumettent que d'après des lois qu'ils se sont donnés à eux-mêmes ; dans ces conditions, ils se sentent honorés par la conscience d'appartenir à une espèce qui est à la mesure de la | destination de 330 l'homme, telle que la raison la lui représente dans l'idéal.

*

Traits fondamentaux de la description du caractère de l'espèce humaine
I. L'homme n'était pas destiné à faire partie d'un troupeau comme un animal domestique, mais d'une ruche comme les abeilles. – Nécessité d'être membre d'une société civile quelconque.

La manière la plus simple, la moins artificielle de constituer une telle société est d'avoir un guide dans cette ruche (la monarchie). – Mais ces ruches, s'il y en a beaucoup les unes à côté des autres, se combattent comme des frelons (la guerre); ce n'est pas pourtant, comme chez les hommes, pour donner plus de force à leur groupe en l'unissant à un autre; – c'est ici que cesse la comparaison; il s'agit seulement, pour les abeilles, d'utiliser par la ruse ou la violence le labeur des autres. Chaque peuple cherche à accroître ses forces en se soumettant ses voisins; et que ce soit avidité à s'agrandir ou crainte d'être englouti par l'autre si on ne le gagne pas de vitesse, la guerre intérieure ou extérieure, dans notre espèce, a beau être un grand mal elle est pourtant le mobile qui fait passer de l'état sauvage de nature à l'état social : mécanisme de la Providence où les forces antagonistes se heurtent, s'entravent les unes les autres, mais, sous la poussée ou la traction d'autres mobiles, se maintiendront longtemps dans un cours régulier.

II. *Liberté* et *loi* (par laquelle la liberté est limitée) sont les deux pivots autour desquels tourne la législation civile. Mais afin que la loi soit efficace, au lieu d'être une simple recommandation, un moyen terme [1] doit s'ajouter, le *pouvoir* qui, lié aux principes de la liberté assure le succès à ceux de la loi.

On ne peut concevoir que quatre formes de combinaison de ce dernier élément avec les deux premiers :

A. Loi et liberté sans pouvoir (Anarchie);
B. Loi et pouvoir sans liberté (Despotisme);
331 | C. Pouvoir sans liberté ni loi (Barbarie);
D. Pouvoir avec liberté et loi (République).

---

1. Par analogie avec le *medius terminus* dans un syllogisme, qui, lié au sujet et au prédicat du jugement, donne les quatre figures syllogistiques.

On voit que seule la dernière combinaison mérite d'être tenue pour une véritable constitution civile; par là on ne désigne pas une des trois formes d'état (Démocratie); mais par *république*, on entend seulement un état en général – et la vieille formule de Brocard « salus civitatis (non pas civium), suprema lex esto » ne signifie pas que le bien-être physique de la collectivité (*félicité* des citoyens) doit être le principe supérieur de l'organisation de l'état : car cette prospérité que chacun se dépeint selon sa tendance personnelle, de telle ou telle manière, n'a pas valeur de principe objectif; la sentence de Brocard ne dit rien de plus que ceci : le bien intelligible, le maintien de l'*organisation de l'état* une fois qu'elle est établie, est la loi la plus haute d'une société civile en général; car cette société ne se maintient que par cette organisation (a).

Le caractère de l'espèce tel qu'il est indiqué par l'expérience de tous les temps et dans tous les peuples est celui-ci : prise collectivement (comme le tout du genre d'humain), l'espèce est une masse de personnes qui existent les unes après les autres, et les unes à côté des autres; ils ne peuvent pas se passer d'une pacifique coexistence, et pourtant ne peuvent pas éviter d'être continuellement en opposition les uns avec les autres; et par conséquent, ils se sentent destinés par la nature, à former, sous l'effet de la contrainte réciproque des lois dont ils sont eux-mêmes les auteurs, une coalition qui, toujours menacée de dissociation, est toutefois un progrès au niveau général; elle constitue ainsi une société cosmopolite (*cosmopolitismus*) : idée inaccessible en soi, qui n'est pas un principe constitutif (permettant d'attendre une paix se maintenant au milieu des actions et des réactions les plus vives des hommes), mais seulement un principe régulateur : il s'agit de la suivre avec application, comme destination du genre humain, non sans qu'on ait raison de supposer une tendance naturelle vers cette fin.

Quant à la question : doit-on considérer l'espèce humaine comme une bonne ou mauvaise race ? (on peut la qualifier de race si on la considère comme une espèce d'êtres raisonnables, en comparaison avec les habitants d'autres planètes, en tant que créatures issues d'un seul et même démiurge), je dois avouer qu'il n'y a guère à se vanter. Quiconque pourtant considérera le comportement | des hommes dans l'histoire non seulement ancienne mais contemporaine, sera tenté, sans doute, de jouer dans ses jugements les Timon misanthropes, mais plus souvent et avec plus de justesse, les Momus, et à trouver que la folie plus que la méchanceté forme le trait saillant de notre espèce. Mais comme la folie associée à quelque linéament de méchanceté (elle est alors appelée sottise) ne doit pas être méconnue dans la physionomie morale de notre espèce, la dissimulation partielle de ses pensées, que tout homme intelligent trouve nécessaire, laisse voir ceci : tout le monde dans notre race trouve à propos d'être sur ses gardes et de ne pas se laisser voir tel qu'il est, ce qui trahit dans notre espèce le penchant à être mal intentionné à l'égard d'autrui.

Il pourrait bien se faire qu'il y eût des êtres raisonnables sur d'autres planètes, qui ne pourraient penser qu'à haute voix c'est-à-dire, dans la veille comme dans le rêve, en société ou tout seuls, ils ne pourraient avoir de pensée qu'ils ne la *formulent* aussitôt. Dans ces conditions quelles différences y aurait-il entre la conduite réciproque de ses êtres, et celle de l'espèce humaine ? S'ils n'étaient pas de *purs anges*, on ne voit pas comment ces créatures pourraient s'accorder, avoir seulement quelque considération l'une pour l'autre et s'entendre entre elles. – Il appartient donc à la composition originaire d'une créature humaine et au concept de son espèce de chercher à savoir les pensées des autres, et de céler les siennes ; cette belle qualité ne manque pas d'aller de la *dissimulation* à la *duperie* intentionnelle et finalement au *mensonge*. Voilà qui pourrait donner une image caricaturale de notre espèce ; elle n'autoriserait pas qu'on s'en moque seulement avec bienveillance, mais qu'on la méprise dans ce qui constitue son caractère, et qu'on ne reconnaisse pas une place d'honneur à cette race d'êtres raisonnables parmi les autres qui nous sont inconnus[1], – si ce jugement défavorable | ne trahissait une 333 disposition morale en nous, une exigence innée de la raison à s'opposer à ce penchant, partant à ne pas représenter l'espèce humaine comme mauvaise, mais comme une espèce d'êtres raisonnables qui s'efforce, au milieu des obstacles, à s'acheminer dans un progrès continu du mal vers le bien ; en cela sa volonté en général est bonne, mais l'accomplissement est rendu difficile ; car ce n'est pas du libre accord des individus qu'il faut attendre l'arrivée au but, mais seulement de l'organisation progressive des citoyens de la terre dans et vers l'espèce en tant que système dont le lien est cosmopolitique.

1. Frédéric II demandait un jour à l'excellent Sulzer, dont il appréciait les services, comment les choses se passaient dans les établissements scolaires de Sibérie, dont il lui avait confié la direction : « Depuis que l'on s'appuie sur le principe (de Rousseau) que l'homme est bon de nature, les choses commencent à aller mieux. – Ah ! mon cher Sulzer », dit le roi, « vous ne connaissez pas encore assez cette maudite race à laquelle nous appartenons »*. – Voici un trait qui appartient à la constitution des républiques : | elles ont besoin d'une discipine qui leur vienne de la religion, afin que ce qui ne peut être atteint par la contrainte *extérieure*, soit réalisé par la contrainte *intérieure* (celle de la conscience) : la disposition morale de l'homme est utilisée politiquement par les législateurs ; c'est là une tendance qui appartient à l'espèce. Mais si, dans cette discipline du peuple, la morale ne précède pas la religion, celle-ci règne sur celle-là, et la religion statutaire devient un instrument du pouvoir de l'état (politique) sous les *despotes de la croyance* : mal qui altère inévitablement le caractère, et qui induit à gouverner avec le *mensonge* (dénommé sagesse politique), le grand monarque dont nous parlions, bien qu'il fit profession publique d'être seulement le premier serviteur de l'État, ne pouvait pas, en ses aveux privés, cacher en soupirant que la situation était inverse tout en s'excusant sur le fait qu'il fallait compter avec la dépravation de cette race mauvaise qu'est l'espèce humaine.

* En français dans le texte.

VARIANTES

Page 15. (a) : La Préface ne figure pas dans le manuscrit.

Page 17. (a) : Le texte dit : « limitrophes éloignées ». Vorländer propose la correction ici adoptée.

Page 24. (a) : Le texte de la première et de la seconde édition porte « offense et bienfait » (*Wohltun*). Le manuscrit (*Unrechttun*) paraît ici préférable.

Page 40. (a) : Le manuscrit offre à cet endroit le texte suivant :

L'homme qui veut s'observer intérieurement d'après des impressions d'origine diverse, ne peut se connaître que comme s'il apparaît, non tel qu'il est absolument : c'est là une proposition *métaphysique* audacieuse (*paradoxon*) qui ne peut être mise en question dans une anthropologie. – Mais voici qui relève d'une Anthropologie : s'il applique ses expériences internes à lui-même et s'il poursuit cette recherche aussi loin qu'il le peut, il doit avouer que la connaissance de soi conduit dans l'investigation de sa nature à l'abîme d'une profondeur insondable*. Toute connaissance présuppose l'entendement. L'animal sans entendement a bien quelque chose qui ressemble à des représentations (et dont les résultats en effet coïncident avec ce que sont les représentations chez l'homme), malgré bien des différences ; mais il n'a pas de connaissance des choses ; celle-ci relève de l'entendement, pouvoir de représentation accompagné de la conscience de l'action, par quoi les représentations sont rapportées à un objet donné et par quoi ce rapport est

---

* Homme, toi qui es un obscur problème à tes propres yeux. Non, je n'ai pas le pouvoir de te comprendre (Pope).

pensé. – Mais nous ne comprenons que ce que nous pouvons également faire, si la matière nous en est donnée ; l'entendement est donc une faculté de la spontanéité de notre connaissance, une faculté supérieure de connaître, puisqu'il soumet les représentations à certaines règles *a priori*, et rend lui-même l'expérience possible.

Dans la connaissance de soi par l'expérience interne, l'homme ne fabrique pas ce qu'il perçoit en lui-même ; car cela dépend des impressions (de la matière de la représentation) qu'il *reçoit.* Il est donc passif, c'est-à-dire qu'il a une représentation de soi-même, tel qu'il est affecté par lui-même ; cette représentation, par sa forme, ne dépend que des propriétés subjectives de sa nature ; par conséquent, elle ne peut pas être indiquée comme appartenant à l'objet, bien que l'homme soit en droit de l'imputer à l'objet (en l'occurrence, à sa propre personne) ; avec cette restriction toutefois, qu'il ne peut se connaître comme objet par cette représentation dans l'expérience que comme il apparaît, et non pas comme lui, l'observateur, est en soi. – S'il voulait se connaître sur ce mode, il lui faudrait se fonder sur la conscience de la pure spontanéité (le concept de liberté), – ce qui est possible, – cependant ce ne pourrait pas être la perception du sens interne et la connaissance empirique de soi fondée sur elle (expérience intérieure), mais seulement la conscience de la règle de l'action directe ou indirecte, sans qu'une connaissance théorique (physiologique de sa nature) soit acquise par là, comme point de départ de la psychologie. – La connaissance empirique de soi représente l'homme au sens interne, tel qu'il s'apparaît non tel qu'il est en soi, parce que cette connaissance rend représentable l'*affectibilité* du sujet et non la nature interne de celui-ci en tant qu'objet.

Comment lever cette grave difficulté qui consiste en ceci que la conscience de soi représente seulement le phénomène de soi-même et non l'homme en soi, et qu'il n'y a pas un moi double, mais une double conscience de ce moi, celle de la pensée pure mais celle aussi de la *perception* intérieure (une conscience rationnelle et une conscience empirique, c'est-à-dire une aperception discursive et l'autre intuitive) la première appartenant à la Logique, la seconde à l'Anthropologie (en tant que Physiologique), celle-là étant sans contenu (matière de la connaissance), celle-ci recevant du sens interne un contenu ?

Un objet des sens (interne ou externes) dans la mesure où il est perçu est appelé *phénomène* (*phaenomenon*). La connaissance d'un objet dans le phénomène (en tant que phénomène) est l'*expérience*. L'expérience est donc cette représentation par quoi un objet des sens est donné (un objet de la perception, c'est-à-dire de l'intuition empirique) mais l'expérience ou la *connaissance* empirique est, cette représentation par quoi il est en même temps *pensé* en tant que tel. – L'expérience est donc l'action (du pouvoir de représentation) par quoi les phénomènes sont conduits sous le concept d'un objet de cette expérience et les expériences sont *faites* parce que des observations (perceptions faites à dessein) lui sont appliquées, et qu'on médite (réfléchit) sur leur unification sous un concept. – Notre connaissance, nous l'acquérons et l'élargissons par l'expérience, puisque nous offrons comme matériau à l'entendement les phénomènes extérieurs et aussi ceux du sens interne, et personne ne doute que nous ne puissions faire aussi bien des observations intérieures sur nous-mêmes et des expériences de cette sorte ; mais si nous nous risquons à parler d'objets du sens interne (qui, en tant que sens, n'offre jamais que des phénomènes), nous ne pouvons pas accéder par là à la connaissance de nous-mêmes tels que nous sommes, mais tels que nous nous apparaissons intérieurement à nous-mêmes ; il y a dans cette proposition quelque chose de révoltant que nous devons examiner de plus près. – Un pareil jugement, nous le faisons valoir pour des objets hors de nous, mais il nous paraît contradictoire de l'appliquer à ce que nous percevons en nous-mêmes. Si en détournant les mots, on prend apparence et phénomène comme n'en formant qu'un seul et si on dit que cette proposition signifie : il me semble seulement que j'existe et que j'ai telle ou telle représentation, on fait une falsification qui n'est même pas digne qu'on la contredise.

Cette difficulté repose entièrement sur la confusion du *sens interne* (et de la conscience de soi empirique) avec l'*aperception* (conscience de soi intellectuelle) qui sont pris d'ordinaire pour une seule et même chose. Dans chaque jugement, le Je n'est ni une intuition ni un concept, et n'est pas la détermination d'un objet, mais un acte de l'entendement du sujet déterminant; et la conscience de soi-même, l'aperception pure n'appartient qu'à la Logique (sans matière ni contenu). Au contraire le Je du sens interne, c'est-à-dire de la perception et de l'observation de soi n'est pas le sujet du jugement, mais un objet. La conscience de celui qui *s'observe* est une représentation tout à fait simple du sujet dans le jugement, dont on sait tout ce qu'on en pense; mais le Je observé par lui-même est le concept de tant d'objets de la perception interne que la psychologie a beaucoup à faire pour dépister tout ce qui s'y cache, et ne peut pas espérer en venir à bout, et répondre de façon satisfaisante à la question : Qu'est-ce que l'homme ?

On doit donc distinguer l'aperception pure (celle de l'entendement) de l'empirique (celle de la sensibilité); dans celle-ci, lorsque le sujet porte attention à soi, il est aussitôt affecté par le fait même, et il suscite en lui des impressions, c'est-à-dire qu'il amène à la conscience des représentations qui, pour la forme de leurs rapports, sont conformes à la nature subjective formelle de la sensibilité c'est-à-dire de l'intuition dans le temps (simultanéité et succession) et non pas aux règles de l'entendement. Comme ces formes ne peuvent pas être admises comme valant pour tout être en général qui a conscience de soi, la connaissance qui se fonde sur le sens intérieur tel qu'il est en lui-même (parce que la condition n'est pas valable pour tout être pensant, car ce serait une représentation de l'entendement); c'est seulement une conscience de la manière dont l'homme s'apparaît à lui-même dans l'observation intérieure.

La connaissance de soi-même dans sa nature, tel qu'on est en soi, ne peut pas être acquise par une expérience interne et n'est pas issue d'une connaissance naturelle de l'homme; mais c'est seulement la conscience de sa liberté, à laquelle il accède par l'impératif catégorique, donc par la raison pratique suprême.

Du champ de la sensibilité dans son rapport au champ de l'entendement.

§ 8. Division.

L'esprit (animus) de l'homme, en tant que concept de toutes les représentations qui ont lieu en lui a un domaine (sphaera) qui comprend trois secteurs : la faculté de connaître, le sentiment de plaisir et de déplaisir, et la faculté de désirer dont chacun se subdivise selon le champ de la *sensibilité* et celui de l'*intellectualité* (celui de la connaissance sensible ou intellectuelle, de plaisir ou de déplaisir du désir ou de l'aversion).

La sensibilité peut être considérée comme faiblesse ou aussi comme force.

Page 66. (a) ms : l'illusion est ou bien involontaire et s'appelle exaltation, ou elle est intentionnellement fabriquée, pour entrer dans une communication supposée avec des êtres de ce genre, et c'est alors une *vision* et un mensonge.

Page 71. (a) ms : Si une fois au lit on se trouve avoir envie de dormir sans pouvoir le faire, on percevra, en faisant attention à ses impressions corporelles, une sensation de spasme dans les muscles des pieds et dans le cerveau, et on éprouvera au moment où on s'endort une détente qui peut être une impression très agréable. – La veille est un état de tension et de resserrement de toutes les fibres : on le constate dans ce fait que les recrues, mesurées au moment où elles sortent de leur sommeil et dès qu'elles se lèvent, ont en général un demi pouce de plus que si elles sont restées un certain temps dans leur lit.

Le sommeil n'est pas simplement un besoin de détente des forces épuisées, mais aussi un plaisir de bien-être, tant au début (quand on s'endort) qu'à la fin (quand on se réveille). Mais avec le plaisir, comme avec tous les autres, il est nécessaire d'être économe puisqu'il épuise l'impressionabilité, mais aussi une force vitale. – C'est ainsi que les Mahométans se représentent la mesure de l'alimentation : à chaque homme au moment de sa naissance est pesé ce qu'il doit manger. S'il consomme beaucoup, il arrive vite au bout de sa portion et meurt tôt ; s'il consomme modérément, il a pour longtemps à manger et à vivre. – On pourrait dire la même chose du sommeil : celui qui dort beaucoup dans sa jeunesse et dans sa maturité dormira peu dans sa vieillesse, ce qui est pénible. – Les Kalmuks trouvent honteux de dormir le jour et la sieste des Espagnols ne donne pas une haute idée de leur vigueur.

Page 101. (a) ms : comme les mots d'une langue qui pour l'oreille d'un étranger sont des bruits sans signification mais conduisent d'une manière d'autant plus déterminée à des concepts.

Page 103. (a) ms : Selon Sonnerat, les Indiens de la côte Malabar ont pour la plupart un ordre tenu très secret dont le signe (en forme de pièce de monnaie ronde) est attaché autour du cou directement sur la peau ; ils l'appellent leur Tali ; ce signe s'accompagne d'une initiation par un mot mystique qu'ils ne se disent l'un à l'autre à l'oreille qu'au moment de mourir. – Mais les Thibétains ont en usage certains objets consacrés, par exemple des drapeaux avec des inscriptions sacrées ou des pierres bénies qui ont été enfouies ou déposées sur une colline ; ils les appellent leur *Mani*. C'est de la composition de ces deux mots qu'est venu probablement le mot de *talisman* qui semble coïncider, pour la lettre et le sens, avec le *Manitou* des sauvages américains.

Page 108. (a) ms : Mais celle-ci est plus nécessaire et on peut moins se passer de la sensibilité.

Page 120 note 1 (a) : Le manuscrit, à la place des deux dernières phrases (de telle sorte que...), porte ceci : ainsi la catastrophe de leur État serait le plus grand honneur pour les individus. Il est à croire que la richesse de ce peuple si dispersé l'emporterait sur celle de tout autre peuple aussi nombreux, s'il venait à se regrouper (comme Morris Cangallerie en a fait le projet).

Page 130 (a) : Le manuscrit et la première édition indiquent ici : Classification de la folie.

Page 163 (a) : Le ms ajoute : et non sur la matière (le plaisir sensible) qui, surtout si le sentiment de l'attrait est fort, l'emporte sur le jugement de goût. – Le goût n'est donc qu'un pouvoir de juger cette concordance ou discordance dans la conjonction des représentations.

Page 187 (a) : Cette dernière phrase manque dans le manuscrit.

Page 200 (a) : ms : Les passions ne sont dirigées que de l'homme vers l'homme, non vers les choses. Si l'inclination s'adresse aux hommes non en tant que personnes, mais en tant qu'animaux, comme dans l'inclination sexuelle, l'amour peut être passionné, mais on ne peut pas dire que c'est une passion car celle-ci présuppose dans la conduite à l'égard des autres hommes des maximes et non de purs instincts.

La *liberté*, la *loi* (celle du droit) et la *fortune* (qu'on cherche à développer) ne sont pas simplement des conditions, mais aussi des objets d'un pouvoir humain de désirer tendu jusqu'à la passion ; là la raison pratique est soumise à l'inclination, bien qu'on s'y conduise selon des maximes.

Page 205 (a) ms : Des inclinations formelles dans le jeu de la force vitale. Ce sont : 1) l'inclination à la jouissance ; 2) à l'activité en général ; 3) au confort ; a) je fais abstraction ici de l'objet du désir (la matière) : l'aversion de la nature pour le vide dans le sentiment de l'existence, c'est-à-dire l'ennui, est pour tout homme cultivé, impulsion à remplir ce vide. – La volonté de jouissance continuelle – au niveau physique ou esthétique (ce qu'on appelle le Luxe) c'est la belle vie qui détériore la vie elle-même, et où la jouissance rend toujours plus vorace.

b) *L'activité dans l'oisiveté*, qui n'est pas occupation mais jeu, et qui cherche la victoire dans la rivalité avec les autres, donne du ressort à toutes les inclinations, bien qu'elle ne vise pas le gain (pas de propos intéressé) ; mais souvent elle atteint dans le jeu d'argent la plus violente passion.

Page 273 (a) ms : Le caractère de l'humanité ne se laisse pas déchiffrer dans l'histoire des hommes en d'autres temps et en d'autres pays ; car le mélange du bien et du mal qu'ils montrent dans les différentes occasions produit un résultat tantôt favorable, tantôt défavorable. L'histoire la plus largement informée et la plus soigneusement interprétée ne peut donner aucun renseignement certain. Mais l'examen intérieur de la manière dont on veut être jugé par les autres, montre ce trait : qu'on ne veut pas se trahir : et dans cette apparence au moins négative on veut tromper les autres pour qu'ils vous jugent à votre avantage; ce caractère consiste donc dans le penchant au mensonge qui n'est pas simplement un manque d'ouverture mais aussi de franchise, – cancer héréditaire qui ronge l'espèce humaine. – Et ainsi le caractère de l'espèce est à placer dans l'effort pour rendre invisible son caractère personnel, et dans le fait qu'on prend pour offense tout regard ou toute investigation qui le pourchassent.

TABLE DES MATIÈRES

DEUXIÈME PARTIE

LA CARACTÉRISTIQUE ANTHROPOLOGIQUE
De la manière de connaître l'homme intérieur
à partir de l'homme extérieur

DU MÊME AUTEUR
À LA MÊME LIBRAIRIE
(en format poche)

Abrégé de philosophie ou Leçons sur l'Encyclopédie philosophique, introduction, texte allemand, traduction et notes A. Pelletier, 188 p.

Anthropologie du point de vue pragmatique, introduction et traduction M. Foucault, 292 p.

Le conflit des facultés en trois sections (1798), traduction J. Gibelin, 174 p.

Critique de la faculté de juger, introduction, traduction et notes A. Philonenko, 480 p.

Dissertation de 1770, introduction, texte allemand, traduction et notes, A. Pelletier, 216 p.

Essai pour introduire en philosophie le concept de grandeur négative, introduction G. Canguilhem, traduction et notes R. Kempf, 68 p.

Fondements de la métaphysique des mœurs, traduction V. Delbos, introduction et notes A. Philonenko, 206 p.

Logique, introduction, traduction et notes L. Guillermit, 220 p.

Les progrès de la métaphysique en Allemagne, traduction et notes L. Guillermit, 144 p.

Métaphysique des mœurs, traduction et notes A. Philonenko,
I. *Doctrine du droit*, 400 p.
II. *Doctrine de la vertu*, 182 p.

Observations sur le sentiment du beau et du sublime, introduction, traduction et notes R. Kempf, 86 p.

ACHEVÉ D'IMPRIMER
EN OCTOBRE 2011
PAR L'IMPRIMERIE
DE LA MANUTENTION
A MAYENNE
FRANCE
Nº 775801G

Dépôt légal : 4ᵉ trimestre 2011